Peter Klasvogt / Burkhard Neumann (Hg.)
Reform oder Reformation?

Gefördert durch die
Beauftragte der Bundesregierung für Kultur und Medien

Die Beauftragte der Bundesregierung
für Kultur und Medien

Peter Klasvogt / Burkhard Neumann (Hg.)

# Reform oder Reformation?

## Kirchen in der Pflicht

EVANGELISCHE VERLAGSANSTALT
Leipzig

BONIFATIUS

**Bibliografische Information der Deutschen Nationalbibliothek**
Die deutsche Nationalbibliothek verzeichnet diese Publikation in der Deutschen Nationalbibliografie; detaillierte bibliografische Daten sind im Internet über http://dnb.ddb.de abrufbar.

FSC
www.fsc.org
MIX
Papier aus verantwortungsvollen Quellen
FSC® C011558

ClimatePartner
**klimaneutral gedruckt**
Die $CO_2$-Emissionen dieses Produkts wurden durch $CO_2$-Emissionszertifikate ausgeglichen.
Zertifikatsnummer: 53323-1312-1060
www.climatepartner.com

Umschlagfoto: dpa
Umschlaggrafik: Sabine Pelizäus



ISBN 978-3-89710-554-6 (Bonifatius)
ISBN 978-3-374-03389-8 (Evangelische Verlagsanstalt)



Gesamtherstellung:
Bonifatius GmbH Druck · Buch · Verlag Paderborn

# Inhalt

## III.
## Reformprozesse in Kirche und Gesellschaft



## Statt eines Nachworts

# Vorwort

Die Frage im Titel dieses Buches gibt jedem Artikelverfasser die Freiheit, seine Überlungen über den heutigen Ökumenismus vielfältig und breit darzulegen, und gibt uns Lesern den Ansporn, nicht zu früh Stellung zum Gesagten zu nehmen, sondern wie die Jünger von Emmaus unterwegs zu bleiben und durch Christus selber belehrt zu werden.

Zwei Zeugen solcher Haltung geben uns das Zeichen, wie wir beim Ecclesia semper reformanda in und mit der Kirche mitwirken können: der heilige Benedikt und Martin Luther. Beide sind „Suchende" Gottes, wozu die Anweisungen Benedikts seine Gefährten und auch Luther als Ordensmann beeinflusst haben, denn die Regel des Heiligen Benedikt hat das ganze westliche Mönchtum geprägt: „Wenn du also zum himmlischen Vaterland eilst, wer immer du bist, nimm diese einfach Regel als Anfang und erfülle sie mit der Hilfe Christi" (Epilog, 8). Papst Benedikt XVI. hat Luther im Augustinerkloster in Erfurt am 23. September 2011 so gewürdigt: „Was ihn umtrieb, war die Frage nach Gott, die die tiefe Leidenschaft und Triebfeder seines Lebens und seines ganzen Weges gewesen ist: ‚Wie kriege ich einen gnädigen Gott?'." Beide also waren unterwegs zu Gott, wenn auch mit je anderem Ergebnis.

Die Pflicht der Kirche besteht darin, in der Suche Gottes beharrlich und dem Willen Christi treu zu sein. Es ist ja heute eine allgemeine Überzeugung, je mehr sich Christen der verschiedenen Kirchen Christus annähern und ihn nachahmen, desto mehr wirken sie zugunsten der Einheit. Deshalb ist die eine Kirche Christi immer zu reformieren, in jedem ihrer Mitglieder, wie auch in allen ihren Komponenten.

Christus, das Licht der Welt, ist es, der unsere heutige Lage beleuchtet. Hat er uns nicht ermahnt: „Wer Böses tut, der hasst das Licht und kommt nicht zu dem Licht, damit seine Werke nicht aufgedeckt werden. Wer aber die Wahrheit tut, der kommt zu dem Licht, damit offenbar wird, dass seine Werke in Gott getan sind" (Joh 3,20f). Die geschichtlichen Ereignisse unserer Kirchen bezeugen, leider, dass zu oft das Engagement

zur Reform der Kirche aus eigenen Mitteln gemacht wurde und auf Kosten der ursprünglichen Absicht.
„Damit die Welt erkenne, dass du mich gesandt hast." So sagt Jesus zu seinem Vater beim Abendmahl (Joh 17,23). Das ist eben die Pflicht der Kirchen, nicht sich selber zu verkündigen, sondern Christus, denn er allein ist der Erlöser, wie der Apostel Paulus an die Korinther schreibt: „Denn ich hielt es für richtig, unter euch nichts zu wissen als allein Jesus Christus, den Gekreuzigten" (1 Kor 2,2). Das Kreuz, also die Demut vor Gott, vor der Welt und untereinander ist der einzige Weg, eine gültige Antwort auf unsere Frage zu finden.

Berlin, im Juli 2013

+ Jean Claude Périsset

# Zum Geleit

# „Dein Wort ist meines Fußes Leuchte" (Ps 119,105)

## Die gesellschaftsgestaltende Kraft innerkirchlicher Reformen – Eine evangelische Perspektive

*Albert Henz*

Ich möchte für die Initiative danken, in Vorbereitung auf die Reformationsdekade die Bedeutung des Wortes Gottes als Motor von Reformbestrebungen als Gemeinsamkeit beider Kirchen herauszuarbeiten. Es ist wichtig, sich daran zu erinnern, dass nach unserer einheitlichen gemeinsamen Geschichte die Reformationsbewegung eine vom Wort Gottes angeleitete Bewegung war. Christus, das eine Wort Gottes, die Schrift, die Gnade und der Glaube sind die zentralen wortgeleiteten Kennzeichen reformatorischer Theologie.

An dieser Stelle mag ein kurzer Überblick genügen, wie Reformprozesse der evangelischen Kirche vom Wort Gottes her besonders die gesellschaftsgestaltende Kraft unserer Kirche bestimmt haben. Man kann unmittelbar bei Martin Luther und seiner Schrift „An den christlichen Adel deutscher Nation" ansetzen. Er erinnert die weltlichen Fürsten an ihre soziale Verantwortung. Sie sieht er in der Pflicht, die Gesellschaft nach den biblischen Wertmaßstäben zu gestalten. So mahnt er zu einem guten Bildungswesen mit Zugang für alle Bevölkerungsschichten; zur Einschränkung der Zinseinnahmen; zur Armenfürsorge, zum Verbot des Bettelns.

Die nächste große Zäsur lässt sich im Jahre 1848 ausmachen. Die Industrialisierung hat den vierten Stand, die Arbeiterschaft, mit großer Armut geschaffen. Johann Hinrich Wichern ruft die evangelische Kirche auf dem Wittenberger Kirchentag mit den Worten „die Liebe gehört mir wie der Glaube" zu ihrer sozialen Verantwortung auf. Diakonische Einrichtungen großen Umfangs sowie die Etablierung der institutionalisierten Diakonie (in unserem Raum Kaiserswerth, Bethel u. a.) sind die Folge.

Ein nächster Hinweis führt in den Kirchenkampf und zur Theo-

logischen Erklärung von Barmen 1934. Wenn wir auch selbstkritisch eingestehen müssen, dass es hier primär innerkirchlich um die Verweigerung des staatlichen Zugriffs auf die Kirche ging, so sind dennoch bleibend verbindliche Einsichten für staatliches und kirchliches Handeln im Sinne der gesellschaftsgestaltenden Kraft der Kirche formuliert, und dies alles aus einer klar christus- und wortzentrierten Theologie heraus. Aufgabe des Staates ist es demnach, notfalls unter Androhung und Ausübung von Gewalt für „Recht und Frieden" zu sorgen – wobei beide Begriffe biblisch-theologisch gefüllt werden müssen. Aufgabe der Kirche ist es, zu „erinnern an Gottes Gebot, Gottes Reich und seine Gerechtigkeit", die Regierenden *und* die Regierten an ihre Verantwortung und schließlich die Botschaft von der „freien Gnade Gottes auszurichten an alles Volk".
Viele der genannten Themen bündeln sich im Kontext der weltweiten Ökumene dann in dem konziliaren Prozess für Frieden, Gerechtigkeit, Bewahrung der Schöpfung. Bahnbrechend für den Friedensprozess war ferner die sogenannte „Ostdenkschrift", die zur Versöhnung mit den Völkern der Sowjetunion aufrief und der schließlich die Ostverträge und der Fall des Eisernen Vorhangs, die Friedensgebete und schließlich die Öffnung der Mauer folgten. Die Arbeit gegen den Klimawandel sowie den überzogenen Ressourcenverbrauch, aber auch die Option für die Armen in unserer Gesellschaft, aber auch im Nord-Süd-Gefälle bestimmen seither die kirchliche Agenda.
Besonders zu erwähnen ist in diesem Zusammenhang das gemeinsame Sozialwort der Kirchen als Diskussionsimpuls in der Bundesrepublik aus dem Jahre 1997.
Aktuell bestimmen uns Themen im Kontext von Lebensanfang und Lebensende wie Stammzellenforschung, Präimplantationsdiagnostik, Sterbehilfe; Fragen um Migration, Integration und interreligiösen Dialog in einer multikulturellen Gesellschaft; neue Friedensstrategien sowie der Umgang mit der Flüchtlingsfrage in den zahlreichen Krisengebieten außerhalb Europas.
Abschließend noch ein Hinweis, wie diese vom Wort Gottes initiierten gesellschaftsgestaltenden Themen in den aktuellen Reformprozessen unserer Kirche vorkommen. Ich verweise zum einen auf den Reformprozess der Evangelischen Kirche von Westfalen „Kirche mit Zukunft". Hier hat man sich verständigt,

dass auf den drei Verfassungsebenen Gemeinde, Kirchenkreis und Landeskirche leistungsfähige Einheiten stehen sollen, die die Wahrnehmung von sechs Handlungsfeldern gewährleisten, zu denen der Bereich gesellschaftliche Verantwortung unbedingt dazugehört. Das hat in der Landeskirche von Westfalen auch zur Stärkung und zum Ausbau des Instituts für „Kirche und Gesellschaft" geführt. Ganz aktuell beschäftigen wir uns mit der Frage, wie wir ausgehend von Gal 3, 28 („Hier ist nicht Jude noch Grieche, hier ist nicht Sklave noch Freier, hier ist nicht Mann noch Frau; denn ihr seid allesamt einer in Christus Jesus") in unserer Gremienzusammensetzung und Personalarbeit der Vielfalt in Bibel und gesellschaftlicher Wirklichkeit besser Rechnung tragen können. *Diversity management* für die Kirche heißt das methodische Zauberwort.

Im EKD-Reformprozess „Kirche der Freiheit" werden ebenfalls kirchliche Einheiten angestrebt, die ihrem öffentlichen Auftrag wahrnehmbar nachkommen können – zuletzt deutlich in der Gründung der Nordkirche. Ferner wurde ein fortzuschreibendes „Agendasetting" angeregt, das jetzt die Themen der Reformationsdekade bis hin zum Reformationsjubiläum 2017 spiegelt, darunter 2014 das „Jahr der Politik", in dem es um Staatskirchenrecht und ähnliche Fragen geht. Einigkeit besteht auch darüber, dass es neben der Parochie funktionale kirchliche Arbeit geben muss, die u.a. dem gesellschaftsgestaltenden Auftrag entsprechen kann.

Auch wenn die Zukunft dieser Prozesse naturgemäß offen ist, so zeigen sie doch alle, dass das Wort Gottes immer über die Kirche hinaus in die Gesellschaft hinein wirkt und wirken muss.

# „Mein Wort kehrt nicht leer zurück" (Jes 55,11)

## Geistlicher Ökumenismus als Weg der Reform – Eine katholische Perspektive

*Erzbischof Hans-Josef Becker*

„Ecclesia in Verbo – Kirche im Wort" – dieses Leitwort drückt die Spannung aus, in der sich die Kirche von ihrem Wesen her befindet. Auf der einen Seite lebt sie einzig und allein aus dem Wort Gottes. Sie lebt aus jenem Ja heraus, das Gott in Christus zu uns gesprochen hat und auf das wir nach den Worten des Apostels Paulus mit unserem „Amen", mit dem Grundwort des Glaubens, antworten (vgl. 2 Kor 1,20). Weil dieses in Christus leibhaftig an die Kirche ergangene Wort einmalig und unwiderruflich gilt, darum darf sich die Kirche auf dieses Wort verlassen und sich von ihm durch die Zeit geführt wissen. Gott nimmt das Wort, das er in Christus zu uns gesprochen hat, nicht mehr zurück, und im Vertrauen auf dieses Wort geht die Kirche ihren Weg durch die Zeit.

### 1. Hörende Kirche – Voraussetzung für ökumenische Praxis

Dieses Wort ist aber zugleich immer das Wort, das die Kirche je und je neu zu hören und an dem sie sich immer neu zu messen hat. Die ganze Kirche ist darum immer eine *hörende* Kirche, hörend, horchend auf dieses Wort Gottes. Sie steht nicht über diesem Wort, sondern *unter* ihm und muss sich darum immer neu fragen, inwieweit sie diesem Wort tatsächlich gerecht wird. Denn dieses Wort ist grundlegend ein Wort der Gnade und der Barmherzigkeit: „Das Reich Gottes ist nahe" (Mk 1,15). Aber darin und nicht daneben ist es auch, wie beim ersten öffentlichen Auftreten Jesu deutlich wird und wie es das Zeugnis der Schrift durchgehend deutlich macht, ein Wort, das aufdeckt, wo

die Jünger Jesu nicht ausreichend hören und horchen, und das darum immer wieder zur Umkehr ruft: „Kehrt um und glaubt an das Evangelium" (Mk 1,15).
Die Umkehr und die Reform der Kirche, das je und je neue Maßnehmen an der Botschaft des Evangeliums gehört darum wesentlich zur „Kirche im Wort" hinzu. Das Zweite Vatikanische Konzil hat in vielen Punkten maßgebliche Entscheidungen für den Weg der katholischen Kirche in die Zukunft getroffen, Entscheidungen, die aus dem Leben der Kirche heute nicht mehr wegzudenken sind. Diese Entscheidungen, auch und gerade da, wo sie neue Wege erschlossen haben, standen, wie Papst Benedikt XVI. deutlich gemacht hat, gerade unter diesem Leitgedanken der Reform, der rechte Kontinuität und wahre Erneuerung im Geist des Evangeliums miteinander zu verbinden vermag.[1]
Und diese Reform nach dem Maßstab des Wortes Gottes ist niemals beendet, sondern sie gehört *bleibend* zum irdischen Weg der Kirche. Denn, wie das Konzil in der Kirchenkonstitution *Lumen gentium* sagt: „Sie ist zugleich heilig und stets der Reinigung bedürftig, sie geht immerfort den Weg der Buße und Erneuerung."[2]
Um solche Reform und nicht um eine neue Kirche ging es bekanntlich auch dem Reformator Martin Luther. Wenn unsere evangelischen Schwestern und Brüder im Jahr 2017 des Beginns der Reformation gedenken werden, soll dieses Gedenken aber, und dafür sind wir als katholische Kirche dankbar, zugleich in ökumenischer Weise begangen werden, und ich bin sicher, dass uns dieses gemeinsame Gedenken wieder neu an unseren gemeinsame Ursprung, an das Wort Gottes verweisen wird und daran, dass wir uns immer neu an ihm zu messen haben.
„Ecclesia in Verbo – Kirche im Wort", das erinnert uns schließlich auch daran, dass wir als Kirche – bei aller Begrenztheit und Vorläufigkeit – auch dafür stehen, dieses Wort in der Welt

---

[1] Vgl. Benedikt XVI., Ansprache an das Kardinalskollegium und die Mitglieder der Römischen Kurie beim Weihnachtsempfang, 22. Dezember 2005. Hg. vom Sekretariat der Deutschen Bischofskonferenz, Bonn 2006 (VApS 172).
[2] LG 8.

präsent zu halten und es als Orientierung für unser Leben und Handeln in Politik und Gesellschaft aufleuchten zu lassen. Denn dieses Wort hat Konsequenzen, nicht nur für den einzelnen, der dieses Wort hört und ihm folgt, sondern auch für die Kirchen und die Christen, die in der Welt leben und ihr Leben nach diesem Wort ausrichten. Und in diesen Konsequenzen muss immer deutlich werden, dass sie aus *dem* Wort kommen, das uns von Gott ein für allemal zugesagt ist und dass sie darum letztendlich immer auf dieses Wort Gottes zurückweisen müssen.

In dieser Weise auf das Wort Gottes hörend, uns immer neu daran messend und es in die Gesellschaft hinein tragend sollen wir Kirche sein. Diesem Zusammenhang von Geistlichem Ökumenismus und inner- wie zwischenkirchlichen Reformbemühungen ist daher verstärkt Rechnung zu tragen. Dann dürften wir ganz konkret erfahren, dass wir alle, egal aus welcher Kirche wir kommen, als Christen gemeinsam in Gottes Wort leben und daraus handeln, „ecclesia in Verbo" sind.

## 2. Geistliche Ökumene – Perspektive für ein kirchliches Reformprogramm

Blicke in die Zukunft sind immer mit einem gewissen Risiko behaftet. Wie oft kommt es aufgrund unvorhergesehener Entwicklungen ganz anders, als man erwartet oder befürchtet hat. Insofern stehen auch die Ausblicke und Perspektiven trotz aller gesicherten Daten unter diesem Vorbehalt der Unvorhersehbarkeit. Als Christen, die sich vom Wort Gottes den Weg zeigen lassen, steht der Blick in die Zukunft noch unter einem weiteren Vorbehalt: Denn wir vertrauen einerseits darauf, dass Gott sein Wort an uns nicht zurücknimmt, aber wir wissen auch nicht, wie und in welcher Weise Gottes Geist in Kirche und Gesellschaft weht und wohin er uns bewegen will.

Insofern ist es unabdingbar, dass der Wunsch nach Reform mit dem Desiderat eines geistlichen Ökumenismus verbunden ist. Denn Reform, Erneuerung gelingt nur, wenn sie aus einer zutiefst geistlichen Grundhaltung kommt, die die persönliche Umkehr, die Erneuerung der Kirche und den Blick auf die ande-

ren christlichen Kirchen miteinander verbindet. Das Zweite Vatikanische Konzil hat deutlich darauf hingewiesen, dass wir als Christen und Kirchen voneinander lernen können.[3] Solches Lernen geht aber nur, wenn wir uns begegnen, wenn wir Kontakt miteinander haben, wenn wir beieinander bleiben. Ich bin sehr dankbar dafür, dass es zwischen den Kirchen zahlreiche Formen solcher Begegnung gibt, die nach dem Konzil entstanden sind und die sich in allen Höhen und Tiefen bewährt haben. Diese Kontakte, wie ich sie etwa auch der Ebene der Kirchenleitung erlebe, sind ein Mittel, einander besser kennen zu lernen und dementsprechend auch voneinander zu lernen – manchmal sogar ohne es zu merken, so dass erst ein Rückblick zeigt, was da an Austausch stattgefunden hat. Eine solche Begegnung setzt aber immer voraus, dass man sich selbst und einander nichts vormacht, dass man sich ehrlich anschaut und wahrnimmt und so auch auf notwendige Änderungen und Reformen hingewiesen werden kann.
In der ökumenischen Begegnung erleben wir, wie sehr wir als Christen in unserer Gesellschaft vor den gleichen Problemen stehen. Wir gehen dabei teilweise unterschiedliche Wege, was sicherlich auch mit den vorhandenen Unterschieden im Kirchenverständnis zusammenhängt. Aber trotz dieser Unterschiede erleben wir an unzähligen Punkten, was uns verbindet, und ich bin sicher, dass uns das in den kommenden Jahren zu einer noch stärkeren Zusammenarbeit führen wird. Im politischen und gesellschaftlichen Bereich ist es offenkundig, dass die Kirchen zunehmend nur dann gehört werden, wenn sie mit einer Stimme sprechen. Dieses gesellschaftliche Engagement konkretisiert sich besonders im Aspekt der Diakonie, im selbstlosen Dienst der Kirche an den Menschen, die der Hilfe bedürfen. Denn glaubwürdige Zeugen des lebenspendenden Evangeliums können wir nur sein, wenn wir den Menschen die Zuwendung des menschgewordenen Gottes durch alle Phasen des menschlichen Lebens bezeugen. Hier besonders zeigt sich, ob wir ernst machen mit dem Anliegen des Zweiten Vatikanischen Konzils, die „Zeichen der Zeit" zu erkennen – und ob

---

[3] Vgl. UR 4.

„Freude und Hoffnung, Trauer und Angst der Menschen von heute" tatsächlich auch „Freude und Hoffnung, Trauer und Angst der Jünger Christi"[4] sind. Im Bemühen um wahrhaft geistlich gegründete ökumenische Beziehungen darf aber auch nicht verschwiegen werden, wo Unterschiede und Hindernisse offen zu Tage treten, etwa in Fragen des umfassenden Schutzes des menschlichen Lebens. Auch hier muss das Ziel sein, im Hören auf das Wort mit einer Stimme zu sprechen.
Gleichzeitig sollen im ökumenischen Dialog jene Aspekte stärker hervorgehoben werden, die uns auf dem Weg zur Einheit weiterführen können. Zu nennen wäre hier z.B. der Grundgedanke einer „Pastoral der Berufung", unter dem wir im Erzbistum Paderborn den Weg in die Zukunft gehen. Dieser Begriff der Berufung ist hier weiter gefasst als nur die Befähigung und Erwählung zu einem besonderen Dienst in der Kirche. „Pastoral der Berufung" meint: Jeder Christ ist durch die Taufe und die Firmung in die Gemeinschaft mit dem dreifaltigen Gott hineingerufen, er ist in diesem Sinne ein „Hörer des Wortes" (Karl Rahner). Indem er dieses Wort hört und ihm folgt, d.h. indem er seine Berufung annimmt, trägt er zum Aufbau einer geistgewirkten Kirche bei – und zwar mit den Gaben, die ihm geschenkt wurden. Ich bin fest davon überzeugt, dass es für das Leben der Kirche und der Gemeinden vor Ort notwendig ist, diese Berufungen in ihrer ganzen Vielfalt wahrzunehmen und zu fördern und so eine Gestalt von Kirche zu entdecken, die zunehmend von dem glaubwürdigen Zeugnis *aller* mit ihren je eigenen Gaben geprägt ist.
Das ist aber zugleich unmittelbar ökumenisch relevant, weil es die Quelle des geistlichen Ökumenismus darstellt. Denn nach den Worten des Zweiten Vatikanische Konzil begründet die Taufe „ein sakramentales Band zwischen allen, die durch sie wiedergeboren sind"[5] und verbindet sie als Schwestern und Brüder in Christus miteinander. Darum ist eine solche auf der Taufe gründende Pastoral der Berufung immer auch ein ökumenisches Geschehen. Am 29. April 2007 haben elf Mitglieds-

---

[4] GS 1.
[5] UR 22.

kirchen der Arbeitsgemeinschaft Christlicher Kirchen in Deutschland in Magdeburg ihre Taufe wechselseitig anerkannt. Dadurch angestoßen wird seitdem in den Kirchen neu darüber nachgedacht, welche Folgen sich konkret daraus ergeben. Gerade eine umfassende „Pastoral der Berufung", die auf der Taufe gründet, verbindet uns Christen miteinander in dem Bemühen, unseren Glauben an den dreifaltigen Gott zu leben und diesen Glauben neu ins Gespräch bringen, ihn den Menschen durch alle Phasen des menschlichen Lebens in Wort und Tat zu bezeugen und aus diesem Glauben heraus in der Kraft des Geistes Gottes die Welt mitzugestalten. Indem die in der Taufe gründende Pastoral der Berufung uns das Bild einer geistlichen, diakonischen und missionarischen Kirche vor Augen stellt, macht sie uns die Grundlage der Ökumene bewusst und fordert uns dazu heraus, danach zu suchen, wie wir mehr als bisher im christlichen Zeugnis und im diakonischen Handeln zusammen wirken können und wie wir auch von den unterschiedlichen Gaben unserer je eigenen konfessionellen Traditionen lernen können im Blick auf das, warum es Kirche eigentlich gibt: das lebendige Wort des Evangeliums den Menschen von heute in Wort und Tat zu bezeugen.

# I.

# Reformbewegungen in der Kirche
# Historische Perspektive

# Reformation und Reform – Luthers 95 Thesen in ihrem historischen Zusammenhang

*Thomas Kaufmann*

Das mir gestellte Thema „Reformation und Reform" ist außerordentlich komplex. Um es einigermaßen seriös zu behandeln, werde ich es auf eine konkrete Konstellation fokussieren. Ich habe dafür den Beginn des Ablassstreites ausgewählt, und zwar deshalb, weil sich an ihm wie an kaum einem anderen Thema zeigen lässt, dass Luther zum einen hineingehörte in eine kirchenkritisch-reformerische Bewegung, die vor ihm begann, dass aber zum anderen mit der durch den Ablassstreit ausgelösten Handlungs- und Entscheidungssequenz eine Eigendynamik eintrat, die der Wittenberger Augustinereremit nicht vorhergesehen und sicher nicht gewollt hat, die aber doch unterhintergehbare Realitäten schuf.[1]

Dieser methodische Ansatz ist erläuterungsbedürftig, deshalb einige knappe Bemerkungen vorab: Ich stehe einer Reformationshistoriographie kritisch gegenüber, die – zweifellos in edler ökumenischer Gesinnung – vor allem theologische Übereinstimmungen zwischen Luther und bestimmten Zügen einer spätmittelalterlichen Frömmigkeitstheologie und Mystik, auch bestimmten Erscheinungen eines kräftigen Augustinismusreveilles nachweist und damit wesentliche Erkenntnisse in Bezug auf Genese und Struktur der Reformation gewonnen zu haben meint. Die Reformation erscheint hier gleichsam als Fortsetzung einer zweifellos bemerkenswerten spätmittelalterlichen Pluralität. Demgegenüber behaupte ich: Die frömmigkeitstheologischen und sonstigen Einflüsse auf Luther oder die Gemeinsamkeiten zwischen ihm und spätmittelalterlichen Frömmig-

[1] Der vorliegende Beitrag stellt die Vortragsversion einer ausführlicheren Studie dar, die in dem Buch: Thomas Kaufmann, Der Anfang der Reformation, Tübingen 2012, erschienen ist. Dort finden sich auch die erforderlichen Quellen- und Literaturnachweise.

keitsformen und Reformanliegen sind in Bezug auf die Rekonstruktion der persönlichen Motivlagen und Handlungsimpulse Luthers außerordentlich wichtig. In Bezug auf den Vorgang, der *Reformation* genannt zu werden verdient, aber kommt diesen Sachverhalten nur eine untergeordnete Bedeutung zu. Denn Reformation bedeutet nicht primär die theologische Entwicklung Luthers, sondern eine in unterschiedlichen historischen Kontexten seit 1521/22 einsetzende Veränderung des bestehenden Kirchenwesens, deren Ergebnis in der Etablierung papstfreier, vom kanonischen Recht unabhängiger lokaler und territorialer Kirchentümer bestand. Dieser Prozess der Reformation setzte die Verurteilung Luthers und seiner Anhänger voraus und ist nur mit einer breiten, multiperspektivischen Optik angemessen zu erfassen. Die Frage der persönlichen religiösen Prägung Luthers durch bestimmte Tendenzen der spätmittelalterlichen lateineuropäischen Religionskultur, der er selbstverständlich entstammte und der er in mannigfacher Hinsicht verbunden blieb, ist für Genese und Verlauf des Prozesses, den man Reformation zu nennen hat, von eher untergeordneter Bedeutung.

Ich möchte die Bedeutung des vorreformatorischen Reformdenkens im Folgenden durch einen synthetisierenden Blick auf die 95 Thesen in ihrer Zeit, d.h. in ihrem engsten und ihrem weiteren historischen Zusammenhang, zu beschreiben versuchen, also an jenen historischen Ausgangspunkt zurückgehen, an dem Reform und Reformation in besonderer Weise zusammenkamen und auseinandertraten. Diese konsequent historisch-kontextuelle Behandlung des Themas scheint mir auch vor dem Hintergrund der historischen Belastungen, die auf dem Jubiläumsdatum ruhen, angemessen, ja vielleicht geboten zu sein. Es sind fünf ineinanderspielende, methodisch gleichwohl zu unterscheidende kontextuelle Dimensionen, in die ich 95 Thesen hineinstellen werde, und zwar: 1. die erinnerungskulturelle, 2. die ablassgeschichtliche, 3. die territorialpolitische, 4. die medienhistorische und 5. die biographisch-theologiegeschichtliche.

## 1. Erinnerungskulturelle Dimension

Zunächst knapp zur *ersten*, der *erinnerungsgeschichtlichen* Dimension. Es wäre hermeneutisch naiv und insofern inakzeptabel, über Luthers 95 Thesen im Kontext von Reformation und Reform zu handeln, ohne sich die Schwere des Gewichtes deutlich zu machen, die ihrem wirklichen oder vermeintlichen Inaugurations- und Memorialdatum, dem 31. Oktober, im Laufe der frühneuzeitlichen Kirchengeschichte zugewachsen ist. Dass Luthers 95 Thesen und ihre öffentliche Rezeption am Beginn jenes schon im späteren 16. Jahrhunderts als „Reformation" bezeichneten Ereigniszusammenhanges standen, war eine in der Luther- und Reformationsmemoria des 16. Jahrhunderts breit belegte, letztlich an Luther selbst anknüpfende Vorstellung. Sie war in der Regel allerdings nicht mit der Erinnerung an eine bestimmte Art ihres Bekanntwerdens, also etwa einen Thesenanschlag, verbunden, wohl aber mit dem auch durch einzelne Äußerungen Luthers selbst exponierten Datum des 31. Oktobers 1517. Selbst also, wenn der Thesenanschlag – wie Iserloh und ihm nachfolgende Interpreten – zu wissen meinten, nicht stattgefunden hätte, ändert dies an dem Faktum einer historischen Prägekraft des 31. Oktobers wenig.
Im Kontext der durch die Universität Wittenberg in Analogie zum Universitätsjubiläum von 1602 initiierten, erst aufgrund der inneren Spannungen des deutschen Protestantismus und der konfessionellen Konfliktlagen zu einem Großereignis aufgewerteten Centenarfeier von 1617 wurde das Ereignis eines Thesenanschlages zum memorialkulturellen Kristallisationspunkt. Man verstand die Hammerschläge nun als machtvolle antirömische Kampfansage des Reformators, der von Anfang an gewusst habe, was er tat, und der mutig und unbeirrt auf seinem am 31. Oktober 1517 begonnenen Weg fortgeschritten sei. Durch den mit erheblichen territorialen Varianten erst im Laufe des 18. Jahrhunderts definitiv und flächendeckend etablierten jährlichen Reformationstag gerieten die 95 Thesen in einen erinnerungskulturellen Zusammenhang, in dem sie als eine Art Magna Charta der von der römischen *pia fraus* befreiten evangelisch-lutherischen Kirche erschienen, deren Verfasser zum Gründungsvater dieser Kirche avancierte. Sedimente die-

ses wirkungsreichen Meisternarrativs lassen sich bis heute in der Memorialkultur des zeitgenössischen Luthertums nachweisen. Dass der Wittenberger Bettelmönch mit den 95 Thesen einstmals versucht hatte, seine, die römische Papstkirche, die er liebte, zu retten, geriet somit recht selten oder gar nicht in den Blick und hätte auch einer vornehmlich auf die eigene Identitätsbehauptung fixierten Konfessionskultur wenig entsprochen.

## 2. Ablassgeschichtliche Dimension

In Bezug auf den *zweiten*, den ablassgeschichtlichen Kontext der 95 Thesen, sind die unmittelbaren Auswirkungen der Erinnerungsgeschichte evident. Denn zumeist galt als selbstverständlich, dass die 95 Thesen entscheidend dafür verantwortlich gewesen seien, dass das Ablassinstitut rasch und umfassend kollabiert sei. Doch an diesem Punkt sind, wenn ich recht sehe, durch die neuere Forschung erhebliche Korrekturen erforderlich geworden. Denn aufgrund der Untersuchungen Winterhagers kann als erwiesen gelten, dass Luther nicht nur an eine gelehrte, sondern auch an eine populäre Ablasskritik anknüpfte bzw. diese voraussetzte.

In den anderthalb Jahrzehnten vor 1517 war diese Ablasskritik immer breiter und vernehmlicher geworden. Wenn Luther im Mai 1518 an seinen Ordinarius schrieb, dass viele (*plurimi*) Gelehrte und Ungelehrte allenthalben (*passim*) über die Ablasslehre erregt seien (WABr 1, 138), dann spiegelt sich darin eine entsprechende Stimmung. In den *Resolutiones* zu seinen 95 Thesen aus dem Frühjahr 1518 erwähnte er, dass das Laienvolk wegen des Ablasses in den Tavernen zum Spott und zum Hohn gegen die Kirche gereizt werde. In der 90. Ablassthese rekurrierte er auf die „peinlichen Einwände der Laien" (*scrupulosissima laicorum argumenta*, Cl 1, 9,10) als Grund dafür, warum er sich selbst veranlasst sehe, dem Glaubwürdigkeitsverlust der von ihm geliebten Kirche zu begegnen (WA 1, 625; 626f; WA 2, 29f). In der 81.-90. These hat Luther diesen Stimmen sein Wort geliehen. Aufgrund unmittelbarer Kontakte zum gemeinen Mann oder ingeniösen Einfühlungsvermögens stellte er Fragen wie die folgenden: *„Warum räumt der Papst das Fegefeuer nicht* *aus heiligster Liebe und um der Not der Seelen willen leer, also aus dem allertriftigsten Grunde, wenn er doch unzählige Seelen erlöst um des unseligen Geldes willen, das für den Bau der Peterskirche gegeben wird, also aus dem allerunwichtigsten Grunde?"* (Th. 82). Solche Fragen machten es den gutwilligen Gelehrten (Th. 81), also auch Luther selbst, schwer, das Ablasswesen zu verteidigen. Sodann stieß der Ablass, wie auch der gemeine Mann erkenne, mit anderen Praktiken der römischen Kirche zusammen: Warum sollten Totenmessen gelesen werden, wenn doch die Ablässe für die Verstorbenen dasselbe Ziel erreichten? (Th. 83) Warum setzten die Päpste, wenn es ihnen wirklich um das Heil der Seelen und nicht um den Mammon gehe, die Ablässe ihrer Vorgänger außer Kraft? (Th. 89) Der Fragenkatalog innerhalb der 95 Thesen, der die laikalen Einwände aufnimmt, dokumentiert, dass der Wittenberger Augustinereremit die breite Stimmung einer populären Ablasskritik voraussetzt und in seiner eigenen Auseinandersetzung mit dem Ablass verarbeitet. Die gegen den Ablass gerichtete Stimmungslage, die Luther vorfand und an die er anknüpfte, ist eine entscheidende Voraussetzung für den Erfolg von Luthers Ablasskritik geworden. In diesem Sinne wurzelt die Reformation in vorreformatorischer Kirchenkritik und in spätmittelalterlichem Reformbemühen.

Die Krise des Ablasses lässt sich auch an den bescheidenen Ertragsbilanzen der letzten größeren Kampagnen vor 1517 konkretisieren: In Städten wie Speyer oder Frankfurt schnurrten die erzielten Erträge auf z.T. unter 10% früherer Unternehmungen zusammen. War bei einer der großen Peraudi-Aktionen in Speyer im Jahre 1502 ein Betrag von 3000 fl. eingespielt worden, kamen 1517 gerade einmal 200 fl. zusammen. In Frankfurt wurden 1488 2078 fl., 1502 1050 fl., 1517 aber nurmehr 304 fl. eingenommen. Nach den großen Erfolgen, die Peraudi bei den drei reichsweiten Türkenkreuzzugsablässen zwischen 1486 und 1503 erzielt hatte und die auch bei einer Ablasskampagne zur Unterstützung des Deutschen Ordens beim Kampf um Livland (1507-1510) noch in etwa angehalten hatten, war die Bereitschaft der Bevölkerung, einen Ablass zu erwerben, bei den sich anschließenden Kampagnen vor 1517 immer deutlicher eingebrochen. Das Sammlungsmotiv des die Reformation schließlich

auslösenden Petersablasses war überdies denkbar unpopulär; die in maximilianeischer Zeit ins Kraut schießenden, vom Wiener Hof geschürten antirömischen Gesinnungen und Stimmungen trugen das Ihre dazu bei. Als man dem Deutschordensmeister Albrecht von Brandenburg 1516 in Rom eine Ablasskampagne zugunsten von St. Peter anbot – die Hälfte der Einkünfte wurde ihm zugesichert, die andere sollte an den Papst fallen – lehnte er dies bezeichnenderweise mit der Begründung ab, dass „das volck wenig andacht und meinung" (ARG 90, 1999, 41) zu einer Ablassspende für Rom aufbringe.
Desinteresse, Verdrossenheit, auch offene Feindschaft im Umgang mit den Plenarablässen zeichneten sich also vor 1517 deutlich ab. Es wurde immer fraglicher, ob sich der Aufwand angesichts der Erträge noch lohnte. Die marktschreierischen Attitüden eines Tetzel – er und sein Team kosteten monatlich 300 fl., etwa das Dreifache des Jahresgehaltes eines oberdeutschen Stadtpfarrers –, die sich dehnenden Aufenthaltszeiten des Ablasstrosses am einzelnen Ort, auch das Vordringen in immer kleinere Ortschaften – all dies fügt sich in das Gesamtbild einer durch Inflationierung des Heilsangebots forciert fortschreitenden Krise des Ablasses vor 1517 ein. Auch die immer kompakter werdenden, hinsichtlich ihrer Heilseffizienz annähernd vergleichbaren Konkurrenzangebote zu den Plenarablässen der Kampagnen, die Wallfahrten und die Heiltumsschauen, dürften zum Niedergang des Ablasshandels beigetragen haben. Alles spricht also dafür, dass das vor über einem Jahrhundert gefällte Urteil Aloys Schultes (Die Fugger I, 185f.) zutreffend ist: „um 1514-1518" sei der „Reinertrag" aus dem Ablasshandel „so gering" geworden, dass er sich nicht mehr lohnte.
In ablassgeschichtlicher Hinsicht also trat Luther zu einem Zeitpunkt auf den Plan, als der in der zeitgenössischen Frömmigkeitskultur ubiquitär präsente Ablass immer offenkundiger problematisch geworden war. Das vor dem Hintergrund einer traditionell protestantischen Negativsicht auf das verfallene und verkommene Mittelalter wissenschaftsgeschichtlich berechtigte Bild, das die Forschung meiner Lehrergeneration von der innerlich stabilen Kirchenfrömmigkeit des späten Mittelalters gezeichnet hat, wird man heute also differenzieren müssen. Wenn

der Würzburger Domprediger Johann Reyss 1515 dem Glauben an die Kraft der Ablässe die Mahnung zu wahrer Buße und rechtem Ethos (ARG 90, 1999, 42) entgegensetzte oder Johann von Staupitz in seinen Nürnberger Predigten die irreführende Agitation der Ablasskommissiare brandmarkte und ihr eine internalisierte Frömmigkeit als Heilsweg entgegensetzte, so zeigte dies, dass die stadtbürgerlich-laikale Frömmigkeitskultur einem äußerlichen *exercitium pietatis* wie dem Ablass gegenüber auf Distanz zu gehen gelernt hatte. Und auch der – freilich auf Latein vorgetragene – Spott des Erasmus, enthalten im *Lob der Torheit* von 1511, nötigt zur Differenzierung der These einer „kirchenfrommen" Stabilität vor der Reformation. Schlimmer noch als diejenigen, die die Heiligen mit merkwürdigen Riten ehrten, seien nach Erasmus die Ablassfreunde. *„Die bauen auf vermeintlichen Ablass ihrer Sünden und fühlen sich dabei schon im Himmel; die Dauer des Fegefeuers berechnen sie mit der Uhr auf Jahrzehnt, Jahr, Monat, Tag und Stunde genau, wie nach der Rechentabelle, fehlerlos. [...] Ein Kaufmann etwa, ein Soldat, ein Richter wirft da von seinem großen Raub einen Pfennig hin und glaubt nun, mit einem Male den ganzen Sündenpfuhl seines Lebens ausgefegt, glaubt, jeden Meineid, jedes Laster, jeden Streit, jeden Todschlag, jeden Wortbruch, jeden Betrug, jeden Verrat gleichsam vertraglich wiedergutgemacht [zu haben], und zwar so gründlich, dass er gleich eine neue Serie von Sünden anfangen dürfe"* (Welzig 2, 95).

Die Virulenz gelehrter, aber auch populärer Ablasskritik vorauszusetzen, bedeutet natürlich nicht, dass es nicht auch Menschen gegeben hätte, die ihre Existenz und ihre Heilserwartungen mit vollem Herzen auf die Ablässe gegründet hätten. Dies setzte ja auch Luther voraus. Aber es dürften vor 1517 jedenfalls deutlich weniger Gläubige gewesen sein als noch ca. anderthalb Jahrzehnte zuvor. Das stetig perfektionierte, die Verstorbenen einbeziehende geistliche „Rundum-sorglos-Paket" der Plenarablässe war jedenfalls schon vor Luthers Ablasskritik in einem rapiden Niedergang begriffen.

Nach einer Überlieferung des albertinischen Rates Cäsar Pflug soll der Merseburger Bischof Adolf von Anhalt kurz nach der Veröffentlichung der 95 Thesen geäußert haben: *„Es gefil aber S. G. auch wol, das die arme leute, die also zulifen und die gnade* *[sc. den Ablass] suchten, vor dem betrig Tetzels vorwarnt wurden und die conclusiones, die der Augustinermönch zu Wittenberg gemacht, an vil ortern angslagen worden; das wurde grosen abbruch der gnaden thuen."* (GdR 208) Dieses Urteil eines Bischofs macht m.E. schlagend deutlich, dass es Skepsis gegen die Praktiken der Ablasspropagandisten auch unter den hohen kirchlichen Amtsträgern gab und dass keineswegs von vornherein ausgemacht war, dass Luthers Ablasskritik zur Verketzerung durch Rom werde führen müssen. Von der spätmittelalterlichen Ablassgeschichte aus gesehen stellt sich Luther als eine Art Höhe- und Schlusspunkt der vorangegangenen Ablasskritik dar.

Noch ein weiterer, die Mediengeschichte berührender Sachverhalt sei kurz erwähnt: Die neuere buch- und druckgeschichtliche Forschung geht davon aus, dass die Ablasskampagnen einen wesentlichen Beitrag zum Ausbau des Druckwesens geliefert haben. Werbematerialien, Instruktionen, Bullen, die Ablassbriefe – alle diese Texte erzeugten eine Nachfrage nach Druckkapazitäten; man musste sie reproduzieren und sie trugen zum Ausbau der typographischen Infrastruktur entscheidend bei. Zugleich verbanden die Ablasskampagnen all die Regionen und Länder, in denen sie vertrieben wurden, in informationeller und kommunikativer Hinsicht. Auf diese Weise trug die mediale Weiterentwicklung des Ablasses in den großen Kampagnen dazu bei, dass auch die Mittel, mit denen der dann in der Reformation bekämpft werden sollte, die Publizistik und die Öffentlichkeit, kräftig gefördert wurden. Insofern bereitete der Ablass in mediengeschichtlicher seiner Kritik eine Bahn.

## 3. Territorialgeschichtliche Dimension

Nun einige Bemerkungen zum *territorialgeschichtlichen* Kontext: In einem undatierten, wahrscheinlich auf Anfang November 1517 anzusetzenden Brief an Spalatin berichtete Luther davon, dass es viele (*multi*) Leute gäbe, die behaupteten, er habe seine 95 Thesen auf Geheiß (*iussu*) oder zum Vorteil (*favore*) des sächsischen Kurfürsten veröffentlicht. (WABr 1, 118,9ff). Um diesen Stimmen keinen Vorschub zu leisten, wolle

er nicht, dass die Thesen in die Hand des Kurfürsten oder irgendeines Hofbeamten gelangten, sondern zunächst von denen wahrgenommen würden, die gemeint seien. Der Stelle kann man m.E. zweifelsfrei entnehmen, dass Luther die 95 Thesen selbst in den Druck gegeben hat – was angesichts dessen Interesse verdient, dass ein Wittenberger Urdruck bisher nicht nachgewiesen werden konnte und deshalb in seiner Existenz gelegentlich bestritten wurde und wird. Zum anderen ist bemerkenswert, dass Luther nicht den Verdacht auf sich ziehen wollte, seine Kritik am Ablass diene den Interessen des Kurfürsten von Sachsen. Implizit bedeutet das natürlich auch, dass Luther eine gegenüber dem kursächsischen Hof unabhängige Position anstrebte und jedenfalls nicht so verstanden werden wollte, als ob die 95 Thesen nur gegen den vom Erzbischof von Mainz und Magdeburg vertriebenen Petersablass, nicht aber gegen das Ablasswesen als Ganzes gerichtet seien.
Der Wittenberger Bettelmönch in kursächsischen Diensten hatte, im Unterschied zu manchen anderen seiner eng mit Spalatin abgestimmten Aktivitäten, im Falle der 95 Thesen auf eigene Faust gehandelt und sich weder mit dem Hof noch mit sonst einem Kollegen abgestimmt; er wollte also nicht als Promulgator kursächsischer oder gemeinwettinisch-antibrandenburgischer Interessen missverstanden werden. Denn die wettinischen Herzöge hatten ja den Vertrieb des Petersablasses in ihren Territorien verboten. Dies war einerseits wegen der traditionellen wettinisch-brandenburgischen Konkurrenz der Dynastien geschehen, die nach dem Verlust des Magdeburger Erzstuhles an die Brandenburger – sie trugen nun zwei Kurfürstenhüte –, in ein neues und dramatisches Stadium getreten war. Es war andererseits natürlich dem üblichen fiskalischen Protektionismus des Territorialfürsten geschuldet, der jedem Finanzabfluss aus seinem Land mit Skepsis begegnete. Schließlich gab es ja auch innerhalb der Grenzen der wettinischen Länder, nicht zuletzt in Wittenberg, beachtliche Gnaden zu erwerben.
Dass Luthers eigenmächtiges Vorgehen bei der Veröffentlichung seiner Ablasskritik engstens mit seinem territorialpolitischen Kontext zusammenhing, lässt sich auch einer späteren Erinnerung entnehmen. In seiner Schrift *Wider Hans Worst*

(1541) berichtet er Folgendes: „*Als nun viel Volcks von Wittenberg lieff dem Ablas nach gen Jütterbog und Zerbst ec., Und ich (so war mich mein HERR Christus erlöset hat) nicht wuste, was der Ablas were, wie es denn kein Mensch nicht wuste, fieng ich seuberlich an zu predigen, man köndte wol bessers thun, das gewisser were, weder Ablas lösen. Solche predigt hatte ich auch zuvor gethan hie auffm Schlosse, wider den Ablas, Und bey Hertzog Fridrich damit schlechte gnade verdienet, Denn er sein Stifft auch seer lieb hatte.*" (WA 51, 539, 4-10) Die Textstelle ist in Bezug auf den territorialpolitischen Kontext der Ablassfrage in doppelter Hinsicht aufschlussreich: Zum einen benennt sie einen Punkt, in dem des Kurfürsten und Luthers Interessen sowohl konvergieren als auch divergieren: den Petersablass, den sich Einwohner Kursachsens von außerhalb ihrer Territorialgrenzen auf anhaltinischem bzw. erzstiftischem Gebiet beschafften, führte zu einem Geldabfluss aus Kursachsen, aber auch zu einem potentiellen Attraktionsverlust des mit großem Aufwand ausgebauten Wittenberger Reliquienschatzes in der Schlosskirche. Zum anderen wird aus der Textstelle unmissverständlich klar, dass Luther aufgrund früherer, sicher über Spalatin vermittelter Informationen aus dem Umkreis des Kurfürsten bekannt geworden war, dass dieser Luthers Kritik am Ablass nicht schätzte. Es war, so denke ich, die Unklarheit, welche Haltung Kurfürst Friedrich gegenüber einer breiteren Ablasskritik seines Theologieprofessors Luther einnehmen würde, die wesentlich mit dafür verantwortlich war, dass und wie Luther am 31. 10. 1517 agierte.

## 4. Medienhistorische Dimension

Nun möchte ich den schon berührten *medienhistorischen* Aspekt weiterverfolgen. Ich habe ja bereits angedeutet, dass ich davon ausgehe, dass Luther in der „bei den Augustinern" gelegenen, für die Gelehrten der Universität tätigen Offizin Johannes Rhau-Grunenbergs einen Druck der 95 Thesen in einer für die akademischen Disputationsdrucke üblichen kleineren Auflagehöhe anfertigen ließ. Den Briefen an Erzbischof Albrecht von Brandenburg und an den brandenburgischen Bischof Hermann Schulz – Letzterer ist nicht überliefert –, die er am 31. 10. verfasste, fügte er die Thesen bei. Es ist kaum vorstellbar, dass er sie jedes Mal abgeschrieben haben sollte. Die Wahl der Publikationsform, der Einblattdruck, entsprach der in den Wittenberger Statuten vorgesehenen Form. Sie in „*valvis templorum*", an den Kirchentüren, bekannt zu machen, hätte dem üblichen Procedere entsprochen. Es gibt keinen Grund, warum dies nicht auch im Falle der 95 Thesen der Fall gewesen sein sollte, und zwar als hinsichtlich der Publikationsform völlig unspektakulärem Akt. Deshalb ist es auch bedeutungslos, dass Luther einen Thesenanschlag niemals erwähnt. Hier gilt einmal wieder: *normalia non in actis*.

Ungleich wichtiger als die Frage des Thesenanschlages ist allerdings, mit welcher Art von Thesen wir es hier nach der Typologie der akademischen Disputationsthesen zu tun haben. Die 95 Thesen fügen sich nämlich nicht in die von den Wittenberger Statuten vorgesehenen Disputationstypen ein. Es handelt sich bei ihnen weder um Thesen für die feierlichen *disputationes quodlibeticae*, die von jedem Magister bzw. Doktor der Theologischen Fakultät einmal im Jahr über ein frei gewähltes Thema abzuhalten waren. Noch waren sie für die während des Semesters am Freitagvormittag vorgesehenen Zirkulardisputationen bestimmt, die in einem geschlossenen Kreis aktiver Teilnehmer aus Studenten und Magistern erörtert werden sollten. Schließlich handelt es sich auch nicht um *pro-gradu*- oder Promotionsdisputationen, die im Zusammenhang mit dem Erwerb eines akademischen Grades abgehalten wurden. Sodann war an den 95 Thesen merkwürdig, dass sie ohne einen bestimmten Disputationstermin bekannt gemacht wurden und dass sie sich neben der akademischen Öffentlichkeit Wittenbergs an nicht ortsansässige Adressaten wandten, die gebeten wurden, in schriftlicher Form (*literis*) zu ihnen Stellung zu nehmen. Dass Luther bei ihrer Veröffentlichung tatsächlich an die Durchführung einer konkreten Disputationsveranstaltung gedacht haben sollte, scheint keineswegs zwingend.

Diese irregulären Momente, die sich an den 95 Thesen erheben lassen – also, dass sie sich nicht in die Typologie der üblichen Universitätsdisputationen einfügen, dass sie ohne Terminangabe veröffentlicht wurden und auch dass sie auf eine außerwittenbergische gelehrte Öffentlichkeit bezogen waren – haben sie, und das ist sicher kein Zufall, mit den 151 Thesen gemein, die der Archidiakon am Allerheiligenstift und Fakultätskollege Luthers, Andreas Bodenstein von Karlstadt, am Sonntag *Misericordias Domini* (26.4. 1517) veröffentlichte. Die Parallelen gehen noch weiter: Karlstadt ließ seine Thesen am Vortag der großen jährlichen Reliquienausstellung in der Stiftskirche erscheinen (in seinem Fall ist sogar ein Anschlag an der Kirchentür bezeugt), Luther veröffentlichte seine Thesen am Vortag von Allerheiligen. Im Falle des Kirchenfestes im Frühjahr waren für die Schau von 17443 Reliquienpartikeln je 100 Tage und eine Quadragene, also der Erlass von 40 Tagen verschärfter Bußzeit, zur Verkürzung der zeitlichen Sündenstrafen zu erwerben. Im Falle des Allerheiligenfestes ging es um den Erwerb des Plenarablasses *ad instar*, d. h. nach Art der Portiunculakapelle von Assisi.

Diese Parallelen zwischen Karlstadts die augustinische Gnadentheologie gegen die Scholastiker verfechtenden Thesen und Luthers Ablassthesen dürften kaum zufällig sein. Sie sind aber wohl kaum im Sinne einer konzertierten Aktion zu interpretieren, es sei denn man bestritte die Glaubwürdigkeit von Luthers Auskunft, dass er seinen Vorstoß in der Ablassfrage mit niemandem abgesprochen habe. Die Parallelen sind zum einen sicher der erweiterten Aufmerksamkeit geschuldet, die an den genannten Tagen wegen der Anwesenheit von Besuchern zu erreichen war. Sie sind zum anderen wohl auch dem Umstand geschuldet, dass der Ablass in einem besonders offenkundigen Gegensatz zu den theologischen Einsichten stand, die die Wittenberger im Laufe der letzten Jahre gewonnen hatten und die sie auch nach außen hin immer deutlicher sichtbar machen wollten. Da im Falle der Karlstadt'schen wie der Luther'schen Thesen Anstrengungen nachweisbar sind, um die Thesen auch andernorts bekannt zu machen, könnte es sich nahelegen, dass die Wittenberger vielleicht eine große, überregional ausstrahlende theologische Disputationsveranstaltung erstrebten, wie sie einst Giovanni Pico della Mirandola bei der Abfassung seiner 900 Thesen vorgeschwebt hatte und wie sie dann, den Rahmen des traditionellen Disputationswesens bereits kräftig sprengend, im Sommer 1519 in Leipzig durchgeführt werden sollte.

Die entscheidende medien- bzw. publikationsstrategische Differenz zwischen Luthers und Karlstadts Vorgehen bestand allerdings darin, dass Luther seine Thesen an die zuständigen kirchenleitenden Instanzen sandte und damit die historisch wichtigste Wirkung dieses Dokuments provozierte, nämlich die Einleitung des römischen Prozesses durch Erzbischof Albrecht. Luthers Brief an den Erzbischof lässt keinen Zweifel daran, dass die bisherige Praxis des Petersablasses, die Luther vor allem aufgrund der *Instructio summaria*, der Ablassbulle und einiger Nachrichten über Tetzels Predigttätigkeit bekannt geworden war, umgehend beendet werden müsste. Ließ die literarische Form der Disputationsthesen noch die rhetorische Rückzugsmöglichkeit einer prinzipiell offenen Situation – der Ablass könne für eine unsichere und diskussionsbedürftige Angelegenheit zu halten sein, aber der Disputant werde ja vielleicht auch eines besseren belehrt –, so duldete der Brief an den *Primas Germaniae* keinen Zweifel: der Ablass gefährdet das Heil der Seelen, und diejenigen Kirchenführer, die seinen Vertrieb zulassen, machen sich vor Gott schuldig.
Die Verbindung der disputatorisch-akademischen und der brieflichen Textform, mit der Luther „aus dem Winkel trat" und eine unvorhersehbare Erschütterung des bestehenden Kirchen- und Gesellschaftsgefüges auslösen sollte, scheint mir mit unseren Reflexionen über den territorialpolitischen Kontext zusammenzuhängen. Indem Luther die Thesen veröffentlichte, machte er auch gegenüber dem kursächsischen Hof klar, dass er das bestehende Ablasswesen für nicht akzeptabel hielt; indem er aber eine akademische Textform wählte, rückte seine Position prinzipiell in den Horizont des diskursiv Vorläufigen. Indem er die Thesen ohne Abstimmung mit dem Hof veröffentlichte, konnte er zugleich den Verdacht, er wolle kursächsischen Interessen dienen, abwehren. Dadurch dass und wie er an den Erzbischof schrieb, verdeutlichte er aber unmissverständlich, dass es in Sachen Ablass eigentlich nichts mehr zu diskutieren gab. Die Einleitung eines Ketzerverfahrens entsprach der positionellen Entschiedenheit, mit der der Wittenberger Augustinermönch in seinem Brief aufgetreten war.
Erst vor dem Hintergrund der genannten Kontextbezüge wird m.E. verständlich, dass und inwiefern der 31. 10. 1517 einen

biographischen Wendepunkt Luthers markiert. Luther selbst ist ja auch in späteren Rückblicken bewusst geblieben, dass er an diesem Tag einen Schritt getan hat, der aus den Handlungslogiken seines Standes herausführte. Der „Schritt" aber bestand eben in der medialen Kombination von Thesendruck und Brief. Als besorgter Priester und Theologieprofessor an Kirchenobere zu schreiben und sich kritisch über den Ablass zu äußern, wäre eben so wenig aus dem Rahmen der möglichen Handlungslogik herausgefallen, wie als Professor über den Ablass zu disputieren oder ihn von der Kanzel im Namen des Glaubens und der sittlichen Werke der Nächstenliebe zu kritisieren. Durch die Kombination der akademischen mit der brieflich-ratgeberischen Handlungslogik, der Ankündigung einer Erörterung und der unmissverständlichen Forderung nach einer Beendigung des Ablasshandels, erzeugte Luther von vornherein jenen Handlungsdruck auf die kirchliche Hierarchie, der die weitere Dynamik einer unvorhersehbaren Entwicklung freisetzen konnte.

Luthers Brief an Erzbischof Albrecht ist bekanntlich das erste Dokument, das mit seiner neuen Namensform „Martinus Luther" überliefert ist (WABr 1, 112,69). Der Wechsel von seinem Geburtsnamen „Luder" zu „Luther", der in einigen Briefen reflektiert wird, war dadurch veranlasst, dass Luther das griechische Wort für Freiheit, eleutheria, in seinem Namen aufgespürt hatte. Die neue Namensform sollte seinem Selbstverständnis als von Gott befreitem Knecht Christi Ausdruck verleihen. Mögen an dieser Stelle Unsicherheiten bleiben, so besitzt es aber doch eine nicht unerhebliche Wahrscheinlichkeit, diesen Namenswechsel mit den Vorgängen des 31.10. selbst in eine direkte Verbindung zu bringen. Wenn es glaubhaft ist, dass sich Luther zu dem Schritt, den er am 31.10. tat, durchringen musste, dann ist es auch plausibel, dass er es als immense Befreiung oder Erleichterung empfand, als er sich schließlich durchgerungen hatte bzw. ihm – wie er es selbst sah – von Gott jene innere Freiheit geschenkt worden war, in der er als Befreiter beherzt und seinem Amtsgewissen gemäß agieren konnte. Insofern spiegelt sich in dem veränderten Namen eine von Luther selbst konstruierte biographische Wende.

## 5. Biographisch-theologiegeschichtliche Dimension

Nun noch einige wenige Bemerkungen zum theologischen Gehalt der 95 Thesen, diesem Schlüsseldokument des Reformationsgedenkens. Für ihre Interpretation scheint mir wichtig, dass sie mit einem Jesuswort einsetzen, das ein quer zur sakramentalen Beichtbuße stehendes Verständnis von *poenitentia* bietet. Und es dürfte auch kein Zufall sein, dass die beiden Schlussthesen darauf abzielen, dass ein jeder Christ seinem Herrn in Kreuz, Tod und Hölle nachfolgen solle, um durch viele Trübsale, aber nicht durch den Ablass, in den Himmel einzugehen. Die im Namen Christi ergehenden Thesen entfalten also eine am Kreuz orientierte Ethik der Nachfolge, die durch die Anrede Christi in These 1 gleichsam performativ ins Werk gesetzt bzw. erschlossen wird. Die als Totalbestimmung der christlichen Existenz verstandene Buße wird von Luther durchaus im Einklang mit den Standards monastischer Lebensführung als *„mortificatio carnis"* (Th. 3) gedeutet und für die Christenheit als ganze verbindlich gemacht. Insofern enthalten die 95 Thesen implizit jene Nivellierung der beiden *„genera"* der Christen, des Klerus und der Laien, die dann 1520 zum konzeptionellen Kristallisationspunkt des kirchlichen Neubaus eines evangelischen Christentums werden sollte.

Mit dieser Beobachtung korrespondiert, dass Luther die Macht der kirchlichen Hierarchie, insbesondere des Papstes, radikal restringiert, prinzipiell auf den Bereich der Kompensation zeitlicher Sündenstrafen der Lebenden eingrenzt und theologisch durch den Supremat der göttlichen Vergebung vermittels der priesterlichen Absolution (Th. 7) relativiert. Eine rechtliche Prärogative des Papstes oder eines Bischofs, die über die priesterliche Absolutionsgewalt hinausgeht, lehnt Luther bereits in den 95 Thesen ab. Zugleich schärfen sie eine radikale Disjunktion zwischen der allein Gott vorbehaltenen postmortalen Sphäre und den Verfügungsmöglichkeiten der kirchlich-sakramentalen Heilszuwendung ein. Damit geht eine internalisierende Deutung der Hölle, des Fegefeuers und des Himmels einher; sie werden also vom Standpunkt des religiösen Subjektes aus gedeutet und gewichtet.

In den 95 Thesen sucht man einige der zentralen Begriffe der

Theologie Luthers, wie sie sich in den Jahren 1513-1516 konfiguriert hatte, vergebens. Dies betrifft etwa den Begriff des Glaubens, der Rechtfertigung, auch den der zum Heil führenden Sündenvergebung. Zu erklären ist dies wohl primär wegen des Themas Ablass; denn die Frage nach der rechten Buße bzw. der wahren Reue, ist – wie Berndt Hamm formuliert hat – auf der „'horizontalen[n]' Ebene" angesiedelt, auf der es um die *„schmerzliche Erschütterung jeder eingebildeten Sicherheit, der guten Werke und der Christusnachfolge in Kreuz, Leiden und bitteren Drangsalen"* geht (Hamm-Welker, 60). Indem Luther bestreitet, dass dem Ablass irgendeine Bedeutung in Bezug auf das Jenseits zuzuerkennen ist, eröffnet er den theologischen Raum für eine Neubestimmung des Gottesverhältnisses im Sinne der Rechtfertigungstheologie, wie er sie vor allem in seiner Römerbriefvorlesung vorgetragen hatte. Thesen wie die 36. und die 37. weisen auf diesen „vertikalen" Sinnhintergrund hin: *„Jeder Christ, der wahre Reue empfindet (*vere compunctus*), hat vollkommenen Nachlass von Strafe und Schuld, auch ohne Ablassbriefe."* Und: *„Jeder wahre Christ, ob lebend oder tot, hat Anteil an den Gütern Christi und der Kirche; Gott gewährt ihm dies auch ohne Ablassbriefe."* Sie implizieren die gänzliche Passivität des Menschen beim Empfang der Gnade und sind insofern präzis gegen die Vorstellung einer werkgerechten *cooperatio* und einer Logik des *„do ut des"* im Verhältnis zu Gott gerichtet. Eine positive Entfaltung des Modus der *participatio* (Th. 37) an den *bona Christi*, etwa im Sinne des Glaubens, enthalten die Thesen allerdings nicht.

Die 95 Thesen stellen also, so denke ich, eine spezifische, auf die Ablassthematik zugespitzte Anwendungsgestalt der Luther'schen Rechtfertigungslehre dar, bieten aber keine Explikation dieser selbst. Sie zielen darauf ab, die Werke der Nächstenliebe, das Gebet und andere fromme Praktiken gegenüber dem der christlichen Soziabilität abträglichen Ablass aufzuwerten, aber sie begründen nicht, wie der Christ liebesfähig und fromm wird. Sie schärfen die Superiorität des biblischen Gotteswortes und des Evangeliums ein, aber sie explizieren nicht, inwiefern der Christ aus dem Wort lebt bzw. durch das Wort zum Glauben kommt. In einer These wie der 62. freilich – *„Der wahre Schatz der Kirche ist das hochheilige Evangelium von der*

*Herrlichkeit und Gnade Gottes"* – blitzt die vertikale theologische Fundierung auf, die der horizontalen Dimension des Christentums zugrunde liegt und von der her Luther seine bußtheologischen Konsequenzen formuliert. In Bezug auf den biographisch-theologiegeschichtlichen Kontext der 95 Thesen wird mal deshalb sagen können, dass sie die Substanz jener Theologie enthielten, die sich der Bibelexeget in den vergangenen fünf Jahren erarbeitet hatte.

## 6. Reform und Reformation

Was folgt aus diesen Beobachtungen zu dem 95 Thesen für die Frage nach dem Verhältnis der Reformation zur Reform und zum bevorstehenden Reformationsjubiläum?

1. Alles, was Luther 1517 wusste, dachte und war, verdankte er der lateineuropäischen Kirche, in der er aufgewachsen war, die er liebte, die seine Welt war, die zu retten er antrat. Seine theologische Gelehrsamkeit, seine Frömmigkeit, seine Disputationskunst, seine sprachliche Ausdruckskraft, die medialen und kommunikativen Mittel und seine Fähigkeit, mit ihnen umzugehen, dies alles und noch manches andere schöpfte er aus der so unendlichen reichen Tradition des mittelalterlichen katholischen Christentums.
2. Die Reformation entstand erst und nur deshalb, weil sich die Kirche, die Luther retten wollte, weil er ihren im Ablasswesen kulminierenden Glaubwürdigkeitsverlust erlitt und nicht ertrug, sich nicht retten ließ, sondern sich ihm versagte und ihn verwarf. Aufgrund seiner aus den Tiefen der katholischen und der biblischen Traditionen geschöpften und gespeisten Theologie und Frömmigkeit versetzte ihn dieses römische „Nein" nicht in eine existentielle Krise, sondern wuchs ihm die Kraft zum Kampf gegen jene Kirche zu, die ihn verstieß und die Energie zum Aufbau einer evangelischeren Kirche.
3. Dass Luthers Kritik am Ablass immense Wirkungen zeitigte, war einer bestimmten historischen Konstellation geschuldet. Ohne die medienhistorischen, die universitätsgeschichtlichen, die ablasskritischen, die territorialpolitischen

die frömmigkeitskulturellen Motive und Kontexte, in denen Luthers Ablasskritik stand, wäre sie zur Wirkungslosigkeit verurteilt gewesen. Die Innovationsimpulse des späten Mittelalters bilden also unverzichtbare Voraussetzungen der Reformation. Eine Sicht auf das Verhältnis von Spätmittelalter und Reformation freilich, die die konkreten ereignisgeschichtlichen Kontexte und Sachverhalte zugunsten strukturgeschichtlicher Aspekte der *longue duree* abwertet, wird die konkrete Ereignisdynamik, die die Reformation ausmachte, nicht zu erfassen imstande sein.

4. Die weitere Trennungsgeschichte zwischen Luthers Anhängern auf der einen, der Papstkirche auf der anderen Seite war ein offenes, keineswegs *a limine* erkennbares Phänomen. Die Dynamik dieser Trennung war allerdings von einer Polarisierung gekennzeichnet, die letztlich von den Repräsentanten der römischen Kirche nicht minder bejaht und forciert wurde als von Luther und seinen Anhängern auch. Seit 1520 vollzog Luther eine kämpferisch-distanzierende Abkehr von der römischen Kirche, die nicht selten implizierte, vorhandene Bindungen an einzelne ihrer Traditionen und Praktiken zu verleugnen. Der verurteilte Ketzer Luther tat alles ihm Mögliche, um aus römischer Sicht seine Verurteilung als angemessen erscheinen zu lassen.
5. Der Aufweis gemeinsamer oder ähnlicher theologischer oder religiöser Motive zwischen Luther, den spätmittelalterlichen oder gar den gegenreformatorischen Reformern tragen für das Verständnis der Ereignissequenz, die mit dem Ablassstreit einsetze, nichts aus. Denn dieser wurde in rechtsförmiger Gestalt, durch die Verurteilung Luthers und seiner Anhänger als Ketzer, zum Austrag und zur Entscheidung geführt. Diese Verurteilung folgte keineswegs zwingend aus der Verfasstheit der in sich pluralen, auch in Bezug auf den Ablass dogmatisch nicht festgelegten römischen Kirche. Aber die Verurteilung ist geschehen. Luthers Verbrennung des kanonischen Rechts war seine quasi rechtsförmige Antwort: Die Exkommunikation der Papstkirche. Dies markiert den eigentlichen Kern der Trennung, die deshalb auch nicht durch theologische, sondern allein nur durch rechtliche Schritte überwunden werden kann.

6. Die aus der Reformation hervorgegangenen evangelischen Kirchentümer haben sich seit dem 16. Jahrhundert nicht weniger verändert als die römische Kirche auch. Es wäre naiv zu meinen, dass man etwa in den Lehrbekenntnissen der Reformationszeit eine hinreichende Grundlage zur Verständigung über das theologische Selbstverständnis und das religiöse Profil des gegenwärtigen Protestantismus gewinnen könnte. Eine Alternative zu einem geschwisterlich-partnerschaftlichen Verhältnis zwischen den sich ihrer historisch gewachsenen Differenzen bewussten Kirchen der lateineuropäischen Kirchenfamilie sehe ich nicht.
7. In Bezug auf das bevorstehende Reformationsjubiläum könnte das bedeuten: Von evangelischer Seite ist einzusehen, dass die Erwartung einer katholischen Teilnahme am Reformationsjubiläum oder das Harren auf ökumenische Gastgeschenke aus diesem Anlass der Zumutung gleicht, dass jemand, dem ein Bein und ein Arm abgeschossen wurde, fröhlich beim Tanzfest seiner Peiniger erscheinen möge. Und von katholischer Seite ist einzusehen, dass 500 Jahre auch nach den Maßstäben der römischen Kirche eine lange Zeit sind, dass das seither Eingetretene nicht rückgängig zu machen ist und dass den Evangelischen die Qualität einer Kirche abzusprechen eigentlich nur mehr für diejenigen peinlich ist, die dies tun. Sodann hat die römische Kirche der Reformation Impulse für eine Reform zu danken, die dazu verhalf, jenen Verlust ihrer Glaubwürdigkeit zu überwinden, der im 16. Jahrhundert den Kern des Aufstandes der Kirche gegen die Kirche gebildet hat. Ohne die Reformation wäre die katholische Kirche heute eine andere. Noch immer kommen die römisch-katholische und die evangelische Kirche, kommt die *eine* Christenheit auf Erden um Reformation nicht herum.

# Die Reformation im Rahmen der Reformbewegungen des Mittelalters aus katholischer Sicht

## Franziskanische Reform vs. Luthers Reformation

*Johannes Schlageter OFM*

Das Thema ist so weit gespannt, dass es hier nur kursorisch und exemplarisch angesprochen werden kann. Die Reformbewegungen des Mittelalters reichen ja sehr weit. Initiiert von der klerikalen Reformbewegung, die in Gregor VII. (Papst 1073-1085) ihren maßgeblichen Exponenten fand, sowie von der monastischen Reformbewegung, die entscheidend vom benektinischen Cluny ausging (10./11. Jh.), dann aber unter den Zisterziensern (11./12. Jh.) neue Wege suchte, findet man das Bemühen um Reform selbst in Gruppen wie denen der Katharer und Waldenser (12. Jh.), die sich früher oder später gegen die herrschende Kirche und ihre Strukturen wandten. Gemeinsam für mittelalterliche Reformbewegungen scheint nur eine asketische Tendenz, die sich gegen das in der Gesellschaft übliche Streben nach weltlicher Macht und irdischem Reichtum richtete. Diese asketische Tendenz sah man nahe gelegt durch die *„vita apostolica"*, die Lebensform der Apostel, die man in der Jesus-Bewegung und in der frühen Kirche des Neuen Testaments zu erkennen glaubte. Denn darin schien die dem Weg zum himmlischen Reich gemäße Lebensweise vorgebildet, die die neutestamentlich geforderte Abkehr von dieser Weltzeit und ihren Begierden asketisch verwirklichen konnte. Stabile klerikale und monastische Gemeinschaften orientierten sich eher an der apostolischen Lebensform, wie sie in der Jerusalemer Urgemeinde der Apostelgeschichte vorgestellt wird. Charismatische Wanderprediger sahen sich eher inspiriert von den Weisungen, die Jesus seinen Jüngern mit auf den Weg gab. Infolge der Einordnung in die Strukturen der klerikalen Kirche, wie sie von den Reformbewegungen offiziell gefordert und meist geleistet wurde, verwandelte sich der charismatische Typ der mittelalterlichen Reformbewegungen zu stabilen, kirchlichen Organisationen nach Art der monastischen Orden und Klöster. In ihnen konnten nur noch begrenzt die ursprünglichen, charismatischen Impulse wirksam bleiben. Die Katharer, die sich selbst als Gegenkirche etablierten, und die Waldenser, die die klerikale Kirche immer schärfer kritisierten, wurden verketzert und gerieten in den Untergrund der mittelalterlichen Gesellschaft, so dass sie kaum noch als reformerische Alternative wahr genommen wurden. So waren es vor allem die neu entstandenen Orden, in denen die mittelalterlichen Reformbewegungen weitergingen,[1] bis dann am Ende des Mittelalters John Wyclif (um 1330-1384) und Jan Hus (um 1370-1415) Kritik und Reform der klerikalen Kirche neu auf die Tagesordnung setzten. Dieser Neuaufbruch hat freilich wenig mit den vorherigen, mittelalterlichen Reformbewegungen zu tun und könnte eher als Vorspiel der kommenden Reformation gesehen werden, wie das etwa Martin Luther selbst und seine Gegner wahrnahmen.

So möchte ich das Thema „Reformation im Rahmen der Reformbewegungen des Mittelalters" eingrenzen auf jene Reformimpulse, die noch aus dem hohen Mittelalter selbst kamen und mit denen sich die Reformation vor allem in der Gestalt und Theologie der mittelalterlichen Reformorden (Bettelorden) auseinander zu setzen hatte. Denn daran musste die beginnende Reformation ihr eigenes Profil schärfen, wie sich das zunächst in der reformatorischen Auseinandersetzung mit der überkommenen Lebenspraxis und Ordenstheologie der Franziskaner in Jüterbog[2] und Wittenberg[3] zeigte. Weil es in dieser

---

[1] Die mittelalterlichen Reformbewegungen zeigten sich im 11./13. Jahrhundert als Armutsbewegung, die in unterschiedlicher Weise dem Weg des armen Christus folgen wollte. Wie sich das im Einzelnen akzentuierte und wie das in der franziskanischen Bewegung um Franziskus von Assisi in besonderer Kraft zum Ausdruck kam, zeigen die Beiträge in einem neuen Band zu einer Paderborner Tagung vom Februar 1911. Siehe H.-D. Heimann u.a. (Hg.), Gelobte Armut. Armutskonzepte der franziskanischen Ordensfamilie vom Mittelalter bis in die Gegenwart, Paderborn 2012

[2] Zum Franziskanerkloster in Jüterbog vgl. L. Teichmann, Die Franziskanerklöster in Mittel- und Ostdeutschland 1223-1993, Leipzig 1995, 121f.

Auseinandersetzung im Grunde um ein unterschiedliches Verständnis des Evangeliums Jesu Christi ging, scheint es dann sinnvoll nachzufragen, wie Franziskus von Assisi und Martin Luther zu ihrem Verständnis von Evangelium kamen; denn beide haben damit mittelalterliche Reformbewegung und neuzeitliche Reformation maßgebend und bis heute wirkmächtig geprägt. Weil es aber beides Mal um das eine Evangelium Jesu Christi geht, lässt sich vielleicht abschließend fragen, ob und inwieweit sich diese unterschiedlichen Sichten des Evangeliums katholisch und vielleicht ökumenisch einander annähern lassen. Manchem mag dieses Programm zu franziskanisch akzentuiert erscheinen. Es entspricht freilich meiner spirituellen Heimat als Franziskaner und dem Schwerpunkt meiner Forschungen.[4] Ich denke jedoch, damit entscheidende Konturen des vorgegebenen Themas exemplarisch darstellen zu können. Und nur eine solch exemplarische Darstellung ist im begrenzten Rahmen eines Vortrags möglich.

## 1. Die Auseinandersetzung reformatorischer Theologie mit Franziskanern in Jüterbog und Wittenberg 1519

### *1.1 Der Streit mit den Franziskanern zu Jüterbog*

In der Entwicklungsphase von Luthers reformatorischer Theologie scheint sein Verständnis des Lebens in einem Orden nicht strittig geworden zu sein. Erst als Luthers Auffassungen 1519 im Jüterbog weitere Kreise ziehen in den Predigten Franz Günthers, eines Luther-Schülers,[5] sehen sich dort Franziskaner angegriffen. Die Kritik kirchlicher Vorschriften und Bräuche bei

---

[3] Zum Franziskanerkloster in Wittenberg vgl. ebd., 200; J. Schlageter, Das Franziskanerkloster in Wittenberg bei der Gründung der Universität (1502) und im Beginn der Reformation (1517/25), in: WiWei 65 (2002) 82-111.

[4] Vgl. J. Schlageter, Die sächsischen Franziskaner und ihre theologische Auseinandersetzung mit der frühen deutschen Reformation, Münster 2012 (Franziskanische Forschungen 52).

[5] Er war der Respondens Luthers in der *Disputatio contra scholasticam theologiam* 1517: WA 1, 224-228.

Beichte, Fasten und Heiligenverehrung, die man in der Fastenzeit 1519 dem Prediger der Stadtrats Franz Günther nachsagte, konnten die Brüder in Jüterbog nicht unwidersprochen hinnehmen. Denn eher um Bewahrung und Intensivierung eines solch geregelten religiösen Lebens ging es im Reformanliegen der Franziskaner-Observanten. Dass behauptet wurde, „die Böhmen seien bessere Christen als wir",[6] wirkte als Hinweis auf die Hussiten mit ihrer größeren Freiheit von solchen Gesetzen und Bräuchen zusätzlich provozierend. Vor allem die entschiedene Kirchentreue der Jüterboger Franziskaner war damit tangiert. Zum angebotenen klärenden Gespräch brachte Franz Günther den Wittenberger Prior und Theologielektor der Augustiner Konrad Helt mit und einen weiteren Augustinerlektor, vielleicht Gabriel Zwilling.[7] Doch gerade der „Gefährte des Priors" brachte in das Gespräch Auffassungen ein, die unmittelbar das Selbstverständnis der Jüterboger Brüder betrafen, wie etwa: „Es gäbe, sagte er, keine evangelischen Räte, sondern alles, was im Evangelium sich finde, seien Gebote. [...] Er sagte auch, Gott fordere von jedem beliebigen Christen die höchste Vollkommenheit und die Einhaltung (obseruantia) des ganzen Evangeliums. [...] Der Mensch habe keinen freien Willen. [...] Ebenso sagte er, gute Werke seien nicht notwendig, und Gott habe dem Menschen Unmögliches geboten."[8] Diese Zuspit-

---

[6] Der Lutheraner Müntzer. Erster Bericht über sein Auftreten in Jüterbog. Verfaßt von Franziskanern anno 1519. Hg. von G. Brendler, Berlin 1989 mit einer Faksimile-Wiedergabe der franziskanischen Beschwerden im Originaldruck ab S. 15 (A 1r-5v) und deren Übersetzung S. 25-37. Hier A 2r [17]: „Quarto, quod Bohemi essent meliores Christianos quam nos."

[7] Ebd. A 2r [17]: „Ipso autem ad conuentum nostrum veniente, habuit in comitatu Venerandum patrem Priorem Vuittenbergensem ordinis sancti Augustini artium magistrum et sacre Theologie lectorem, et socium eiusdem prioris etiam artium magistrum et sacre Theologie lectorem." Zum Wittenberger Augustinerkonvent, seinem Prior Konrad Helt und den dort wissenschaftlich tätigen Brüdern siehe G. Wentz, Das Augustineremitenkloster in Wittenberg, in: Germania sacra I/3: Das Bistum Brandenburg II. Bearb. von F. Bünger u. G. Wentz, Berlin 1941, 440-499 (nr. 15).

[8] Der Lutheraner Müntzer (Anm. 6), A 2rv [17f]: „nulla dixit esse consilia Euangelica sed omnia que in Euangelio fierent dixit esse precepta. [...] dixit etiam, quod deus exigeret summam perfectionem a quolibet Christiano et

zung im Gespräch konnte keinem der Kontrahenten als Lösung erscheinen.

Das Selbstverständnis der Franziskaner als vorbildliche reformorientierte, religiöse Elite schien nämlich fundamental in Frage gestellt. Günther zog sich zwar zunächst aus der unmittelbaren Konfrontation zurück, aber Thomas Müntzer, der ihn als Prediger vertrat, spitzte den Konflikt weiter zu. Der Guardian der Brüder predigte daher in seiner Karfreitagspredigt gegen Auffassungen,[9] die nach ihm die Einheit der Kirche, des Rockes ohne Naht Christi, gefährdeten: „Diese Einheit scheint bereits sehr zerteilt. Ich nämlich weiß beinahe nicht mehr, ob wir Christen, Böhmen, Griechen oder Heiden sind. Manche sagen ja, die Böhmen seien bessere Christen, als wir es sein möchten."[10] Und der Theologie-Lektor des Klosters, Bernhard Dappen, griff mit seiner Ostermontagspredigt die Gegner an, indem er die Widersprüchlichkeit der Predigten beklagt: „käme Runkarius, ein Magister der böhmischen Häresie, hierher und predigte seine Irrlehren mit den Worten, seine Predigt sei wahrhaft das Evangelium Christi; einige hörten sehr gerne mit offenen Ohren zu, damit sie nach Art der Athener Neuigkeiten ihren Ohren eintrichtern ließen."[11] Es ging bereits um einen grundsätzlichen

---

obseruantiam totius euangelij. [...] hominem dixit non habere liberum arbitrium [...] Item dixit non esse necessaria bona opera Deumque precepisse homini impossibilia. "

[9] Gemeint waren Auffassungen, die Franz Günther nachgesagt wurden und sich auf die bessere Christlichkeit der Hussiten (Böhmen) sowie auf die Vorschriften von Fasten und Beichte bezogen (vgl. ebd. A 2r [17] und A 3r [19]).

[10] Ebd. A 3r [19]: „haec vnitas videtur iam multum scindi; nam ego pene ignoro: Vtrum christiani, an Bohemi, an Greci, an Pagani simus. Aliqui enim dicunt Bohemos esse meliores christianos, quam nos simus".

[11] Ebd. A 3v [20]: „certissime teneo, si Runkarius quidam Bohemorum Heresis magister veniret ad hunc locum, predicans errores suos, dicens quod predicatio sua esset euangelium Christi vere, aliqui auribus patentibus libentissime auscultarent, vt Atheni<ensi>um more noua possent suis auribus inculcari." Das spielt auf die Charakterisierung der Athener in der Apostelgeschichte an (Apg 17,21). „Runkarius" war ein Schimpfname für radikale Waldenser. Siehe Ch. Du Fresne Du Cange, Glossarium mediae et

Dissens über das Verständnis des Evangeliums, wobei beide Seiten das Volk für sich gewinnen wollten.
Weil die Franziskaner gegen die Neuerer offenbar Boden verloren, wurde der Streit von ihrem Lektor Bernhard Dappen mit Vorwürfen gegen den Urheber der „häretischen" Ansichten, nämlich Martin Luther selbst, an den Brandenburger Bischof Hieronymus Scultetus[12] herangetragen.[13] Vom Bischof mag das Schreiben der Jüterboger Brüder Martin Luther zur Stellungnahme zugesandt worden sein.[14]
Luther versuchte in seinem Antwortbrief „an die ehrwürdigen Väter und Brüder des Konvents zu Jüterbog vom Orden der Minderbrüder",[15] die dortigen Franziskaner-Observanten als ungelehrte Leute ins Abseits zu stellen: „Mir wurden zwei Zettel übergeben, von denen der eine, vom ganzen Konvent an der Hochwürdigsten Bischof, unseren gnädigen Herrn von Brandenburg gesandt, meinen Namen abscheulich besudelt und eine Anzahl von durchaus wahren Thesen mit unverschämter

---

infimae Latinitatis, bearbeitet von Leopold Favre, Tomus VII, Paris 1886. ND Graz 1954, 239.

[12] Noch im Ablassstreit 1517 war der Bischof von Brandenburg Hieronymus Scultetus Luther entgegengekommen. Siehe M. Bensing / W. Trillitzsch / B. Dappens, „Articuli ... contra Lutheranos". Zur Auseinandersetzung der Jüterboger Franziskaner mit Thomas Müntzer und Franz Günther 1519, in: Jahrbuch für Regionalgeschichte 2 (1967) 113-147, hier 124f.

[13] Siehe Der Lutheraner Müntzer (Anm. 6), A 4v [22] „ denuntiando insinuamus in populo Interbocksensis [!] vestre diocesis emergentibus erroribus pestiferis ortam non modicam pacis et christiane vnitatis periculosam et quasi schismaticam scissuram occasione doctrine et predicationum D. Martini et aliorum predicatorum de secta eiusdem doctoris." Das stammt aus dem angehängten Brief an den Bischof selbst, der die ausführlichere Darstellung im vorhergehenden Brief an den Generalvikar des Bischofs Jakob Gropper zusammenfasst und die Anklage auf den eigentlich verantwortlichen Doktor Martin Luther hin zuspitzt. Sie datieren vom Mittwoch bzw. Donnerstag nach dem 2. Ostersonntag „Quasimodogeniti", 4. und 5. Mai 1519.

[14] Denn Luther hat die beiden „Zettel" des Schreibens, den Brief an den Generalvikar und den Brief an den Bischof, bald in den Händen gehabt, da er schon am 15. Mai ausführlich antworten konnte (WA Br 1, 387-393).

[15] Siehe WA Br 1, 389,1-2: „Venerabilibus Patribus et Fratribus Conventus Iutterboccensis, Ordinis Minorum."

Unüberlegtheit als irrig hinstellt. Ich war freilich genug verwundert: Ihr, die ihr euch entflammt unter dem Titel Observanz, euch dem Volk als Retter aufspielt und als Eiferer für das Gewand ohne Naht,[16] ihr solltet so sehr das Evangelium vergessen haben, um nicht vorher den Bruder zu mahnen zwischen dir und ihm allein, wie Er sagt [Mt 18,13]. Ihr wolltet vielmehr Verleumder eines fremden Namens, ja was noch schändlicher ist, Richter einer fremden Lehre werden aus eigener Autorität. Ist dieser Hochmut und Übermut die Art eurer religiösen Gemeinschaft und Observanz? Wahrlich um euch nicht Böses mit Bösen zu vergelten, lasse ich euch die Wahl: Widerruft entweder eure Unüberlegtheit und gebt mir meinen guten Namen wieder. Oder ich will euren Zettel im Druck veröffentlichen mit einer Widerlegung euerer Ignoranz, was eurem Orden keine Ehre einbrächte. Ihr verachtet nach dem Brauch euerer Observanz die Studien und wollt freiwillig die Wissenschaften nicht lernen, sondern das Volk nur einnehmen mit Visionen[17] und eueren Überlegungen. Für Euch gehörte es sich also, zu schweigen und die Anderen studieren zu lassen. Meine Lehre ist seit drei Jahren an unserer Universität ständig betrieben, diskutiert und beurteilt worden in Disputationen, Vorlesungen, im Lehren, Predigen und Schreiben, zusammen mit sehr scharfsinnigen und aufmerksamen Männern, und noch nicht verwerflich gefunden. Und nun soll sie hinter dem Ofen eures Klösterchens von einem oder zwei verschlafenen Brüdern, die vielleicht irgendwann einmal einen Magister gesehen, aber niemals kennengelernt haben, als ketzerisch verurteilt werden. Schaut, dass man nicht euch als Ketzer findet, als solche, als welche ihr mich und die Meinen angeklagt habt! Mir wird es nicht schwer sein, mit Gottes Gnade meine Aussagen gegen euch zu verteidigen. Aber in-

---

[16] Vgl. Joh 19,23. Das ungenähte Gewand steht hier als Symbol für die ungeteilte Einheit der Kirche, siehe: Der Lutheraner Müntzer (Anm. 6), A 3r; 4v (19; 22); siehe auch M. Bensing / W. Trillitzsch / B. Dappens, „Articuli ... contra Lutheranos" (Anm.12), 136f; 140f.

[17] Gemeint sind besondere spirituelle Erfahrungen, vielleicht auch die Seraph-Vision des Franziskus bei seiner Stigmatisation auf La Verna und andere visionäre Erfahrungen der franziskanischen Tradition.

zwischen werde ich euch und euren Orden schonen, bis ich höre, was ihr machen werdet."[18]

Trotz der Vorwürfe von mangelnder Bildung und mangelndem Verständnis nahm Luther den von den Jüterboger Brüdern angemerkten Dissens durchaus ernst. Er konzentrierte sich auf die von seinem Wittenberger Theologielektor aufgestellten und von Franz Günther bekräftigten Behauptungen: „Ihr sagt, es wurde behauptet, ‚Gott habe dem Menschen unmögliche Dinge geboten.'[19] Ich antworte: Warum sagt Paulus Röm 8 [,3], sie seien unmöglich gewesen, nicht nur für uns, sondern für das Gesetz, damit Gerechtigkeit verwirklicht würde. Daher sei es notwendig gewesen, dass Christus starb. Lest den seligen Augustinus über die Vollendung der Gerechtigkeit, und ihr werdet entdecken, das eher ihr Schismatisches und Verderbliches lehrt,

---

[18] WA Br 1, 389,3-390,30: „Oblatae sunt mihi duae schedulae, venerabiles Patres, quarum una ad Reverendissimum D. Episcopum, Dominum nostrum gratiosum Brandenburgensem, a toto Conventu missa, meum nomen foedissime conspurcat et aliquot propositiones verissimas impudenti temeritate arguit erroneas esse. Ego sane fui satis admiratus, quod vos, qui observantiae titulo inflamini et populo vos salvatores iactatis et tunicae inconsutilis zelatores, adeo fueritis obliti euangelii, ut non ante fratrem monueritis inter te et ipsum (ut inquit [Mt 18,13]) solum ac magis voluistis detractores alieni nominis, tum, quod foedius est, iudices alienae sententiae auctoritate propria fieri. Est ista superbia et petulantia religionis vestrae et observantiae modus? Verum ne reddam malum pro malo, optionem vobis do: aut revocate hanc temeritatem et reddite mihi nomen meum, aut publicabo per impressuram hanc vestram schedulam, adiecta confutatione vestrae ignorantiae, quod non erit honorificum ordini vestro. Vos, qui vestrae observantiae ritu studia contemnitis et literas sponte vultis nescire, sed tantum visionibus et cogitationibus vestris populum occupare, decebat, ut sileretis et alios studere permitteretis. Mea doctrina tribus annis in Universitate nostra assidue est agitata, discussa et iudicata, disputando, legendo, docendo, praedicando, scribendo, cum acutissimis et diligentissimis viris, necdum inventa reproba; et nunc post fornacem vestri Conventiculi ab uno aut duobus stertentibus fratribus, qui Magistrum forte viderunt aliquando et cognoverunt numquam, debet haeretica damnari? Videte, ne vos inveniamini haeretici et omnino tales, qualem me et meos criminati estis. Mihi non erit difficile, deo propitio, defendere mea dicta contra vos, sed vobis interim et ordini vestro parcam, donec audiam, quid sitis facturi".

[19] Siehe oben Anm. 6.

wenn ihr leugnet, sie seien für den Menschen unmöglich. Oder sagt: wenn sie möglich sind, wozu ist die Gnade notwendig. Oder verhöhnt und verspottet ihr die Wohltat göttlicher Barmherzigkeit? Schließlich warum betet ihr: ‚Dein Wille geschehe', wenn ihr durch euch den Willen Gottes tun könnt? Es erfüllt mich mit Scham eure derart krasse Unüberlegtheit, mit der ihr diese überaus christliche Lehre einen verderblichen und gefährlichen Irrtum nennt."[20]

Die Unfähigkeit des Menschen, die von Gott gebotene und zum Heil notwendige Gerechtigkeit aus eigener Kraft zu erreichen, wurde von Luther für damalige Theologie, Pastoral und Spiritualität ungewöhnlich betont. Die Rede von der Wohltat göttlicher Barmherzigkeit, von der Rechtfertigung aus Gnade aufgrund der erlösenden Hingabe Jesu Christi war den Franziskanern sicher vertraut, aber auf dem dunklen Hintergrund unmöglicher Gesetzeserfüllung kaum verständlich. Denn von daher schienen ihre reformorientierte Betonung kirchlicher Moral und ihr eigenes, angeblich vorbildliches Streben nach Vollkommenheit sinnlos. Das wurde deutlicher im nächsten Punkt, den Luther nannte: „Zweitens nennt ihr es einen Irrtum, dass ‚Gott von jedem beliebigen Christen die höchste Vollkommenheit und das ganze Evangelium fordert.´ Zuerst frage ich eure ausgezeichnete Klugheit: wem wurde das Evangelium gegeben, den Steinen oder Hölzern? Wenn den Menschen, warum sind sie nicht verpflichtet, die Gebote Gottes zu halten, da Christus sagt, es werde nicht ein Jota vergehen? Mich schmerzt es bemerkenswert, dass ihr, fixiert auf den nahtlosen

---

[20] WA Br 1, 390,44-54: „dicitis esse dictum quod `Deus preceperit homini impossibilia. Respondeo: Cur Paulus Rom. VIII. dicit, fuisse impossibilia, non tantum nobis, sed etiam legi, ut iustitia fieret? ideo necesse fuisse ut Christus moreretur? Legite B. Augustinum de perfectione iustitiae, et invenietis, vos potius errorem schismaticum et pestiferum docere, quando negatis, homini esse impossibilia praecepta. Aut dicite: si sunt possibilia, ad quid necessaria est gratia? Aut illuditis et irridetis misericordiae Dei beneficium? Denique, cur oratis: `Fiat voluntas tua´, si per vos potestis facere voluntatem Dei? Pudet me tam crassae vestrae temeritatis, quod hanc christianissimam doctrinam appellatis pestiferos et perniciosos errores." Vgl. dazu Aurelius Augustinus, De perfectione iustitiae hominis, c. 10 nn. 21-22: CSEL 42, 21-23.

Rock, so unsinnig werdet zu leugnen, die Menschen seien verpflichtet, den Willen und die Gebote Gottes zu beobachten: Und jetzt soll man sogar noch zweifeln und disputieren, ob man dem gebietenden Gott zu gehorchen hat. Welch Raserei! Also wir alle schulden das ganze Evangelium und alle Gebote; und weil wir das nicht vermögen, daher sind wir Sünder und eilen zum Thron der Barmherzigkeit Gottes. Das ist das Urteil des seligen Augustinus im ganzen achten Teil. Ihr aber zieht die Menschen von der Barmherzigkeit zum Gericht, da ihr sie nicht zur Selbsterkenntnis als Sünder und Schuldner der Gebote Gottes gelangen lasst."[21]

Die höchste Vollkommenheit und das ganze Evangelium sah Luther nicht als Anspruch einer christlichen Elite, wie ihn die damalige Ordenstheologie erhob und gerade die Observanten ihn vorbildlich verwirklichen wollten. Alle Menschen sind nach Luther dazu verpflichtet, aber ihre Unfähigkeit, diese Verpflichtung zu erfüllen, erweist sie alle als sündig und schuldig vor Gottes Gebot, auch die vermeintliche religiöse Elite. So bleiben alle auf die Barmherzigkeit Gottes angewiesen. Wer daher die Selbsterkenntnis als Sünder nicht zulässt, liefert die Menschen hoffnungslos dem Gericht Gottes aus. Diese Gefahr sah Luther offenbar in der Moralpredigt und im religiösen Perfektionismus der Observanten gegeben. Weiter hatten die Jüterboger Brüder als Irrtum hingestellt: „Es gäbe keine Räte,

---

[21] WA Br 1, 390,55-391,67: „Secundo errorem dicitis, `quod Deus exigit a quolibet Christiano summam perfectionem et totum euangelium´. Primo quaero ab insigni vestra prudentia, quibus sit euangelium datum, lapidibus an lignis? Si hominibus, cur ergo non tenentur praecepta Dei tenere, quando Christus dicit, ne unum iota praeteriturum? Doleo miro modo vos inconsutilistas et tunicastros sic desipere, ut negetis homines esse debitores servandae voluntatis et praeceptorum Dei. Et nunc demum dubitandum et disputandum sit, an obedire oporteat praecipienti Deo. O furor! Igitur omnes debemus totum euangelium et omnia praecepta; et quia non possumus, ideo sumus peccatores, et currimus ad thronum misericordiae Dei. Haec est B. Augustini sententia in tota parte octava. Vos autem homines a misericordia trahitis ad iudicium, dum non sinitis eos sese agnoscere peccatores et praeceptorum Dei debitores." Luther bezieht sich hier auf den Teil 8 der Augustinus-Ausgabe von Basel 1508, der die antipelagianischen Schriften enthält.

sondern alles im Evangelium seien Gebote."[22] Dazu meint Luther: „Das hat euer Neid und euere Nichtsnutzigkeit gelogen. Jene haben nämlich gesagt: ‚Die Gebote gehen über die Räte hinaus´ und ‚Die Gebote sind mehr als die Räte´. Denn die Räte sind gewisse Hilfsmittel, damit man leichter die Gebote erfüllt, wie eine Jungfrau, eine Witwe oder ein Eheloser leichter das Gebot beobachten kann: ‚Du sollst nicht begehren´ als ein Verheirateter, der der Begierlichkeit irgendwie nachgibt."[23]

Als evangelischen Rat nannte Luther eigens den Rat zur Ehelosigkeit, aber er verstand ihn nur als Hilfsmittel zur leichteren Beobachtung des Gottesgebotes. Ob Luther noch die besondere Berufung im Ordensstand im Auge hatte, blieb offen. Entscheidend wichtiger und als umfassender Rahmen des Lebens für alle maßgebend waren für ihn die Gebote Gottes, auch und gerade in den Evangelien. Das stellte die damalige Ordenstheologie der evangelischen Räte in Frage, obwohl Luther die Leugnung evangelischer Räte überhaupt durch seine Anhänger bestritt. In den Zusammenhang der Verwirklichung des Evangeliums gehörte die Diskussion der Willensfreiheit durch den Lektor von Wittenberg. Dazu meinte Luther: „Ebenso vom freien Willen, der nichtig ist, nach dem Zeugnis des seligen Augustinus. Er kann nämlich nur Böses tun, niemals aber Gutes, außer mit Hilfe der Gnade. Also ist er aus sich allein nicht frei, sondern Sklave der Sünde, wie Augustinus im 2. Buch gegen Julian lehrt. Aber ich bitte euch, mäßigt euere Unüberlegtheit und lasst ab von eueren albernen Träumereien. Ihr wisst überhaupt nichts in der christlichen Lehre. Seid für euch Redekünstler. Lasst uns die heiligen Lehrer lesen."[24]

---

[22] Vgl. oben Anm. 6 sowie WA Br 1, 391,68: „nulla sunt consilia, sed omnia in euangelio sunt praecepta".

[23] WA Br 1, 391,69-73 : „Haec invidia et nequitia vestra mentita est. Illi enim sic dixerunt: `praecepta sunt ultra consilia´ et `praecepta sunt plus quam consilia´. Quia consilia sunt quaedam media, quibus facilius implentur praecepta, ut virgo aut vidua aut caelebs facilius servat praeceptum: `non concupisces´ quam coniugatus, qui concupiscentiae aliquo modo cedit." Vgl. dazu Ex 20,17.

[24] WA Br 1, 391,100-107: „Idem de libero arbitrio, quod nullum est, teste B. Augustino. Non enim potest nisi malum facere, nunquam autem bonum, nisi gratia adiutum. Ergo se solo non est liberum, sed servum peccati, ut

Es war die traditionell scholastische Sicht der Franziskaner von der geforderten und bei ihnen vorbildlich zu leistenden Beobachtung des Evangeliums, für die besonders die Bestreitung der Willensfreiheit wie die neue reformatorische Theologie überhaupt außerhalb ihres Blickfelds lag. Dafür zeigte Luther kein Verständnis. Sie dagegen mussten Luthers Gedankengänge als häretischen Bruch mit der geltenden Tradition der Kirche empfinden und denunzieren, ohne in ihrer bisherigen Theologie, in ihrem Verständnis der Reform von Orden und Kirche, Gegenargumente zu suchen und zu finden. Erst später wird es sich zeigen, dass Luthers Argumentation mit der Theologie des Augustinus, eines maßgebenden Kirchenvaters, auf die damaligen franziskanischen Kontrahenten Eindruck gemacht hat.

### *1.2 Die Disputation zu Wittenberg vom 3./4. Oktober 1519*

Anlässlich eines Kapitels gemäßigt reformierter Franziskaner in Wittenberg fand zum Franziskusfest 1519 eine Disputation statt, die vorwiegend der Selbstdarstellung dienen sollte.[25] Franziskus von Assisi, der Gründer des Ordens, wurde in den Disputationsthesen als gottgeschenkter Vorkämpfer einer umfassenden christlichen Erneuerung gewürdigt, der vor allem

---

Augustinus libro II. contra Iulianum docet. Sed rogo vos, cohibete temeritatem vestram, ac desistite ab insulsis vestris somniis; nimis nihil sapitis in doctrina christiana, estote pro vobis sermocinistae, sinite nos Doctores sanctos legere." Vgl. etwa Aurelius Augustinus, Liber contra Iulianum Pelagium, lib. 2 cap. 8 n. 23: „Hic enim vultis hominem perfici, atque utinam Dei dono, et non libero, vel potius servo voluntatis arbitrio": PL 44, 689-690.

[25] Siehe *Disputationes Minoritice*, Niedersächs. Staats- und Universitätsbibliothek Göttingen (8° HE. ORD. 104/20 Rara); G. Hammer, Franziskanerdisputation. 1519, in: WA 59, 606-697. Der Druck insgesamt stammt aus der Druckerei des Jan Severcz in Leiden/Niederlande, um 1520. Von diesem Druck ist bis heute nur dies einzige Exemplar bekannt. Ediert wurde der Text bei G. Hammer, Militia Franciscana seu militia Christi. Das neugefundene Protokoll einer Disputation der sächsischen Franziskaner mit Vertretern der Wittenberger theologischen Fakultät am 3. und 4. Okober 1519. I. Teil, in: ARG 69 (1978) 51-81; II. Teil, in: ARG 70 (1979) 86-105.

durch seine Stigmatisation dazu ausgewiesen ist. Als Gegner einer solchen Sicht des Heiligen und seines Ordens wurden nur die „Taboriten" genannt, die fernen radikalen Hussiten. Aber Luther verstand diese Thesen als Kampfansage an sich selbst und seine Theologie, wie er es bereits in einem Brief an Johann von Staupitz vom 3. Oktober zum Ausdruck brachte.[26] So schaltete er sich mit Wittenberger Universitätskollegen, meist Parteigängern der neuen reformatorischen Theologie wie Andreas Karlstadt und Philipp Melanchthon, in die Disputation ein. Neben der Glorifizierung des Franziskus, seiner Stigmata und seines Ordens bestreiten die Wittenberger Theologen den franziskanischen Anspruch, in besonderer vorbildlicher Weise dem Evangelium und damit Jesus Christus selbst zu folgen. Philipp Melanchthon, der am 9. September 1519 erst *baccalaureus* der Theologie geworden war, eröffnete die Diskussionsrunde mit einer Frage nach der „neuen Ritterschaft", von der die Rede war.[27] Als das ein Franziskaner auf den eigenen Orden bezog, meinte Melanchton: „Eine einzige Ritterschaft haben wir, mit der wir in der Taufe ausgezeichnet werden."[28] Daher verwarf er jeden besonderen Anspruch auf höhere Vollkommenheit als „Menschenerfindung": „Eher ist also ein solcher Orden und die übrigen zu verwerfen und in den Geboten Gottes zu wandeln. Sie stellen ja nur irgendein Schattenbild oder Götzenbild dar."[29]

---

[26] Vgl. WA Br 1, 514f,54-74. Besser als im späteren, so genannten Protokoll der Disputation wird in Luthers Brief die Motivation Luthers und seiner Freunde deutlich, in die Disputation der Franziskaner einzugreifen. Und nur hier werden die franziskanischen Disputanten beim Namen genannt, von denen etliche sich später der Reformation anschlossen, wie der Wittenberger Theologe Petrus Fontinus (von Borna) und Jakob Fuhrer aus Zwickau.

[27] *Disputationes Minoritice* (Anm. 25), A 2r: „Quero religiose pater que noua illa militia, de qua mentio hic habetur." Siehe dazu WA 59, 679,33f.

[28] Ebd.: „Unicam habemus militiam, qua ab baptismate insignimur." Siehe WA 59, 680,2f.

[29] *Disputationes Minoritice* (Anm. 25), A 2r: „Potius ergo talis relligio [!] et cetere reiciende sunt, et ambulandum in preceptis dei, cum nihil nisi simulacrum aliquod et idolum faciant." Melanchthon bezieht sich dabei auf Kol 2,6-23. Siehe WA 59, 680,18f.

Der nächste Opponent, der Dekan der philosophischen Fakultät und *sententiarius* der Theologie, Nicasius Claii aus Herzberg/Elster,[30] verdeutlichte das: „Für alle Christgläubigen ist der eine Vorkämpfer Jesus Christus, für euch aber Franziskus. Also seid ihr Ungläubige und keine Christen. Denn unser Vorkämpfer ist jener, von dem wir auch den Christennamen tragen und durch den wir befreit und geheilt wurden."[31] Und als ein Franziskaner erwiderte, Christus sei doch in allem vorausgesetzt, fragte der „Herssberger": „Wo nun verbirgt sich also der Name Christi, da er nirgendwo in diesem Sinn erscheint, Franziskus aber überall?"[32] Noch schärfer griff Karlstadt die franziskanische Hochstilisierung des Franziskus und den evangelischen Anspruch des Ordens an: „Zu verabscheuen ist sicher diese neue Lebensweise und ein Sich-Täuschenlassen durch äußere Maskierung. Paulus lehrt, den inneren neuen Menschen von Tag zu Tag zu erneuern. Ihr seid also keine Christen, weil ihr ein von Christus verschiedenes und vollkommeneres Leben (nämlich des heiligen Franziskus) führt. Das Leben Christi aber ist geistlich. Verwunderlich ist andererseits, dass ihr Franziskus so viel zuschreibt. Genügte es nicht, dass er ein Christenmensch gewesen ist? Ihr aber macht euch ein Götzenbild [Idol] aus ihm."[33]

---

[30] Siehe zu Nicasius Claii G. Hammer, Militia franciscana II (Anm. 25), 80f.; ders., Franziskanerdisputation (Anm. 25), 652f.

[31] *Disputationes Minoritice* (Anm. 25), A 3rv: „Cunctorum christifidelium vnus est antesignanus Jhesus Christus, vobis autem est Franciscus; ergo estis infideles et non christiani, quia ille est antisignanus noster, a quo et nomen christianum possidemus, et per quem liberati et saluati sumus." Siehe WA 59, 682,3-7.

[32] *Disputationes Minoritice* (Anm. 25), A 3v: „Ubi nam ergo Christi nomen delitet, cum nusquam appareat in eo sensu, Franciscus vero vbique." Siehe WA 59, 682,10f.

[33] Zur These 8 siehe *Disputationes Minoritice* (Anm. 25), A 7r: „Abhorrendus certe iste modus viuendi nouus et externa decipi larua. Paulus docet renouandum nouum hominem interiorem de die in diem. Christiani ergo non estis, quia aliam a Christo et perfectiorem (sancti Francisci videlicet) vitam geritis. Vita vero Christi spiritualis. Ast mirum est, vos tanta tribuere Francisco. Sufficeret, ne hominem christianum eum fuisse. Vos autem fingitis vobis ydolum ex eo." Vgl. 2 Kor 4,16. Siehe WA 59, 688,7-13.

Wie bereits Martin Luther ging es damals Andreas Karlstadt darum, das Leben Christi, das in den Christen stets zu erneuern ist, als inneres, geistliches Leben zu bestimmen. Von daher konnten ihm die besonderen äußeren Bräuche der Franziskaner nur als Maskerade erscheinen, die der zum Idol erhobenen Gründerfigur zugeschrieben wurden. Daher wandte sich Karlstadt vor allem gegen den zentralen evangelischen Anspruch der franziskanischen Lebensform: „Wahrhaftig das wundert mich am meisten, dass ihr sagt, euer Orden oder euer Aberglauben käme aus jenem Wort des Evangeliums: ‚Geh und verkaufe alles´ usw. und aus Mt. 10. ‚Habt kein Geld in euren Gürteln, und tragt nicht auf dem Weg eure Vorratstaschen, auch keine Schuhe an den Füßen´. Damit nämlich behauptet ihr euere mehr als evangelische Vollkommenheit, und doch wird das alles im Evangelium geboten. Daher nenne ich euch weder Christen noch Franziskaner."[34] Ein Ernstnehmen der Weisungen Jesu konnte Karlstadt bei seinen Gesprächspartnern nicht erkennen. Die Franziskaner müssten sich sonst, wie andere Christen, ohne besonderen, elitären Anspruch auf das im Evangelium Gebotene beziehen.

Schließlich kam Karlstadt anhand der paulinischen Darstellung der korinthischen Gemeinde auf einen Vorwurf zu sprechen, der den Ordensleuten noch lange zu schaffen machte: „Paulus verbietet am meisten, dass in der Kirche Spaltungen entstehen. Aber schon so viele Spaltungen entstehen, wie viele Orden es gibt. Er tadelt ja einige, die sich Leute des Petrus, des Paulus oder des Apollo nannten. Denn er sagt: ‚Ist etwa Paulus für euch gekreuzigt worden´?"[35] Darauf der franziskanische Res-

---

[34] *Disputationes Minoritice* (Anm. 25), A 7r: „Verumtamen hoc miror potissimum, quod dicatis vestre relligionis [!] siue superstitionis fundamentum ex euangelij illo: `Vade et vende omnia´etc. et Matth. 10.: `Non habeatis pecunias in zonis, neque portaueritis peras vestras in via, aut calceos in pedibus´; idcirco dico nec vos christianos nec franciscanos esse." Vgl. Mt 19,21parr und Mt 10,9. Siehe WA 59, 688,16-22.

[35] *Disputationes Minoritice* (Anm. 25), A 7r: „Paulus maxime vetat schismata in ecclesia fieri. Jam vero tot fiunt schismata, quod ordines religiosorum. Reprehendit namque quosdam, qui Petri, qui Pauli, qui Apollo dicebantur. Ait namque: `Numquid Paulus pro vobis crucifixus est?´" Vgl. dazu 1 Kor 1, 10; 12,25 und 1 Kor 1,13. Siehe WA 59, 690,31-35.

pondent: „Und sollten die Brüder den Namen des Franziskus tragen, sie wären trotzdem auf Christus gegründet."[36] Und Karlstadt erwiderte: „Allerdings! Das glaube ich auch, andernfalls auf den Teufel. So waren auch die von Paulus Getadelten auf Christus gegründet, denn abgewaschen im heiligen Quell der Taufe glaubten sie an ihn und trugen allein seinen Namen. Und dennoch wurden sie getadelt. Wenn ihr also keine Franziskaner seid, weil auf Christus gegründet, dann seid es durchaus nicht! Insofern aber Franziskaner, nicht des Christus, sondern des Franziskus Leute, folglich seid ihr keine Christen, sondern Ungläubige und abgesondert von der christlichen Religion. Ich weiß, das macht den ehrwürdigen Vater Martin bestürzt, und er hat daher schwere Gewissensbisse, wie auch darüber, dass sie nicht eher durch Handarbeit das Notwendige für den Leib erwerben als sich durch Almosen unterhalten zu lassen."[37]

Die Absonderung von der allgemein christlichen Lebensweise schien Karlstadt nicht nur für die Franziskaner verwerflich, sondern auch für die Augustiner, also auch für Martin Luther, ebenso wie das Leben vom Betteln, statt von Handarbeit. Luther hat das damals ähnlich gesehen, weil er selbst sagte: „Die Laien allerdings, die arbeiten, um die Not ihrer Kinder und ihre eigene zu beheben, und die nach den Geboten leben, sind vollkommener als wir Ordensleute, die diese Notwendigkeit nicht haben."[38] Damit wurde das elitäre Selbstverständnis der

---

[36] *Disputationes Minoritice* (Anm. 25), A 7r: „Et si ipsi Fratres Francisci haberent nomen, nihilominus supra Christum fundati essent." Siehe WA 59, 690,36f.

[37] *Disputationes Minoritice* (Anm. 25), A 7r: „Nempe! Hoc ipsum credo, alias enim supra diabolum. Sic et illi a Paulo reprehensi supra Christum fundati erant, quia abluti sacro fonte baptismatis credentes in eum et solum nomen eius habentes, et tamen reprehendebantur. Si ergo non estis Francisciani [!], quia supra Christum fundati, et vtique non estis! Et quia Francisciani [!], non Christi, quia Francisci. Et per consequens non estis christiani, sed infideles et sequestrati a christiana religione. Scio et hoc moueri reuerendum patrem Martinum, et conscientiam amariorem inde habere, sicut et de illo, potius quod non manibus laborantes neccessaria habeant corporis quam elemosinis sustentari." Siehe WA 59, 691,1-10.

[38] *Disputationes Minoritice* (Anm. 25), A 7r: „Laici quidem in suis laboribus ad prolis et sui necessitatem leuandam sub preceptis viuentes perfectiores

mittelalterlichen Reform- und Bettelorden in Frage gestellt, obwohl Luther sich damals nicht von seinem Orden distanzierte, weil ihm noch eine umfassende Reform des bisherigen Ordenslebens möglich schien.[39] Ein für alle vorbildlich erneuertes, christliches Leben, wie es in der damaligen Lebenspraxis und Theologie der Bettelorden gesehen wurde, schien es ihm jedoch nicht mehr zu sein.

## 2. Die Hinwendung zum Evangelium bei Franziskus von Assisi und bei Martin Luther

Wie Franziskus und Luther das Evangelium Jesu Christi entdeckten, darüber ließe sich viel sagen, gerade weil das auch oft

---

sunt nobis religiosis hanc necessitudinem non habentibus." Siehe WA 59, 685,32-34.

[39] Das zeigt sich in verschiedenen Texten. Vgl. etwa Luthers Auslegung zum Römerbrief 1515/16: „An ergo Bonum Nunc Religiosum fieri? Respondeo: Si aliter salutem te habere non putas, nisi religiosus fias, Ne ingrediaris. Sic enim Verum est proverbium: `Desperatio facit Monachum´, immo non Monachum, sed diabolum. Nec enim unquam bonus Monachus erit, qui ex desperatione eiusmodi Monachus est, sed qui ex charitate, scil. Qui grauia sua peccata videns Et Deo suo rursum aliquid magnum ex amore facere volens, Vo-luntarie resignat libertatem suam, Et induit habitum istum stultum et abiectis sese subiicit officiis. Quamobrem Credo Nunc melius esse religiosum fieri, quam in ducentis annis fuit; Ratione tali Videlicet, quod hucusque monachi recesserunt a cruce et fuit gloriosum esse religiosum. Nunc rursus incipiunt displicere hominibus, etiam qui boni sunt, propter habitum stultum. Hoc enim est Religiosum esse, mundo odiosum esse ac stultum. Et qui huic sese ex charitate submittit, optime facit. Ego enim non terreor, quod episcopi persequuntur et sacerdotes nos. Quia sic debet fieri. tantum hoc mihi displicet, Quod occasionem malam huic damus displicientiae. Ceterum Quibus non est data occasio et fastidiunt monachos, nescientes quare, optimi sunt fautores, quos in toto mundo habent religiosi. Deberent enim gaudere religiosi tanquam voti sui compotes, si in suo isto voto pro Deo assumpto despicerentur confunderenturque, Quia ad hoc habent habitum stultum, ut omnes alliciant ad sui contemptum. Sed Nunc aliter agunt multo, habentes speciem solam religiosorum. Sed ego scio felicissimos eos, si charitatem haberent, et beatiores, quam qui in heremo fuerunt, quia sunt cruci et ignominiae quottidianae expositi. Nunc Vero nullum est genus arrogantius, pro dolor!": WA 56, 497,18-498,12.

kontrovers diskutiert wurde. Aber ernst zu nehmen sind zwei späte Selbstzeugnisse, gerade weil sie bereits von einer langen Lebenserfahrung geprägt und nicht eine bloße Reportage waren.

### *2.1 Die Offenbarung der evangelischen Lebensform nach dem Testament des Franziskus von 1226*

Im „Testament", das aus der letzten Lebenszeit des Franziskus überliefert ist und sicher nicht aus einem Guss, heißt es am Anfang: „So hat der Herr mir, dem Bruder Franziskus, gegeben, das Leben der Buße zu beginnen; denn als ich in Sünden war kam es mir sehr bitter vor, Aussätzige zu sehen. Und der Herr selbst hat mich unter sie geführt. Und ich habe ihnen Barmherzigkeit erwiesen. Und da ich von ihnen fort ging, war mir das, was mir bitter vorkam, in Süßigkeit der Seele und des Leibes verwandelt. Und danach hielt ich eine Weile inne und zog aus dieser Weltzeit aus. [...] Und nachdem mir der Herr Brüder gegeben hatte, zeigte mir niemand, was ich zu tun hätte, sondern der Höchste selbst hat es mir offenbart, das ich nach der Form des heiligen Evangeliums leben sollte. Und ich habe es mit wenigen Worten und schlicht aufschreiben lassen, und der Herr Papst hat es mir bestätigt. Und jene, die kamen, Leben zu empfangen, gaben alles, was sie haben mochten, den Armen. Und sie waren zufrieden mit der einen Kutte, innen und außen geflickt, samt Strick und Hosen. Und mehr wollten wir nicht haben. Das Stundengebet sprachen wir Kleriker wie andere Kleriker, die Laien sprachen: ‚Vater unser´; und gern weilten wir in Kirchen. Und wir waren ungebildet und allen unterworfen. Und ich arbeitete mit meinen Händen und will arbeiten, und möchte nachdrücklich, dass alle anderen Brüder eine Handarbeit verrichten, die ehrbar ist. Die es nicht können, sollen es lernen, nicht aus Gier nach dem Arbeitslohn, sondern wegen des Beispiels und um den Müßiggang zu vertreiben."[40]

---

[40] *Testamentum* 1-3; 14-21: „Dominus dedit mihi fratri Francisco incipere faciendi poenitentiam: quia cum essem in peccatis nimis mihi videbatur amarum videre leprosos. Et ipse Dominus conduxit me inter illos et feci

Franziskus beschrieb den beginnenden Weg der Umkehr als charismatische Begabung und göttliche Offenbarung, in dem die entscheidende Wendung geschah in der barmherzigen Hinwendung zu den Ausgegrenzten. Dem beglückenden Verkosten eines neuen Lebenssinns folgte erst nach alternativem Auszug aus damaliger Gesellschaft und Anschluss von Brüdern die Entdeckung des Evangeliums als neue Lebensform. Sie zeigte sich in Solidarität mit den Armen und Ungebildeten, im schlichten Dienst für die Andern und in selbstverständlicher, einfacher Arbeit. Von einem intellektuellen Ringen um dieses neue Leben ist nicht die Rede; und die Einordnung in die klerikale Papstkirche erfolgt anscheinend ohne Probleme. Das neue Leben, um das es ging, wurde eben zunächst gesehen als eine evangeliumsgemäße Re-Form derer, die es freiwillig auf sich nehmen. Erst im Dienst der Brüder (und Schwestern) für andere und im Beispiel ihrer schlichten Arbeit zeichnet sich hier so etwas wie ein allgemeines Reformanliegen ab. Franziskus hatte sich in seiner „Ur-Regel" von 1209 auf Worte der synoptischen Evangelien bezogen, die er zunächst nur als Jesu Weisung zur

---

misericordiam cum illis. Et recedente me ab ipsis, id quod videbatur mihi amarum, conversum est mihi in dulcedinem animi et corporis; et postea parum steti et exivi de saeculo. [...] Et postquam Dominus dedit mihi de fratribus, nemo ostendebat mihi, quid deberem facere, sed ipse Altissimus revelavit mihi, quod deberem vivere secundum formam sancti Evangelii. Et ego paucis verbis et simpliciter feci scribi et dominus Papa confirmavit mihi. Et illi qui veniebant ad recipiendam vitam, *omnia quae habere poterant* (Tob 1, 3), dabant pauperibus; et erant contenti tunica una, intus et foris repeciata, cum cingulo et braccis. Et nolebamus plus habere. Officium dicebamus clerici secundum alios clericos, laici dicebant: Pater noster; et satis libenter manebamus in ecclesiis. Et eramus idiotae et subditi omnibus. Et ego manibus meis laborabam, et volo laborare; et omnes alios fraters firmiter volo, quod laborent de laboritio, quod pertinet ad honestatem. Qui nesciunt, discant, non propter cupiditatem recipiendi pretium laboris, sed propter exemplum et ad repellendam otiositatem" Siehe K. Esser, Die Opuscula des hl. Franziskus von Assisi. Neue textkritische Edition. Zweite, erweiterte und verbesserte Auflage besorgt von E. Grau, Grottaferrata 1989, 438-440; Franziskus-Quellen. Die Schriften des heiligen Franziskus, Lebensbeschreibungen, Chroniken und Zeugnisse über ihn und seinen Orden, hg. von D. Berg u. L. Lehmann, Kevelaer 2009, 59f.

Nachfolge und Sendung für sich und die Seinen verstand, deren Bedeutung für andere Christen er aber anerkannte.

### *2.2 Luthers Entdeckung des Evangeliums nach der Vorrede zur lateinischen Gesamtausgabe von 1545*

Als Luther ebenfalls aus großer zeitlicher Distanz 1545, nicht lange vor seinem Tod, auf die für seine reformatorische Theologie grundlegende Einsicht zurückblickte, fasste er einen längeren Prozess zusammen, der mit seinem Eintritt ins Erfurter Augustiner-Kloster begann und in der beglückenden Erfahrung der Rechtfertigung allein als Gottes Geschenk im Glauben gipfelte. Jedenfalls ist der Werdegang Luthers nur zu verstehen aus dem qualvollen Ringen um jene gesetzlich verstandene, vollkommene Gerechtigkeit, die in den mittelalterlichen Reformorden als vorbildliche Leistung eingefordert wurde. Davon spricht maßgebend Luthers eigenes Zeugnis: „Von wundersamem Eifer war ich ergriffen gewesen, Paulus kennenzulernen in dem Brief an die Römer, aber dem stand entgegen nicht Herzenskälte, sondern das einzige Wörtchen im 1. Kapitel: ‚Die Gerechtigkeit Gottes wird in ihm [dem Evangelium] offenbar' [Röm 1,17 Vulgata]. Verhasst war mir nämlich dieses Wörtchen ‚Gerechtigkeit Gottes', das man nach dem Brauch und der Gewohnheit aller Lehrer mich gelehrt hatte, philosophisch zu verstehen als die so genannte formale oder aktive Gerechtigkeit, wodurch Gott gerecht ist sowie die Sünder und Ungerechten bestraft. Obwohl ich ja als tadelloser Mönch lebte, fühlte ich mich vor Gott als Sünder mit unruhigstem Gewissen und konnte nicht vertrauen, ich sei durch hinreichende Leistung ausgesöhnt. So liebte ich nicht, ja hasste vielmehr den gerechten und den Sünder strafenden Gott. Wenn nicht mit stillschweigender Lästerung, so gewiss mit ungeheuer unzufriedenem Murren lehnte ich mich auf gegen Gott. Ich sagte: wäre es nicht gerade genug, dass die elenden Sünder und die infolge der Erbschuld ewig an jede Art von Unglück Verlorenen durch das Zehn-Gebote-Gesetz niedergedrückt würden, wenn nicht Gott durch das Evangelium dem Schmerz noch Schmerz hinzu fügte und auch durch das Evangelium uns seinen Zorn und seine Gerechtigkeit androhte? Ich war voller Wut in einem derart wilden und verstörten Gewissen, nahm ungestüm Anstoß an Paulus wegen jener Stelle, in glühendem Verlangen zu wissen, was der heilige Paulus wolle. Bis ich durch das Erbarmen Gottes, Tag und Nacht meditierend, den Zusammenhang der Worte erfasste: ‚Die Gerechtigkeit wird in ihm [dem Evangelium] offenbar, wie geschrieben steht: Der Gerechte lebt aus dem Glauben´ [vgl. Röm 1,17; Hab 2,4]. Da begann ich die Gerechtigkeit Gottes zu verstehen als die, durch die der Gerechte aus Gottes Geschenk lebt, nämlich aus dem Glauben. Das sei die Lehre, es werde durch das Evangelium die Gerechtigkeit Gottes offenbart als passive, in der der barmherzige Gott uns durch den Glauben rechtfertigt, wie geschrieben steht: ‚Der Gerechte lebt aus dem Glauben´ [Hab 2,4]. Hier fühlte ich mich ganz und gar neu geboren und bei offenen Türen ins Paradies heimgekehrt. Da wurde sogleich ein neues Gesicht der ganzen Heiligen Schrift sichtbar. Darauf ging ich die Schrift durch, wie ich sie im Gedächtnis hatte, und entnahm auch anderen Worten Ähnliches: das Werk Gottes, das heißt, was Gott in uns wirkt, die Kraft Gottes, womit er uns kraftvoll macht, die Weisheit Gott, mit der er uns weise macht, die Stärke Gottes, das Heil Gottes, die Herrlichkeit Gottes. Mit welch großem Hass ich bisher das Wörtchen ‚Gerechtigkeit Gottes´ gehasst hatte, mit so großer Liebe rühmte ich nun das für mich süßeste Wörtchen, so dass für mich diese Stelle bei Paulus wahrhaft die Pforte zum Paradies wurde. Danach las ich Augustinus ‚Über Geist und Buchstaben´, wo ich wider Erwarten fand, dass auch er die Gerechtigkeit ähnlich deutet als die, mit der uns Gott bekleidet, da er uns rechtfertigt. Und obwohl das noch unvollkommen gesagt wurde und er nicht alles über die Anrechnung klar auslegt, lehrte er doch liebend gern die Gerechtigkeit Gottes, wodurch wir gerechtfertigt werden."[41]

---

[41] Vorrede zur Gesamtausgabe von Luthers lateinischen Schriften, Wittenberg 1545: WA 54, 185,14–186,20: „Miro certe ardore captus fueram cognoscendi Pauli in epistola ad Romanos, sed obstiterat hactenus non frigidus circum praecordia sanguinis, sed unicum vocabulum, quod est Cap. 1: `Iustitia Dei revelatur in illo´. Oderam enim vocabulum istud `Iustitia Dei´, quod usu et consuetudine omnium doctorum doctus eram philosophice

Luther beschrieb seine Entdeckung des Evangeliums als ein dramatisches Ringen um den eigentlichen Sinn des paulinischen Römerbriefes, Darin wurde er mit der neuen theologischen Einsicht beschenkt, die seine Sicht der ganzen Heiligen Schrift verwandelte und ihm einen neuen, beglückenden Lebenssinn eröffnete. Gott schenkt seine Gerechtigkeit allein durch seine Gnade im Glauben. Bei aller charismatischen Dynamik ging es doch grundlegend um eine Einsicht, die sich aus dem mühsamen theologischen Studium der Heiligen Schrift

---

intelligere de iustitia (ut vocant) formali seu activa, qua Deus est iustus, et peccatores iniustosque punit. Ego autem, qui me, utcunque irreprehensiblis monachus vivebam, sentirem coram Deo esse peccatorem inquietissimae conscientiae, nec mea satisfactione placatum confidere possem, non amabam, imo odiebam iustum et punientem peccatores Deum, tacitaque si non blasphemia, certe ingenti murmuratione indignabar Deo, dicens: quasi vero non satis sit, miseros peccatores et aeternaliter perditos peccato originali omni genere calamitatis oppressos esse per legem decalogi, nisi Deus per euangelium dolorem dolori adderet, et etiam per euangelium nobis iustitiam et iram suam intentaret. Furebam ita saeva et perturbata conscientia, pulsabam tamen importunus eo loco Paulum, ardentissime sitiens scire, quid S. Paulus vellet. Donec miserente Deo meditabundus dies et noctes connexionem verborum attenderem, nempe: Iustitiam Dei revelatur in illo, sicut scriptum est: Iustus ex fide vivit, ibi iustitiam Dei coepi intelligere eam, qua iustus dono Dei vivit, nempe ex fide, et esse hanc sententiam, revelari per euangelium iustitiam Dei, scilicet passivam, qua nos Deus misericors iustificat per fidem, sicut scriptum est: 'Iustus ex fide vivit.' Hic me prorsus renatum esse sensi, et apertis portis in ipsam paradisum intrasse. Ibi continuo alia mihi facies totius scripturae apparuit. Discurrebam deinde per scripturas, ut habebat memoria, et colligebam etiam in aliis vocabulis analogiam, ut opus Dei, id est, quod operatur in nobis Deus, virtus Dei, qua nos potentes facit, sapientia Dei, qua non sapientes facit, fortitudo Dei, salus Dei, gloria Dei. Iam quanto odio vocabulum 'iustitia Dei' oderam ante, tanto amore dulcissimum mihi vocabulum extollebam, ita mihi iste locus Pauli fuit vere porta paradisi. Postea legebam Augustinum de spiritu et littera, ubi praeter spem offendi, quod et ipse iustitiam similiter interpretatur: qua nos Deus induit, dum nos iustificat. Et quamquam imperfecte hoc adhuc sit dictum, ac de imputatione non clare omnia explicet, placuit tamen iustitiam Dei doceri, qua nos iustificemur." Siehe etwa Augustinus, De spiritu et littera, cap. 7 nr. 11: „nec quia recti sunt corde, sed etiam ut recti corde sint, praetendit iustitiam suam, qua iustificat impium": CSEL 60, 163,1-2.

ergab und die Luther erst dann „wider Erwarten" bei seinem großen Lehrer und Ordensvater Augustinus von Hippo bekräftigt sah. So sehr die Einsicht Luthers Leben und Dienst zunächst als Ordensmann, dann aber als Lehrer und Prediger der Reformation bis zum Ende prägte, die Neuentdeckung des Evangeliums war eine Sicht, die theologisch zu formulieren und zu vermitteln, keine konkrete Lebensform, die praktisch umzusetzen war. Ihre reformatorische Kraft zeigte sich, wie bereits Luthers Bericht andeutete, in der theologischen Wertung und Kritik bisheriger Theologie und kirchlicher Tradition. Demgegenüber erschien das mittelalterliche Reformanliegen, das einer asketischen Elite vorbildliche Leistungen zutraute und diese Überzeugung scholastisch zu formulieren suchte, mehr und mehr als verwerflicher Irrweg einer evangeliumswidrigen Werkgerechtigkeit. Deshalb musste die reformatorische Theologie das traditionelle Ordensleben als fragwürdig und verfehlt verurteilen, wie das exemplarisch bereits in der Auseinandersetzung mit Franziskanern zu Jüterbog und Wittenberg sichtbar wurde.

### *2.3 Eine mögliche Annäherung im Evangeliumsverständnis aus katholischer und vielleicht ökumenischer Sicht*

Die unterschiedlichen Auffassungen von Evangelium, wie sich bei Franziskus und Martin Luther finden, sind wohl einander näher, als das im Laufe der Geschichte und vor allem in der gegenseitigen Polemik erschien. Der lebenspraktische Weg zum evangeliumsgemäßen Leben könnte – hoffe ich – den Weg zum Evangelium, wie er sich reformatorisch aus theologischer Einsicht ergibt, sinnvoll weiterführen, ohne die grundlegende Einsicht der Rechtfertigung allein aus Gnade durch den Glauben aufzugeben und zu schmälern. Franziskus selbst zeichnet ja seinen Weg zum Evangelium als einen Weg göttlicher Begnadigung und Führung, der keine Leistungsgerechtigkeit ergibt, sondern eine stets gottgeschenkte Orientierung am Weg Jesu zu den Armen und Notleidenden ermöglicht. Allerdings lässt sich diese Orientierung als gesetzlich vorgeschriebene Verpflichtung missverstehen, die aus menschlicher Kraft geleistet werden kann und muss. Das geschah leider in der traditionellen katholischen Theologie gerade der Franziskaner sehr oft. Aber auch in der reformatorischen Theologie warf die Dialektik von Gesetz und Evangelium Gottes bekanntlich Probleme auf.

So lässt sich vielleicht heute fragen: Inwieweit sind die Forderungen Jesu an die Seinen als unbedingt verpflichtendes Gesetz zu verstehen, das Menschen immer nur als Sünder entlarvt? Wie weit können die in den Evangelien überlieferten Weisungen Jesu im Glauben vor allem als ermutigende Zusage eines gnadenhaft eröffneten Weges verstanden und erfahren werden? Wie weit dürfen die Weisungen Jesu im Glauben sogar als Programm einer geistlichen, gemeinschaftlichen und kirchlichen Neuorientierung und Lebenserneuerung gelebt werden? Anhand dieser Fragen scheint aus katholischer und vielleicht ökumenischer Sicht eine neue gemeinsame Orientierung am Evangelium Gottes in Jesus Christus nahe gelegt, die nicht allein theologisch, sondern auch lebenspraktisch vollzogen wird. Ich sehe jedenfalls in den Texten des II. Vaticanums, in der „Gemeinsamen Erklärung zur Rechtfertigungslehre"[42] und im gemeinsamen Sozialwort der Kirchen[43] hoffnungweckende Zeichen auf diesem Weg.

In der Orientierung am Evangelium Gottes in Jesus Christus lassen sich vielleicht sogar scheinbar festgefügte Strukturen von Kirchen verändern und re-formieren, was Franziskus von Assisi mit den Augen eines mittelalterlichen Gläubigen kaum sehen konnte, was aber Luther zu seiner Zeit versuchte, leider ohne die Chance einer umfassenden Verständigung. Neuerdings hat Papst Benedikt XVI. selbst Möglichkeiten einer kirchlichen Struktur-Reform angedeutet in seiner Freiburger Rede

---

[42] Gemeinsame Erklärung zur Rechtfertigungslehre des Lutherischen Weltbundes und der Katholischen Kirche, in: DwÜ 3, 419-441.

[43] Für eine Zukunft in Solidarität und Gerechtigkeit. Wort des Rates der Evangelischen Kirche in Deutschland und der Deutschen Bischofskonferenz zur wirtschaftlichen und sozialen Lage in Deutschland. Hg. vom Kirchenamt der Evangelischen Kirche in Deutschland u. vom Sekretariat der Deutschen Bischofskonferenz, Hannover-Bonn 1994 (Gemeinsame Texte 3).

über die Ent-Weltlichung der Kirche.[44] Ausgehend von der apostolischen Sendung des Auferstandenen, die eine persönlich erfahrene Berufung als „Zeugen" Jesu Christi begründet,[45] „in Beziehungen" ihren Ausdruck findet und „eine universelle Botschaft" weitergibt,[46] stellt der Papst eine „Verdunkelung" dieses Zeugnisses fest, eine „Entfremdung" der Beziehungen und eine „Relativierung" der Botschaft.[47] Weil das nach Benedikt XVI. auf „die Ansprüche und Sachzwänge der Welt" zurückzuführen ist, wird die Kirche, „um ihre Sendung zu verwirklichen", „immer wieder Distanz zu ihrer Umgebung nehmen müssen, sich gewissermaßen ‚ent-weltlichen'."[48] Dass das eine bis auf den Grund und bis an die Spitze gehende, evangeliumsgemäße Erneuerung der Kirche begründet und als ihre Re-Form mit sich bringt, wird eher angedeutet. Doch der Papst sieht voraus: „Die von materiellen Lasten und Privilegien befreite Kirche kann sich besser und auf wahrhaft christliche Weise der ganzen Welt zuwenden, wirklich weltoffen sein. Sie kann ihre Berufung zur Anbetung Gottes und zum Dienst an den Nächsten wieder unbefangener leben. Die missionarische Pflicht, die über der christlichen Anbetung liegt und die ihre Struktur bestimmen sollte, wird deutlicher sichtbar. Sie öffnet sich der Welt, nicht um die Menschen für eine Institution mit eigenen Machtansprüchen zu gewinnen, sondern um sie zu sich selbst zu führen, indem sie zu dem führt, von dem jeder Mensch mit Augustinus sagen kann: Er ist mir innerlicher als ich mir selbst (Conf. 3, 6, 11)."[49] In der Rede des Papstes sind nach meiner Überzeugung Impulse der mittelalterlichen Reformbewegung wie auch das ursprüngliche Anliegen der Reformation

---

[44] Vgl. Benedikt XVI., Ansprache an engagierte Katholiken aus Kirche und Gesellschaft, 25. 09. 2011, in: Apostolische Reise seiner Heiligkeit Benedikt XVI. nach Berlin, Erfurt und Freiburg, 22.-25. September 2011. Predigten, Ansprachen und Grußworte. Hg. vom Sekretariat der Deutschen Bischofskonferenz, Bonn 2011 (VApS 189), 145-151.

[45] Siehe ebd. 146 und Lk 24, 48.

[46] Ebd. 146 und Mt 28, 19; Mk 16, 15.

[47] Ebd.

[48] Ebd. 146f.

[49] Ebd. 149.

aufgegriffen und aktualisiert. Sie wären aber erst noch weiter zu bedenken und zu meditieren, um eine übereinstimmende katholische und vielleicht ökumenische Realisierung zu ermöglichen.

# II.

# Kirche unter dem Wort
# Theologische Überlegungen

# Die identitätsstiftende Kraft des Wortes Gottes im Licht des Zweiten Vatikanischen Konzils

*Kurt Kardinal Koch*

## 1. Der Primat des Wortes Gottes als Identität der Kirche

Die Kunst des Bildhauers beginnt damit, dass er in dem vor ihm liegenden Stein, den künstlerisch zu bearbeiten er sich vorgenommen hat, bereits das reine Bild wahrnimmt, das gleichsam nur darauf wartet, freigelegt zu werden. Seine künstlerische Tätigkeit besteht vor allem in der *ablatio*, nämlich im Entfernen des Uneigentlichen, damit die *„forma nobilis"*, die edle Form erscheinen kann. In diesem künstlerischen Vorgang kann man mit dem mittelalterlichen Theologen Bonaventura auch das Urmodell für die stets notwendige Reform der Kirche erblicken.[1] Denn auf der einen Seite braucht die Kirche im Fortgang ihrer Geschichte immer wieder neue institutionelle und rechtliche Gestaltungen, um in der jeweiligen Zeit ihre Sendung zeitgemäß wahrnehmen zu können. Auf der anderen Seite aber müssen diese, sobald die Gefahr droht, dass sie den Blick für das Wesentliche der Kirche verstellen, abgetragen werden, damit ihre wahre Form wieder in Erscheinung treten kann. Eine wirkliche Reform der Kirche lässt sich deshalb nur verwirklichen im Vorgang der *ablatio*, damit ihre *forma nobilis*, die Form des Leibes Christi wieder sichtbar werden kann. Als eine elementar geistliche Aufgabe ist Reform der Kirche in ihrer ursprünglichen Bedeutung Re-Form, das Wiedergewinnen und Wiederherstellen der wahren Form der Kirche, was genauerhin bedeutet: „die

[1] Bonaventura, Coll. in Hex. II 33. Zit. bei J. Ratzinger, Une societé à réformer sans cesse, in: ders., Eglise et Théologie, Paris 1992, 205-226. Vgl. auch Giovanni Paolo II – Benedetto XVI, La Nobile Forma. Chiesa e artisti sulla via della bellezza, Milano 2009, bes. 113-116.

Last der Geschichte überwinden und die Gegenwart reinigen vom Ursprung her".[2]

Eine solche Reform der Kirche kann nur aus einer tiefen Begegnung mit dem Wort Gottes kommen, in dem die Kirche ihre wahre Identität findet. Ein kurzer Blick in die Kirchengeschichte zeigt denn auch, dass sich die Kirche in krisenhaften Situationen stets darauf zurück besonnen hat, dass in ihrem Leben und in ihrer Sendung dem Wort Gottes der Primat zukommen muss. Denken wir nur an die beiden Gründer der Bettelorden, den Heiligen Franziskus und den Heiligen Dominikus, die in erster Linie nicht neue Orden gründen, sondern die Kirche von innen her erneuern wollten, und zwar vor allem dadurch, dass sie in der evangelischen Lebensform das Evangelium *„sina glossa"* und damit in seiner wörtlichen Ganzheit zu leben wagten. Oder denken wir an den Heiligen Karl Borromäus, der, als er seinen Bischofssitz in der lombardischen Metropole in Besitz genommen hat, eines der am weitesten verbreiteten Versäumnisse des Klerus in der fehlenden Predigt diagnostiziert und seine primäre Sendung als Bischof in der apostolischen Verkündigung, genauerhin darin gesehen hat, „Zeugen zu sein, die Mysterien Christi zu verkünden, das Evangelium jedem Geschöpf zu predigen".[3] In derselben Sinnrichtung hat in unserer Zeit auch das Zweite Vatikanische Konzil eine ähnliche Reform der Kirche initiiert,[4] indem es dem Wort Gottes wieder jene Zentralität zugewiesen hat, die es im Leben und in der Sendung der Kirche haben muss, wie bereits der erste Satz der Dogmatischen Konstitution über die Kirche programmatisch formuliert, dass die Kirche alle Menschen durch die Herrlichkeit Christi, „die auf

---

[2] J. Ratzinger, Der Kirchenbegriff und die Frage nach der Gliedschaft in der Kirche, in: ders., Das neue Volk Gottes. Entwürfe zur Ekklesiologie, Düsseldorf 1969, 90-104, hier 99.

[3] Zit. bei G. Alberigo, Karl Borromäus. Geschichtliche Sensibilität und pastorales Engagement, Münster 1995, 39-40.

[4] Vgl. K. Koch, Was bedeutet heute „Reform" der katholischen Kirche in der Schweiz? Zur Lage der Konzilsrezeption, in: M. Delgado / M. Ries (Hg.), Karl Borromäus und die katholische Reform. Akten des Freiburger Symposiums zur 400. Wiederkehr der Heiligsprechung des Schutzpatrons der katholischen Schweiz, Freiburg/Schweiz-Stuttgart 2010, 365-394.

dem Antlitz der Kirche widerscheint", erleuchten will, „indem sie das Evangelium allen Geschöpfen verkündet."[5]

Vor allem bei den Reformbemühungen der Kirche kommt die identitätsstiftende Kraft des Wortes Gottes am deutlichsten zur Erscheinung. Wenn die Kirche ihre Identität im Wort Gottes findet, dann wird an erster Stelle sichtbar, dass es sich dabei um eine Identität handelt, die sie nicht aus sich selbst hat, sondern die ihr, und zwar im wörtlichen Sinn, zugesprochen ist. Diese Feststellung hat grundlegende Bedeutung und macht auf jene Eigenschaft und Eigenheit aufmerksam, die den Christen auszeichnet und sogar, wie unwahrscheinlich dies auch klingen mag, von jedem denkenden Menschen unterscheidet. Es charakterisiert den denkenden Menschen, dass bei ihm der Gedanke dem Wort vorausgeht. Denn Menschen, bei denen das Wort dem Denken vorausgeht und die sich selbst zuerst reden gehört haben müssen, damit sie wissen, was sie denken sollen, pflegen wir nicht als besonders intelligent oder gar weise zu beurteilen. Beim Christen verhält es sich aber ganz anders, womit ihm freilich nicht das solide Denken abgesprochen werden soll. Doch beim Christen geht das Wort nun einmal prinzipiell und immer seinem Denken voraus. Dabei handelt es sich freilich nicht um sein eigenes Wort, sondern um das Wort Gottes, das auf den Christen zukommt und das er zunächst empfangen und annehmen muss.

In diesem elementaren Sinn betont Paulus, dass er das Entscheidende des christlichen Glaubens nicht selbst erdacht hat, sondern dass er nur weitergeben konnte und wollte, was er selbst empfangen hat (1 Kor 15,3); und in der gleichen Sinnrichtung begrüßt er beispielsweise die Gemeinde in Thessalonisch: „Ihr habt das Wort trotz großer Bedrängnis mit der Freude aufgenommen, die der Heilige Geist gibt" (1 Thess 1,6b). Die Freude des Glaubens hat folglich ihren präzisen Grund in jenem Wort, das uns vorausgeht und das wir nur empfangen können. Denn der Christ kann das Wort Gottes nicht er-finden, er kann es nur auf-finden oder noch besser: sich von ihm finden lassen. Der Christ kann das Wort Gottes nicht er-zeugen; er kann es

---

[5] LG 1.

vielmehr nur be-zeugen. Der Christ kann schließlich das Wort Gottes nicht her-stellen; er kann es vielmehr nur dar-stellen, und zwar in einer redlichen Art und Weise.
Was von jedem Christen ganz allgemein gilt, muss erst recht vom Theologen gesagt werden, der den christlichen Glauben in einer glaubwürdigen Weise zu verantworten versucht. Da auch bei ihm das Wort dem Denken immer voraus geht, ist theologisches Denken im besten Sinne des Wortes nach-denkendes und nach-denkliches Denken oder mit den Worten von Papst Benedikt XVI.: „Theologie setzt einen neuen Anfang im Denken voraus, der nicht Produkt unserer eigenen Reflexion ist, sondern aus der Begegnung mit einem Wort kommt, das uns immer vorangeht."[6] Wenn christlicher Glaube und seine theologische Reflexion dementsprechend allein dadurch bestehen, dass sie das Wort Gottes als jene Vorgabe annehmen, die ihnen immer voraus-geht und der sie nach-denken, dann drängt es sich auf, darüber Rechenschaft zu geben, was unter dem Wort Gottes genauerhin zu verstehen ist.

## 2. Wort Gottes als Person, Schrift und Tradition

Im ersten Zugehen scheint dies eine müßige Frage zu sein, weil die Antwort von vorneherein klar sein dürfte. Sieht man allerdings genauer zu, dann zeigt ein auch nur kurzer Blick nicht nur in die Vergangenheit, sondern auch in die kirchliche und theologische Landschaft der Gegenwart, dass sich diesbezüglich zwei grundverschiedene Antwortrichtungen gegenüber stehen. Die eine Seite pflegt das Wort Gottes sogleich mit der Heiligen Schrift zu identifizieren, woraus sich sehr schnell eine gewisse Hypostasierung des Wortes Gottes und in der Folge das reformatorische Prinzip des *„sola scriptura"* gleichsam von selbst ergeben. Die andere Seite geht von einem umfassenderen, genauerhin analogen Verständnis des Wortes Gottes aus, indem sie hervorhebt, das Wort Gottes sei in erster Linie nicht

---

[6] J. Cardinal Ratzinger, Vom geistlichen Grund und vom kirchlichen Ort der Theologie, in: ders., Wesen und Auftrag der Theologie. Versuche zu ihrer Ortsbestimmung im Disput der Gegenwart, Einsiedeln 1993, 39-62, hier 49.

Schrift, sondern eine personale Wirklichkeit: Jesus Christus als der Fleisch gewordene Sohn Gottes ist in Person das lebendige Wort Gottes. Das Wort Gottes ist demgemäß nicht einfach mit der Heiligen Schrift identisch, und unter ihm ist mehr zu verstehen als das Geschriebene. In diesem grundlegenden Sinn geht das Wort Gottes der Heiligen Schrift voraus „und schlägt sich in ihr nieder, ist aber nicht einfach mit ihr identisch".[7]
Diese Sicht hat weitreichende Implikationen für das christliche Verständnis der Offenbarung Gottes, die ein lebendiges, personales und gemeinschaftliches Geschehen ist und deshalb in erster Linie den Akt bezeichnet, in dem sich Gott dem Menschen zeigt und sich ihm als Liebe zusagt, und nicht das verobjektivierte Ergebnis dieses Aktes, wie dieses Verständnis Joseph Ratzinger mit den Worten ausgesprochen hat: „Offenbarung ist im christlichen Bereich nicht begriffen als ein System von Sätzen, sondern als das geschehene und im Glauben immer noch geschehende Ereignis einer neuen Relation zwischen Gott und dem Menschen."[8] Im geschichtlichen Rückblick lohnt sich dabei die Feststellung, dass Papst Benedikt XVI. diese offenbarungstheologische Konzeption bereits in seiner Habilitationsschrift über das Offenbarungsverständnis und die Geschichtstheologie des mittelalterlichen Theologen Bonaventura ausgearbeitet hat, die freilich erst im Jahre 2009 in ihrer Ganzheit veröffentlicht worden ist[9] und über die Hansjürgen Verweyen mit Recht geurteilt hat, dass sie für das Verständnis der Theologie des späteren Papstes von großem Wert ist und dass, wäre sie früher zugänglich gewesen, die Theologiegeschichte in der zweiten Hälfte des vergangenen Jahrhunderts wohl anders verlaufen

---

[7] J. Ratzinger, Aus meinem Leben. Erinnerungen, Stuttgart 1998, 84.

[8] J. Ratzinger, Das Problem der Dogmengeschichte in der Sicht der katholischen Theologie, Köln-Opladen 1966 (Arbeitsgemeinschaft für Forschung des Landes Nordrhein-Westfalen 139), 19.

[9] J. Ratzinger, Die Geschichtstheologie des heiligen Bonaventura, München 1955. Die erstmals integral publizierte Habilitationsschrift liegt jetzt vor im zweiten Band der „Gesammelten Schriften" von Joseph Ratzinger, Offenbarungsverständnis und Geschichtstheologie Bonaventuras, in: ders., Gesammelte Schriften. Bd. 2, Freiburg i. Br. 2009, 53-659, Vgl. dazu M. Schlosser / F.-X. Heibl (Hg.), Gegenwart der Offenbarung. Zu den Bonaventura-Forschungen Joseph Ratzingers, Regensburg 2010 (Ratzinger-Studien 2).

wäre.[10] In der Tat können die Konsequenzen, die sich aus diesem Offenbarungsverständnis ergeben, nicht überschätzt werden, wobei es freilich im vorliegenden Zusammenhang genügen muss, die drei wichtigsten kurz zu benennen.

Die Hervorhebung der besonderen Würde des Wortes Gottes als Person, das somit mehr ist als das, was geschrieben steht, benennt erstens die unhintergehbare Spezialität des christlichen Glaubens, zumal im Konzert der Weltreligionen und damit im interreligiösen Dialog. Im allgemeinen Trend von heute, demgemäß die verschiedenen Religionen als gleichermaßen gültige Beziehungen der Menschen zur Gottheit betrachtet werden, pflegt man auch unumwunden von den Heiligen Schriften der Menschheit zu reden. Wiewohl in dieser Sprachregelung sehr viel Wahres enthalten ist, droht aber weithin in Vergessenheit zu geraten, dass das Christentum nicht – wie beispielsweise das Judentum und in anderer Weise der Islam – eine Buchreligion ist, sondern eine innere Freundschaftsbeziehung mit Jesus Christus als dem lebendigen Wort Gottes, ohne die letztlich auch das Papier der Heiligen Schrift geduldig bleiben würde. Das Spezifische des Christentums lässt sich insofern mit dem katholischen Neutestamentler Thomas Söding in der zentralen Aussage verdichten: „Das Christentum hat eine Heilige Schrift, ist aber keine Buchreligion. Im Mittelpunkt des Christentums steht der Mensch: Jesus von Nazareth. Durch ihn wird das Menschliche mit dem Göttlichen verbunden und Gott mit dem Menschen."[11]

Wenn Gottes Offenbarung mehr ist als die Heilige Schrift als ihr Materialprinzip, dass sie vielmehr „Leben" ist, „das in der Kirche lebt und so erst die Schrift lebendig macht und ihre verborge-

---

[10] Vgl. H. Verweyen, Ein unbekannter Ratzinger. Die Habilitationsschrift von 1955 als Schlüssel zu seiner Theologie, Regensburg 2010.

[11] Th. Söding, Gotteswort durch Menschenwort. Das Buch der Bücher und das Leben der Menschen, in: K.-H. Kronawitter / M. Langer (Hg.), Von Gott und der Welt. Ein theologisches Lesebuch, Regensburg 2008, 212-223, hier 219.

nen Tiefen aufleuchten lässt",[12] dann fällt zweitens auch neues Licht auf das in der Geschichte auch in ökumenischer Hinsicht kontroverse Verhältnis von Schrift und Tradition. Dieses kann weder im Sinne einer sich ausschließenden Juxtaposition noch im Sinne eines gleichberechtigten Nebeneinanders von Schrift und Tradition als den zwei Quellen der Offenbarung verstanden werden. Gegenüber dieser traditionellen Sicht, die in der Geschichte in nicht wenige Engführungen hinein geführt hat, gilt es die Vorordnung der Offenbarung Gottes als der einen Quelle gegenüber Schrift und Tradition als den geschichtlichen Vermittlungsformen dieser einen Offenbarung zu betonen: Die Offenbarung, verstanden als „Sprechen und Sich-Selbst-Enthüllen Gottes", ist „der unus fons, aus dem die beiden rivuli Schrift und Überlieferung hervorfließen".[13] Bei dieser Verhältnisbestimmung ist freilich vorausgesetzt, dass unter Tradition nicht einfach die materielle Weitergabe von Wörtern und Sachen oder gar die gleichsam mechanische Weitervermittlung des ererbten Glaubensgutes im Sinne einer Archivierung des Gewesenen zu verstehen ist, sondern ein lebendiger und dynamischer Prozess, in dem das überkommene Glaubensgut zugleich neu ausgelegt, auf die jeweilige Situation der Kirche hin entfaltet und im geschichtlichen Leben der Kirche angeeignet wird, oder, mit den Worten von Papst Benedikt XVI. gesprochen, „die wirksame Gegenwart des gekreuzigten und auferstandenen Herrn Jesus Christus, der die von ihm gesammelte Gemeinde im Heiligen Geist begleitet und führt".[14]
Diese katholische Sicht steht dabei in einer guten Kontinuität mit der jüdischen Tradition, für die die hebräische Bibel nicht einfach ein „abgeschlossenes Buch" ist, sondern vielmehr eine lebendige Wirklichkeit darstellt, insofern die Bibel im Licht des Talmud und vor allem des Midrasch gelesen wird, der nicht nur

---

[12] J. Ratzinger, Anmerkungen zum Schema „de fontibus revelationis", in: R. Vorderholzer / Ch. Schaller / F.-X. Heibl (Hg.), Mitteilungen des Institut Papst Benedikt XVI. Bd. 2, Regensburg 2009, 36-48, hier 41.
[13] Ebda. 37.
[14] Benedetto XVI, La catechesi dell'udienza generale il 26 aprile 2006, in: Insegnamenti di Benedetto XVI II, 1 2006, Città del Vaticano 2007, 498-501, hier 500.

die hebräische Bibel ergänzt, sondern auch mit neuem Erzählgut bereichert.[15] Wie im Judentum so könnten auch im Christentum Schrift und Tradition viel unverkrampfter, als dies auch heute noch weithin geschieht, als eng miteinander verknüpft betrachtet werden, wie dies die Dogmatische Konstitution des Zweiten Vatikanischen Konzils über die göttliche Offenbarung betont: „Die Heilige Überlieferung und die Heilige Schrift sind eng miteinander verbunden und haben aneinander Anteil."[16] In diesem Sinn geht die Offenbarungskonstitution von einem vieldimensionalen Zusammenspiel von Heiliger Schrift und kirchlicher Tradition aus, so dass man mit Henri de Lubac urteilen darf: „Nichts also widerspräche dem Geist dieser Konstitution mehr als eine Art feindlicher Konkurrenz zwischen Schrift und Tradition, so, als ob man der einen wegnähme, was man der anderen zuspricht. Noch niemals hatte ein Konzilstext das Traditionsprinzip so gut in seiner ganzen Weite und Komplexität herausgestellt: noch nie wurde der Heiligen Schrift so viel Raum gewährt."[17]

Mit dieser Verhältnisbestimmung von Schrift und Tradition wird die richterliche Funktion der Heiligen Schrift in der Kirche keineswegs geleugnet, wohl aber werden ein striktes Gegenüber der Heiligen Schrift zur Kirche und ihrer Tradition und damit auch das Prinzip des *sola scriptura*, wie es innerhalb der reformatorischen Tradition vertreten wird, ausgeschlossen. Von daher tritt die dritte Konsequenz der analogen Verwendung des Begriffs „Wort Gottes" ans Tageslicht, insofern sie auf eine bis heute verbliebene Grunddifferenz zwischen den aus der Reformation hervorgegangenen Kirchen und kirchlichen Gemeinschaften und der katholischen Kirche hinweist. Indem nämlich reformatorische Theologie die Kirche allein vom *„pure*

---

[15] E. L. Ehrlich, Altes Testament oder Hebräische Bibel? Haben Christen und Juden eine gemeinsame Heilige Schrift? in: „Was uns trennt, ist die Geschichte". Ernst Ludwig Ehrlich – Vermittler zwischen Juden und Christen. Hg. von H. Heinz / H. H. Henrix, München 2008, 146-153, hier 147.

[16] DV 9.

[17] H. de Lubac, Die göttliche Offenbarung. Kommentar zum Vorwort und zum Ersten Kapitel der Dogmatischen Konstitution „Dei Verbum" des Zweiten Vatikanischen Konzils, Einsiedeln 2001, 251.

*et recte*" verkündeten Wort Gottes und der evangeliumsgemäßen Verwaltung der Sakramente her definiert, wird das Wort Gottes als eine sich selbst zu erkennen gebende, der Kirche selbständig gegenüberstehende Größe und als eigenständiges Korrektiv auch des Amtes in der Kirche aufgefasst. Gegenüber dieser weitgehenden Hypostasierung des Wortes Gottes bezeichnet die katholische Kirche nicht nur als drittes Kriterium des Kircheseins auch das Amt, sondern betrachtet sie auch und vor allem Wort Gottes und Kirche in ihrer wechselseitigen Bezogenheit: „Sie kennt nicht ein der Kirche gegenüber selbständiges, quasihypostatisches Wort, sondern das Wort lebt in der Kirche, wie die Kirche vom Wort lebt – eine Relation gegenseitiger Abhängigkeit und Beziehung."[18] Ein Prinzip „*sola scriptura*" ist von daher der katholischen Theologie prinzipiell fremd, und zwar nicht nur deshalb, weil für das Schriftprinzip die Idee der Eindeutigkeit konstitutiv ist, die aber von den konkreten Erfahrungen der Schriftauslegung fraglich geworden ist, wie der evangelische Exeget Ulrich Luz in aller Freimütigkeit eingestanden hat: „Der auf die Schrift gegründete Protestantismus ist in zahllose Konfessionskirchen, Freikirchen, Bewegungen, Richtungen zerfallen. Seine Geschichte scheint eine einzige Widerlegungsgeschichte des protestantischen Schriftprinzips zu sein."[19] Aber auch in systematischer Sicht steht die Schrift „von ihrem eigenen Wesen her nicht als Buch allein da"; der Lebensraum, den das lebendige Subjekt der Kirche geschaffen hat und von dem es getragen wird, ist vielmehr „seine ihm eigene, von ihm unabtrennbare Auslegung".[20]

---

[18] J. Ratzinger, Das geistliche Amt und die Einheit der Kirche, in: ders., Das neue Volk Gottes (Anm. 2), 105-129, hier 106.

[19] U. Luz, Was heißt „Sola Scriptura" heute? Ein Hilferuf für das protestantische Schriftprinzip, in: EvTh 57 (1997) 28-41, hier 41.

[20] J. Cardinal Ratzinger, Was ist das eigentlich – Theologie? in: ders., Weggemeinschaft des Glaubens. Kirche als Communio, Augsburg 2002, 26-33, zit. 30.

## 3. Wort Gottes im Kontext der weiteren Konstitutiva der Kirche

Dieser konfessionellen Differenz, die bis heute weiter wirkt und viele ökumenische Diskussionen zumindest unterschwellig beeinflusst, muss weiter nachgegangen werden. Dabei muss aber der Eindruck vermieden werden, der eigentliche Kern des ökumenischen Problems vor allem in der Begegnung mit den aus der Reformation hervorgegangenen Kirchen und kirchlichen Gemeinschaften bestehe allein in einem Streit über kirchliche Institutionen wie das Lehramt und das kirchliche Amt überhaupt. Das ekklesiologische Problem, das in der Ökumene ansteht und auf das Papst Benedikt XVI. bei der Ökumenischen Begegnung während seines ersten Besuchs in Deutschland nachdrücklich hingewiesen hat, ist vielmehr dasjenige „der Weise der Gegenwart des Wortes Gottes in der Welt", genauerhin der „Verflechtung von Wort und Zeuge und Glaubensregel", so dass man auch und gerade die Amtsfrage zugleich als Frage des Gotteswortes, seiner Souveränität und seiner Demut betrachten muss, „in der der Herr es auch den Zeugen anvertraut und Auslegung gewährt, die sich freilich immer an der ‚regula fidei' und am Ernst des Wortes selbst zu messen hat."[21] Einsehbar wird diese weitere Perspektive freilich nur, wenn sie auf dem Hintergrund von jenen vier Grundvorgängen betrachtet und vertieft wird, mit denen die Kirche entstanden ist und die, jedenfalls in der Sicht katholischer Theologie, zu ihren bleibenden Wesensmerkmalen gehören.

---

[21] Benedikt XVI., Ansprache beim Ökumenischen Treffen im Erzbischöflichen Haus am, Freitag, den 19. August 2005, in: Predigten, Ansprachen und Grußworte im Rahmen der Apostolischen Reise von Papst Benedikt XVI. nach Köln anlässlich des XX. Weltjugendtages, 14.9.2005. Hg. vom Sekretariat der Deutschen Bischofskonferenz, Bonn 2005 (VApS 169), 67-73, hier 69f.

*a) Der Kanon der Heiligen Schrift als Werk der Kirche*

Der erste Grundvorgang besteht in der Ausbildung des Kanons der Heiligen Schrift, die gegen Ende des zweiten Jahrhunderts zu einem gewissen Abschluss gekommen ist, sich aber noch weit in die folgenden Jahrhunderte hinein gezogen hat. Der historische Sachverhalt, dass die Literatur, die wir „Neues Testament" nennen, aus einer Vielzahl von damals in Umlauf befindlichen literarischen Erzeugnissen ausgewählt und der griechische Kanon der jüdischen Bibel als „Altes Testament" dem „Neuen Testament" zugeordnet wurde und dann zusammen die „Heilige Schrift" bildet, zeigt, dass bereits das Entstehen des Kanons der Heiligen Schrift Ausdruck des Glaubens der Kirche und die Heilige Schrift ein Buch der Kirche ist, das aus der kirchlichen Überlieferung hervorgegangen ist und durch sie weitergegeben wird. Ohne das glaubende Subjekt der Kirche könnte man gar nicht von „Heiliger Schrift" reden. Sie wäre nichts Anderes als eine historische Sammlung von Schriften, deren Entstehung sich durch ein ganzes Jahrtausend hindurch gezogen hat. Aus dieser Literatursammlung ist die Bibel als *ein* Buch, und zwar als „Heilige Schrift" in ihrer Zwei-Einheit von Altem und Neuem Testament, erst und nur durch das in der Geschichte wandernde Volk Gottes geworden.[22] Die Heilige Schrift präsentiert sich vor allem deshalb als ein einziges Buch, weil sie ganz aus dem Boden des einen Volkes Gottes herausgewachsen ist und folglich der eigentliche Verfasser der Heiligen Schrift das Gottesvolk selbst ist, nämlich zunächst Israel und dann die Kirche, wie der Neutestamentler Gerhard Lohfink mit Recht hervorhebt: „Die Heilige Schrift ist nicht ein Paket von 73 Büchern, das nachträglich zusammengeschnürt worden ist, sondern sie ist gewachsen wie ein Baum. Am Ende wurden in diesen Baum noch einmal ganz neue Zweige eingepfropft: das Neue Testament. Aber auch diese Zweige nähren sich von dem Saft des einen Baumes und werden von seinem Stamm getra-

---

[22] Vgl. Th. Söding, Einheit der Heiligen Schrift? Zur Theologie des biblischen Kanons, Freiburg i. Br. 2005.

gen."[23] Die Konstituierung und die Definition des biblischen Kanons müssen deshalb als Werk der frühen Kirche identifiziert werden, bei dessen Entstehen als konstitutives Element auch und gerade der römische Bischofsstuhl eine nicht unwesentliche Rolle gespielt hat. Es lässt sich jedenfalls auch historisch zeigen, dass die Anerkennung Roms als „Kriterium des rechten apostolischen Glaubens" älter ist „als der Kanon des Neuen Testaments, als ‚die Schrift'".[24]
Es dürfte nicht zweifelhaft sein, dass diese Sicht der Zusammengehörigkeit von Heiliger Schrift und Kirche und damit die Frage des biblischen Kanons auch heute in der evangelisch-katholischen Ökumene noch immer strittig ist. Bekanntlich hat der evangelische Exeget Ernst Käsemann die berühmt gewordene These vertreten, der neutestamentliche Kanon begründe nicht die Einheit der Kirche, sondern gerade die Vielfalt seiner Bücher und seiner möglichen Interpretationen und somit auch die Vielfalt der Konfessionen.[25] Diese Auskunft vermag freilich nur einzuleuchten, wenn man den neutestamentlichen Kanon isoliert für sich allein betrachtet. Dabei handelt es sich aber um eine verkürzte Fragestellung, die nicht in der Perspektive des Kanons selbst, sondern in der Perspektive der Reformation, vor allem ihres Prinzips des *„sola scriptura"* und ihrer Neudefinition der Kirche als *„creatura verbi"* formuliert ist.[26] Es ist von daher kein Zufall, dass der Wiener evangelische Theologe Ulrich H. J. Körtner behauptet, das reformatorische Schriftprinzip, das *„sola scriptura"*, „wonach die heilige Schrift allein Quelle und Norm des Glaubens und jedes kirchliche Auslegungsprivileg zurückzuweisen ist", mache nur unter der Prämisse Sinn, „dass der

[23] G. Lohfink, Bibel ja – Kirche nein? Kriterien richtiger Bibelauslegung, Bad Tölz 2004, 117.
[24] J. Kardinal Ratzinger, Zur Gemeinschaft gerufen. Kirche heute verstehen, Freiburg i. Br. 1991, 65.
[25] E. Käsemann, Begründet der neutestamentliche Kanon die Einheit der Kirche? in: ders., Exegetische Versuche und Besinnungen I, Göttingen 1960, 214-223.
[26] Vgl. K.-H. Menke, Sakramentalität. Wesen und Wunde des Katholizismus, Regensburg 2012, bes. 19-33.

Kanon nicht das Produkt der Kirche, die Kirche also nicht das Subjekt der Kanonbildung ist".[27]
Der katholische Ökumeniker Heinz Schütte hat deshalb mit Recht das reformatorische Schriftprinzip im Sinne des sola scriptura als das „ökumenische Kernproblem" identifiziert, weil es faktisch auf einer frühkirchlichen Entscheidung beruht und eine solche theoretisch doch gerade ausschließen will.[28] Nimmt man demgegenüber die geschichtliche Entstehung des biblischen Kanons ernst, dann ist er weder vom Himmel gefallen, noch hat er gleichsam vorgängig zur Kirche subsistiert, sondern ist in der Kirche selbst entstanden: „Zusammen mit der Feststellung, dass die Kanonbildung bewusst der Einheit der Lehre der Kirche in Abhebung zur Vielfalt und Widersprüchlichkeit der hellenistischen Philosophien dienen soll, zeigt dies alles, dass die Kanonbildung eine bewusste Schöpfung der werdenden Kirche ist."[29] Insofern begründet in der Tat nicht der Kanon die Einheit der Kirche, freilich auch nicht die Vielfalt der Konfessionen, sondern die Einheit der Kirche hat vielmehr die Einheit des Kanons begründet. Denn in einem intensiven Ringen und mit großer Anstrengung hat die werdende Kirche in den verschiedenen Büchern des späteren Kanons der Heiligen Schrift den authentischen Ausdruck und den Maßstab ihres Glaubens gefunden, so dass es ohne den Glauben der werdenden Kirche keinen Kanon geben könnte und sich folglich die Konstituierung des biblischen Kanons und die Konstituierung der Ordnungsgestalt der frühen Kirche als zwei Seiten desselben Vorgangs darstellen.

### *b) Regula fidei als Maßstab des Glaubens*

Damit stehen wir bereits beim zweiten frühkirchlichen Grundvorgang: Bei der Auswahl jener Schriften, die schließlich von

---

[27] U. H. J. Körtner, Wohin steuert die Ökumene? Vom Konsens- zum Differenzmodell, Göttingen 2005, 59.
[28] H. Schütte, Protestantismus heute. Ökumenische Orientierung, Paderborn 2004, 70.
[29] I. Frank, Der Sinn der Kanonbildung, Freiburg i. Br. 1971, 204.

der Kirche als Heilige Schrift anerkannt worden sind, hat die frühe Kirche einen Maßstab verwendet, den sie als Glaubensregel, als *regula fidei*, bezeichnet hat. Dabei handelt es sich um eine kurz gefasste Summe der wesentlichen Inhalte des kirchlichen Glaubens, die freilich zunächst nicht bis ins Einzelne festgelegt gewesen sind, die aber in den verschiedenen Taufbekenntnissen der frühen Kirche eine von der Liturgie her geformte Gestalt erhalten und in den verschiedenen konziliaren Definitionen ihre Fortsetzung gefunden haben, in denen das Ringen der frühen Kirche um die Unterscheidung des Christlichen einen verbindlichen Ausdruck gefunden hat. Die grundlegenden Glaubensbekenntnisse der ganzen Christenheit stellen somit den zweiten Fixpunkt in der frühen Kirche dar. Sie bilden die „eigentliche , Hermeneutik' der Schrift, den aus ihr gewonnenen Schlüssel, um sie ihrem Geist gemäß auszulegen".[30] Es geht dabei um jenes Prinzip, das die Dogmatische Konstitution des Zweiten Vatikanischen Konzils über die göttliche Offenbarung mit der Anweisung ausgesprochen hat, die Heilige Schrift müsse „in dem Geist gelesen und ausgelegt" werden, „in dem sie geschrieben wurde". Denn die rechte Ermittlung des Sinnes der Heiligen Schrift erfordere, „dass man mit nicht geringerer Sorgfalt auf den Inhalt und die Einheit der ganzen Schrift achtet, unter Berücksichtigung der lebendigen Überlieferung der Gesamtkirche und der Analogie des Glaubens".[31]
Mit dieser Hermeneutik ist wiederum das Verhältnis zwischen Heiliger Schrift und Kirche berührt, das sich auf dem Hintergrund der Glaubensregel dahingehend konturieren lässt, dass auf der einen Seite die Heilige Schrift nicht ohne und schon gar nicht gegen die Kirche, sondern nur in der Kirche Heilige Schrift ist, dass die Kirche aber auf der anderen Seite, um Kirche zu bleiben, die Heilige Schrift als jene Wirklichkeit festhalten muss, in der der Glaube der Kirche verbindlich ausgesprochen ist, und dass folglich die Kirche nicht über dem Wort Gottes steht,

---

[30] J. Ratzinger – Benedikt XVI., Jesus von Nazareth. Zweiter Teil: Vom Einzug in Jerusalem bis zur Auferstehung, Freiburg i. Br. 2011, 117.
[31] DV 12.

sondern ihm zu Diensten ist,[32] wie die Offenbarungskonstitution des Zweiten Vatikanischen Konzils ausdrücklich hervorhebt.[33] Gerade im Bedenken des Verhältnisses von Heiliger Schrift und Kirche kommen somit ihr innerstes Wesen und ihre tiefste Identität zum Ausdruck, dass sie sich „nicht selbst zu eigen ist, sondern ihr Eigentlichstes gerade in dem hat, was ihr nicht selbst gehört, sondern was sie empfangen hat".[34]

*c) Eucharistie als liturgischer Ort des Wortes Gottes*

Die Lesung des Wortes Gottes in der Heiligen Schrift und das Rezitieren des Apostolischen Glaubensbekenntnisses sind in der frühen Kirche in erster Linie gottesdienstliche Akte der um ihren auferstandenen Herrn versammelten Gemeinde gewesen. Denn die lebendige Tradition der Kirche verwirklicht sich am deutlichsten im liturgischen Leben der Kirche, wie dies später Prosper von Aquitanien in die Formel gegossen hat: *„Legem credendi lex statuat supplicandi"*.[35] Da der Gottesdienst der Kirche der privilegierte Ort ist, an dem das Wort Gottes, das die Kirche auferbaut, erklingt und der Glaube bekannt wird, gehört auch die Liturgie zur apostolischen Tradition der Kirche und stellt einen elementaren *locus theologicus* dar. Die frühe Kirche hat deshalb auch die Grundformen des christlichen Gottesdienstes geschaffen, die nicht nur die bleibende Basis des kirchlichen Lebens darstellen, sondern auch als verbindlicher Bezugspunkt für jede liturgische Erneuerung betrachtet werden müssen. Wie die früheste Beschreibung der Liturgie der Eucharistie bei Justinus dem Märtyrer in der Mitte des zweiten Jahr-

---

[32] Vgl. K. Kardinal Lehmann, Norma normans non normata? Bibel im Begründungszusammenhang von Theologie und Lehramt, in: F.-J. Ortkemper / F. Schuller (Hg.), Berufen, das Wort Gottes zu verkünden, Stuttgart 2008, 34-47.

[33] DV 10.

[34] J. Ratzinger, Kommentar zu These VI, in: Internationale Theologenkommission, Die Einheit des Glaubens und der theologische Pluralismus, Einsiedeln 1973, 36-42, hier 41.

[35] Prosper von Aquitanien, Indiculus c. 8.

hunderts, in der bereits die wesentlichen Elemente enthalten sind, die in allen großen liturgischen Ritusfamilien die gleichen geblieben sind und uns auch heute noch vertraut sind, zeigt, gehört in der frühen Kirche auch die Liturgie der Eucharistie zu ihren Grundvorgängen.

Von daher wird nicht nur die enge Zusammengehörigkeit von Wort Gottes und Leib Christi, genauerhin die Verbindung zwischen der Verkündigung des Wortes Gottes und dem eucharistischen Opfermahl sichtbar, die die Offenbarungskonstitution des Zweiten Vatikanischen Konzils mit den Worten ausgesprochen hat: „Die Kirche hat die Heiligen Schriften immer verehrt wie den Herrenleib selbst, weil sie, vor allem in der heiligen Liturgie, vom Tisch des Wortes wie des Leibes Christi ohne Unterlass das Brot des Lebens nimmt und es den Gläubigen reicht."[36] Indem die Liturgie als der privilegierte Ort betrachtet wird, an dem das Wort Gottes verkündet wird, kommt auch eine gottesdienstliche Konzentration des Kirchenverständnisses im Sinne einer eucharistischen Ekklesiologie zum Ausdruck, dass die Kirche in ihrem tiefsten Kern eucharistische Versammlung und deshalb Kirche nicht nur vor allem dort ist, wo Eucharistie gefeiert wird, sondern auch und vor allem Kirche immer wieder von der Eucharistie her entsteht. Weil der Tisch des Wortes Gottes und der Tisch des Leibes Christi eine untrennbare Einheit bilden, wird schließlich deutlich, dass es zwischen dem Wort Gottes und dem Sakrament keinen Gegensatz geben kann, dass das Wort Gottes selbst vielmehr ein sakramentales Wort ist. Wie nämlich der Logos Gottes selbst Fleisch geworden ist, so will auch das Wort Gottes in den Sakramenten, zuhöchst in der Feier der Eucharistie, sinnlich erfahren werden und sich als wirksames Wort erweisen, das genau das bewirkt, was es aussagt.

---

[36] DV 21.

*d) Bischofsamt als authentischer Zeuge des Wortes Gottes*

Das Wort Gottes, das im Sinne der *regula fidei* ausgelegt und im Gottesdienst der Kirche verkündet wird, findet in der frühen Kirche schließlich seine primäre Gegenwart im persönlichen Zeugen dieses Wortes. Da zur Kirche nicht nur die Gemeinschaftlichkeit der von Gott gewirkten Geschichte seines Volkes gehört, sondern auch die Struktur persönlicher Haftbarkeit und Verantwortung, gehören auch Wort Gottes und Zeuge dieses Wortes in dem Sinne zueinander, dass nicht nur der persönliche Zeuge vom Wort Gottes her und für das Wort Gottes, sondern auch das Wort Gottes durch den persönlich verantwortlichen Zeugen lebt: „Das Bekenntnis gibt es nur als persönlich verantwortetes, und darum ist das Bekenntnis an die Person gebunden",[37] wie bereits das „Wir" der Kirche mit dem Namen desjenigen begonnen hat, der in Caesarea Philippi „namentlich und als Person" zuerst das Christusbekenntnis vorgetragen hat: „Du bist der Sohn des lebendigen Gottes" (Mt 16,16).[38] Aufgrund dieser martyrologischen Dimension des Glaubens hat sich in der frühen Kirche auch die Überzeugung von der apostolischen Sukzession im Bischofsamt herausgebildet, das im Dienst der treuen Überlieferung des Wortes Gottes steht.[39] Auf jeden Fall muss man in historischer wie in theologischer Sicht die „Herausbildung, theologische Begründung und institutionelle Stärkung des Bischofsamtes" als „eines der wichtigsten Ergebnisse der nachapostolischen Entwicklung" beurteilen.[40]
Dafür ist der Brief des Clemens von Rom ein hervorragendes Zeugnis. Es handelt sich dabei um ein Gemeindeschreiben, das im Jahre 96 verfasst worden ist, und zwar in Rom, der bald führenden Gemeinde im Westen, und adressiert gewesen ist an

---

[37] J. Ratzinger, Der Primat des Papstes und die Einheit des Gottesvolkes, in: ders. (Hg.), Dienst an der Einheit. Zum Wesen und Auftrag des Petrusamtes, Düsseldorf 1978, 165-179, hier 171.

[38] Ebda. 170.

[39] Vgl. K. Koch, Die apostolische Dimension der Kirche im ökumenischen Gespräch, in: IKaZ 40 (2011) 234-252.

[40] E. Dassmann, Ämter und Dienste in den frühchristlichen Gemeinden, Bonn 1994, 230.

die Gemeinde in Korinth, einer frühen paulinischen Gemeinde, in der dieses Schreiben freudig aufgenommen worden ist. Dieser Brief, der in der Kirche der ersten Jahrhunderte „beinahe kanonischen Rang" erreicht hat und in der Gemeinde von Korinth regelmäßig im Gottesdienst verlesen worden ist,[41] dokumentiert die erstaunliche Tatsache, dass es bereits kurze Zeit nach dem Tod der Apostel und lange vor dem Abschluss der Kanonbildung in der ganzen Kirche, im Osten wie im Westen, nur noch eine Ordnung der kirchlichen Ämter gegeben hat: Jede Gemeinde hat einen Bischof und, wenn erforderlich, je nach Größe ein Kollegium von Presbytern und Diakonen.
In dieser Entwicklung liegt es begründet, dass die Verkündigung des Wortes Gottes und seine authentische Auslegung in erster Linie an das Bischofsamt und das ihm aufgetragene Lehramt gebunden ist. Seine besondere und indispensable Verantwortung liegt darin, in der Kirche die Unversehrtheit, Identität und Integrität des Wortes Gottes zu schützen, wie bereits Irenäus von Lyon angesichts der von den Gnostikern verwendeten so genannten „apokryphen" Schriften die „Bewahrung der apostolischen Überlieferung, ohne Schriften zu erfinden", zu den Hauptaufgaben des Bischofsamtes gezählt hat.[42] In diesem Sinn kommt dem kirchlichen Lehramt auch heute die Verpflichtung zu, dafür zu sorgen, dass die Auslegung des Wortes Gottes im Dienst am Glauben der Kirche geschieht. Es kann freilich dabei nicht einfach im Sinne eines formalen Prinzips handeln, sondern nur im Sinne der inhaltlichen Bindung an das Credo der Kirche. Das kirchliche Lehramt steht deshalb in einem grundsätzlichen Gehorsam dem Wort Gottes gegenüber und muss ihn auch in der Kirche einfordern.

## 4. Wort Gottes im Lebensraum der Kirche

Kanon der Heiligen Schrift, Glaubensregel, Grundform des eucharistischen Gottesdienstes und apostolische Sukzession im

---

[41] Clemens von Rom, Epistola ad Corinthos. Übers. u. eingel. v. G. Schneider, Freiburg i. Br. 1991 (FC 13), 34.
[42] Irenäus von Lyon, Adversus haereses 4, 32, 8.

Bischofsamt sind die vier Grundgegebenheiten der frühen Kirche.[43] Sie verdeutlichen, dass man die Offenbarung Gottes überhaupt und die Heilige Schrift als ihre primäre Vermittlungsgestalt im Besonderen nicht aus dem Gesamtgefüge des kirchlichen Glaubenslebens isolieren kann, sondern dass sie in diesem größeren Kontext zu interpretieren sind, in dem sie erst ihre identitätsstiftende Kraft entfalten. Dies ist freilich nur möglich, wenn Gottes Offenbarung bei ihrem Adressaten eine gläubige Annahme findet. Von daher gilt es jetzt zu bedenken, dass zum recht verstandenen Begriff der Offenbarung Gottes immer auch ein menschliches Subjekt gehört, das dieser Offenbarung innewird. Denn eine Offenbarung, die nicht angenommen wird, kann auch niemandem offenbar werden. Dort aber, wo Gottes Offenbarung angenommen wird, lebt Glaube, der sich als persönlicher Gesprächskontakt mit dem lebendigen Gott vollzieht, weshalb zur Struktur des Glaubens immer das „Du" gehört.

### *a) Beziehung zum Wort Gottes und das „Wir" der Kirche*

Zum Glauben gehört aber immer auch und noch ursprünglicher das „Wir", und zwar auch und gerade in der Beziehung zum Wort Gottes. Denn der einzelne Christ glaubt nicht aus seinem Eigenen, er glaubt vielmehr immer mit-glaubend mit der ganzen Kirche und lebt seinen Glauben in der kirchlichen Glaubensgemeinschaft. Der eigentliche Adressat der Offenbarung Gottes ist deshalb nicht der einzelne Christ; das „Ich" des Credo ist vielmehr das „Wir" der Kirche. Die Heilige Schrift ist und bleibt deshalb nur ein lebendiges Buch mit der Kirche als jenem Subjekt, das sie empfängt und sich aneignet; und umgekehrt kann die Kirche ohne die Heilige Schrift nicht existieren, weil sie in ihr ihre Lebensgrundlage und ihre Identität findet. Von daher versteht es sich von selbst, dass der Lebensraum, in dem das Wort Gottes entgegen genommen wird, die Kirche ist und dass die entschiedene Konzentration auf das Wort Gottes und seine

---

[43] Vgl. J. Ratzinger, Die Bedeutung der Väter für die gegenwärtige Theologie, in: ThQ 148 (1968) 257-282, bes. 277-281.

Verortung im Lebensraum der Kirche keine Gegensätze sind und auch keine konfessionelle Unterscheidungslehren sein müssen.

Davon legen in einer exemplarischen Weise Lebensweg und Lebenswerk des Exegeten Heinrich Schlier beredtes Zeugnis ab. Als überzeugter Schüler des evangelischen Exegeten Rudolf Bultmann hat Schlier auch die Grenzen von dessen exegetischer Arbeit wahrgenommen. Wie er selbst in seiner „kurzen Rechenschaft" dargelegt hat, ist es für ihn „ein echt protestantischer Weg" gewesen, der ihn schließlich zur Katholischen Kirche geführt hat, genauerhin ein Weg, „der geradezu in den lutherischen Bekenntnisschriften vorgesehen, wenn natürlich auch nicht erwartet ist". Schlier vermochte vor allem in der historischen Exegese keinen Gegensatz zur Interpretation der Heiligen Schrift „im Geist der Kirche" und in Anerkennung der apostolischen Vollmacht, die dem überlieferten Wort seine Eindeutigkeit gibt, zu erblicken: „Denn der Geist der Kirche schließt auch die Unbefangenheit wahrer historischer Forschung ein und ist auch hier nicht ein Geist der Knechtschaft zur Furcht, sondern zur Sohnschaft. Die den historischen Phänomenen wirklich offene historische Forschung ist ja auch eine Weise der Erhellung der Wahrheit. So kann auch sie die Kirche finden und ein Weg zu ihr sein."[44] Zum besseren Verständnis des Lebensweges von Heinrich Schlier scheint mir der Hinweis nicht unwichtig, dass es vor allem die damalige kirchenpolitische Situation gewesen ist, die ihn stets deutlicher die innere Einheit unter den Christen hat entdecken lassen, die das Neue Testament als authentische Artikulation der verbindlichen Offenbarung Gottes und die Kirche als den ebenso verbindlichen Lebensraum des Wortes Gottes zugleich wahrnehmen und anerkennen. So steht in einem Vortrag, den er im Jahre 1935 und damit auf dem Höhepunkt des nationalsozialistischen Kirchenkampfes gehalten und mit dem er, in der vordersten Front der evangelischen Bekennenden Kirche stehend, mit beschwörenden Worten die Kirche an ihre Verantwortung für den

---

[44] H. Schlier, Kurze Rechenschaft, in: ders., Der Geist und die Kirche. Exegetische Aufsätze und Vorträge. Hg. von V. Kubina u. K. Lehmann, Freiburg i. Br. 1980, 270-289, hier 274-275.

theologischen Unterricht erinnert hat, der bemerkenswerte und seinen Lebensweg interpretierende Satz: „Es wird wohl kein verständiger Christ bestreiten wollen, dass die Fürsorge für das Wort Gottes unter den Menschen allein der Kirche anvertraut ist."[45]

Über den Lebensweg von Heinrich Schlier hat Papst Benedikt XVI. früher gesagt, er sei „auf einem streng protestantischen Weg – nämlich sola scriptura – katholisch geworden",[46] er habe bei seiner Konversion „das Beste des protestantischen Erbes" festgehalten und sei „nicht einfach vom Sola scriptura abgerückt", seine Konversion habe vielmehr ihren Grund darin gehabt, „dass er im Sola scriptura selbst den Ruf nach dem Raum der lebendigen Kirche, nach ihrer Vollmacht und nach ihrer Kontinuität als Voraussetzung für die ‚Entfaltung der apostolischen Hinterlassenschaft'" gefunden habe.[47] Mit dieser Erinnerung an Heinrich Schlier ist nicht eine Aufforderung zur Konversion der Protestanten im Sinne einer Rückkehrökumene intendiert. Doch Heinrich Schlier bleibt mit seinem Lebensweg und Lebenswerk die Zumutung einer ökumenischen Vergewisserung über die grundlegende Beziehung zwischen dem Wort Gottes und der Kirche. Ohne das Bedenken dieser Beziehung sind jedenfalls die elementaren Wegweisungen der Dogmatischen Konstitution des Zweiten Vatikanischen Konzils über die göttliche Offenbarung hinsichtlich des adäquaten Umgangs mit dem Wort Gottes im Leben der Kirche nicht zu verstehen.

### *b) Auslegung der Schrift im Geist ihrer Niederschrift*

Die fundamentalste Wegweisung findet sich in Artikel 12, in dem auf der einen Seite in einer eindrücklichen Weise der ganze Anspruch und die wichtige Bedeutung der historischen Me-

---

[45] H. Schlier, Die Verantwortung der Kirche für den theologischen Unterricht, in: ebd., 241-250, zit. 241.

[46] J. Kardinal Ratzinger, Theologie und Kirche, in: IKaZ 15 (1986) 513-533, hier 525.

[47] J. Cardinal Ratzinger, Geleitwort, in: H. Schlier, Der Geist und die Kirche (Anm. 44), VII-X, hier IX.

thode der Schriftauslegung als eines unerlässlichen Teils der exegetischen Arbeit mit dem Wort Gottes herausgestellt werden und auf der anderen Seite die eigentlich theologische Dimension der Schriftauslegung mit der Anweisung angemahnt wird, dass die Heilige Schrift „in dem Geist gelesen und ausgelegt" werden müsse, „in dem sie geschrieben wurde". Mit der Betonung dieser beiden Seiten wird dem gleichsam doppelten Charakter der Heiligen Schrift Rechnung getragen, dass sie Gotteswort ist, das aber in und durch Menschenwort ausgesprochen wird, und dass sie zugleich mehr ist als Menschenwort, weil in ihm Gottes lebendiges Wort an den Menschen enthalten ist.

Diese Grundspannung artikuliert sich dabei in einer dreifachen Hinsicht: Die historisch-kritische Exegese fragt auf der Grundlage ihrer hermeneutischen Regeln nach der Aussageabsicht der biblischen Schriftsteller, sie fragt dazu nach der eigentlichen Herkunft und dem ältesten Stadium eines Textes zurück und muss damit auch der Fremdheit von historischen Texten standhalten. Demgegenüber betrachtet die Interpretation der Heiligen Schrift in dem Geist, in dem sie geschrieben worden ist, sie als Ganzheit im großen geschichtlichen Ringen Gottes mit dem Menschen und im Fragen der Menschen nach Gott, und zwar in der Ur-Einheit von Altem und Neuem Testament, genauerhin als „Bibliothek des Gottesvolkes, Israels wie der Kirche".[48] Damit ist jene theologische Methode der Schriftauslegung anvisiert, die man heute als „kanonische Exegese" zu bezeichnen pflegt, die aber im Kern bereits bei Johann Sebastian Drey, dem Begründer der Katholischen Tübinger Schule im 19. Jahrhundert, greifbar ist: „Die Auslegung geschieht zwar immer an einzelnen Stellen, ihr Ziel aber ist das Verständnis des Ganzen... Ein solches Ganzes ist zuvörderst der einzelne Abschnitt eines Buches, sodann dieses selbst, weiter die sämmtlichen Schriften eines biblischen Schriftstellers, zuletzt das Ganze der Bibel selbst als Kanon. Man sieht, wie der Kanon selbst hier als eine nothwendige Idee eintritt."[49]

---

[48] Th. Söding, Gotteswort durch Menschenwort (Anm. 11), 216.

[49] J. S. Drey, Kurze Einleitung in das Studium der Theologie mit Rücksicht auf den wissenschaftlichen Standpunkt und das katholische System 1819, §

Mit dieser Spannung eng damit zusammen hängt ein zweiter Unterschied: Bei der historischen Schriftauslegung fragt der einzelne Exeget nach dem authentischen Sinn eines biblischen Textes, und er bringt sein Bemühen in kritische Korrelation mit dem Konsens der Exegeten. Demgegenüber ist es bei der theologischen Interpretation der Heiligen Schrift in dem Geist, in dem sie geschrieben worden ist, vor allem die Glaubensgemeinschaft der Kirche, die die Heilige Schrift auslegt, und zwar im Lebenszusammenhang der ganzen Überlieferung der Kirche, die zwar über die Heilige Schrift hinaus reicht, aber um sie als ihre Zentralität kreist, zumal die Heilige Schrift nach ihrem wahren Wesen selbst Überlieferung ist. Von daher umschreibt die Offenbarungskonstitution die Aufgabe des Exegeten dahingehend, dass er „auf eine tiefere Erfassung und Auslegung des Sinnes der Heiligen Schrift" hin arbeitet, „damit so gleichsam aufgrund wissenschaftlicher Vorarbeit das Urteil der Kirche reift".[50]

Damit öffnet sich der Blick auf den dritten und wohl tiefsten Unterschied: Es ist in der Logik der historisch-kritischen Exegese begründet, dass sie die Heilige Schrift als ein Buch der Vergangenheit betrachtet und dementsprechend von vergangenen Ereignissen und Deutungen handelt. Das Wort Gottes erscheint dann vornehmlich als ein Wort der Vergangenheit, das man historisch interpretieren muss. Diese Arbeit ist für das Verständnis der Heiligen Schrift unerlässlich. Es muss zudem auch und gerade dem glaubenden Menschen ein inneres Anliegen sein, genau hinzuhören, was der biblische Text wirklich sagt, um ihn als solchen verstehen zu können. Dort aber, wo die historisch-kritische Exegese als alleiniger Zugang zur Heiligen Schrift verabsolutiert würde, entsteht jenes schwerwiegende Problem, das Papst Benedikt XVI. in einem früheren Aufsatz dahingehend zugespitzt hat: „Das Wort bloß ins Vergangene einhausen heißt, die Bibel als Bibel leugnen. Tatsächlich führt eine solche bloß historische, bloß auf das Gewesene bedachte

---

160, in: M. Kessler / M. Seckler (Hg.), Theologie, Kirche, Katholizismus. Beiträge zur Programmatik der Katholischen Tübinger Schule, Tübingen 2003, 261.

[50] DV 12.

Auslegung mit innerer Konsequenz zur Leugnung des Kanon und insofern zur Bestreitung der Bibel als Bibel."[51] Den Kanon als Kanon wirklich annehmen, bedeutet demgegenüber, das Wort Gottes über seinen historischen Augenblick hinaus zu lesen und das Volk Gottes in der Gegenwart als den Adressaten des Wortes Gottes wahrzunehmen. Die theologische Schriftauslegung ist deshalb von dem Anliegen bewegt, dass die Bibel „nicht ein Wort der Vergangenheit bleibt, sondern als lebendiges und aktuelles Wort wahrgenommen wird".[52]

Als Glaubensgemeinschaft begegnen wir dem Wort Gottes nicht nur als einem in der Vergangenheit ergangenen Wort, sondern als Wort, das Gott durch Menschen einer vergangenen Zeit den Menschen aller Zeiten als gegenwärtiges Wort zugedacht hat und schenkt. Die Kirchenväter pflegten deshalb die Heilige Schrift als geistliches Eden zu betrachten, in dem man mit dem lebendigen Gott spazieren und die Schönheit und Harmonie seines Heilsplanes bewundern kann. In dieser Grundhaltung setzt sich der Christ dem im Wort der Heiligen Schrift gegenwärtigen Zuspruch und Anspruch Gottes unmittelbar aus, begegnet er in den Worten der Heiligen Schrift dem Wort Gottes selbst und betreibt damit im elementarsten Sinn Theologie. In dieser Sinnrichtung hat Dionysius der Areopagite im fünften Jahrhundert die Verfasser der biblischen Schriften selbst als „Theologen" im strengen Sinn bezeichnet. Denn sie sind Menschen gewesen, die nicht aus ihrem Eigenen heraus geredet, sondern sich Gott so geöffnet haben, dass er selbst durch ihr Wort zu den Menschen sprechen kann. In diesem elementaren Sinn muss der Theologe ein hörender und deshalb glaubender und deshalb betender Mensch sein, der Gott reden lässt und ihm zuhört, um aus diesem schweigenden Hören heraus von Gott glaubwürdig reden zu können.

---

[51] J. Cardinal Ratzinger, Perspektiven der Priesterausbildung heute, in: ders. u. a., Unser Auftrag. Besinnung auf den priesterlichen Dienst, Würzburg 1990, 11-38, hier 28.

[52] Benedikt XVI., Nachsynodales Apostolisches Schreiben „Verbum Domini" über das Wort Gottes im Leben und in der Sendung der Kirche, 30. September 2010. Hg. vom Sekretariat der Deutschen Bischofskonferenz, Bonn 2010 (VApS 187), Nr. 5.

## 5. Maria als Urbild des Lebens mit dem Wort Gottes

Das Urbild eines solchen Lebens mit dem Wort Gottes finden wir in der Heiligen Schrift in der Gestalt Marias. In ihr begegnen wir jener Frau, die das Wort Gottes ganz in sich aufgenommen hat, um es der Welt zu schenken, und die auch nach der Geburt des Wortes Gottes jedes Wort, das von Gott kommt, in ihrem Herzen erwogen hat. Vor allem der Evangelist Lukas zeichnet Maria als einen Menschen, der für das Wort Gottes ganz Ohr ist: So heißt es bei der Verkündigung der Geburt Jesu, dass Maria über den Gruß des Engels erschrak und „überlegte, was dieser Gruß zu bedeuten habe" (Lk 1,29). Das Wort, das der Evangelist hier für „überlegen" verwendet, verweist in der griechischen Sprache auf das Wort „Dialog". Damit kommt zum Ausdruck, dass Maria mit dem Wort Gottes, das ihr entgegen kommt, in persönliche und intime Zwiesprache eintritt, einen stillen Dialog mit ihm führt und den tieferen Sinn dieses Wortes ergründet. Ähnlich verhält sich Maria in der Weihnachtsgeschichte nach der Anbetung des Kindes in der Krippe durch die Hirten: „Maria bewahrte alles, was geschehen war, in ihrem Herzen und dachte darüber nach" (Lk 2,19). Maria übersetzt das Weihnachtsereignis in das Wort und vertieft sich in das Wort, so dass es im Erdreich ihres Herzens Same werden kann. Ein weiteres Mal ruft Lukas dieses Bildwort in Erinnerung bei der Szene des zwölfjährigen Jesus im Tempel: „Seine Mutter bewahrte alles, was geschehen war, in ihrem Herzen" (Lk 2,50). Ihre ganze Brisanz erhält diese Bemerkung freilich erst vom vorauf gehenden Satz her: „Sie verstanden nicht, was er damit sagen wollte." Lukas will damit zum Ausdruck bringen, dass Gottes Wort selbst für den glaubenden und deshalb für Gott geöffneten Menschen nicht immer sofort verständlich ist. Es braucht deshalb Geduld und Demut, mit der Maria das zunächst Unverstandene in ihr Herz hinein nimmt und es wirken lässt, um es innerlich verarbeiten zu können.

In diesen drei Szenen wird sichtbar, dass Maria für das Wort Gottes ganz Ohr und in ihm daheim ist. In dieser Grundhaltung ist Maria das Urbild und die Urgestalt der Kirche oder noch adä-

quater: „Kirche im Ursprung".[53] Als Urbild von Kirche zeigt Maria in exemplarischer Weise, welchen Umgang wir Christen mit dem Wort Gottes pflegen sollen, und dass die Kirche in erster Linie marianische Kirche und erst von daher und in ihrem Dienst petrinische Kirche ist, wie dies der katholische Theologe Hans Urs von Balthasar sehr prägnant zum Ausdruck gebracht hat: „In Maria ist die Kirche schon leibhaft, bevor sie in Petrus organisiert ist."[54]
Den inneren Kern einer marianisch geprägten und lebenden Kirche haben frühchristliche Theologen mit dem schönen Bild von Sonne und Mond zum Ausdruck gebracht:[55] Wie der Mond sein ganzes Licht von der Sonne empfängt, um es in die Nacht hinein strahlen zu lassen, so liegt die Sendung der Kirche als Mond darin, das Licht des Wortes Gottes in die Weltnacht der Menschen hinein zu strahlen und erleuchtende Hoffnung zu ermöglichen. Eine marianische Kirche braucht deshalb eine lunare Ekklesiologie, der gemäß sich die Kirche nicht selbst sonnen will, sondern sich damit zufrieden gibt, Mond zu sein, und auf das Wort Gottes als die wahre Sonne der Welt hinweist. Eine solche lunare Kirche hat das Zweite Vatikanische Konzil gerade mit seiner Dogmatischen Konstitution über die Kirche gewünscht. Denn *„Lumen gentium"* ist gerade nicht die Kirche, sondern Christus, und der Kirche kommt die Aufgabe zu, „alle Menschen durch seine Herrlichkeit, die auf dem Antlitz der Kirche widerscheint, zu erleuchten, indem sie das Evangelium allen Geschöpfen verkündet".[56]

## 6. Zentralität des Wortes Gottes im Leben der Kirche und in der Ökumene

Zu dieser marianischen Grundhaltung sind in besonderer Weise jene verpflichtet, die im Dienst des Wortes Gottes stehen. Diese

---

[53] J. Cardinal Ratzinger / H. U. von Balthasar, Maria – Kirche im Ursprung, Einsiedeln 1997.
[54] H. U. von Balthasar, Die marianische Prägung der Kirche, in: ebd., 126.
[55] Vgl. H. Rahner, Symbole der Kirche. Die Ekklesiologie der Väter, Salzburg 1964, 91-173.
[56] LG 1.

grundlegende Bedeutung hat das Zweite Vatikanische Konzil dadurch zum Ausdruck gebracht, dass es das Amt des Bischofs und des Priesters in erster Linie als Dienst der Verkündigung des Evangeliums konturiert hat. Die besondere Verantwortung dieses Dienstes wird in der katholischen Liturgie der Bischofsweihe vor allem mit dem Ritus sinnenfällig gemacht, dass während der Weihepräfation das Evangelienbuch dem Weihekandidaten auf den Kopf gelegt wird. Mit diesem Ritus wird der Kopf des Weihekandidaten verdeckt, und sein Gesicht verschwindet gleichsam unter dem Wort, das auf ihn gelegt wird. Dies ist ein sprechendes Zeichen dafür, dass der Geweihte bei der Verkündigung des Wortes Gottes nicht in seinem eigenen Namen und Auftrag handeln kann, sondern nur im Namen und Auftrag eines Anderen, nämlich als Treuhänder des Wortes Gottes. Mit dem Evangelienbuch wird dem Weihekandidaten das Wort Gottes gleichsam als Last, die er zu tragen hat, auf den Kopf gelegt: „Der so Beladene wird zum Lastträger Gottes, zum Träger seines lebendigen Wortes Jesus Christus bestimmt."[57]

Der Geweihte ist zum Christusträger, zum Christophorus, bestimmt. Ihm ist gleichsam die Aufgabe des Johannes des Täufers übertragen. Dies wird im Neuen Testament dadurch zum Ausdruck gebracht, dass Johannes der Täufer als „Stimme" bezeichnet wird, während Christus das „Wort" genannt wird. Mit diesem Verhältnis von Stimme und Wort lässt sich der kirchliche Verkündigungsauftrag vertiefen: Wie der sinnliche Klang, nämlich die Stimme, die das Wort von einem Menschen zu einem anderen trägt, vorüber geht, während das Wort bleibt, so hat auch im kirchlichen Verkündigungsauftrag die menschliche Stimme keinen anderen Sinn als den, das Wort Gottes zu vermitteln; danach kann und muss sie wieder zurücktreten, damit das Wort im Mittelpunkt bleibt.

Sinnlich-lebendige Stimme für das vorgängige Wort Gottes kann der Verkündiger aber nur sein, wenn er in ihm selbst daheim ist. Damit leuchtet die noch grundlegendere Bedeu-

---

[57] J. Haas, Christus-Träger Kardinal Julius Döpfner. Kardinal Joseph Ratzinger erinnert an seinen Vorgänger als Erzbischof von München, Eichstätt 2005, 6.

tung des liturgischen Ritus des Auflegens des Evangelienbuches auf den Kopf des Weihekandidaten auf. Mit ihm wird nämlich das Gesicht des zu Weihenden nicht nur ver-deckt, sondern es deckt ihn auch und dient ihm gleichsam als Dach der Obhut. Nicht zufälligerweise wird in der Heiligen Schrift das Wort Gottes als Helm des Heils bezeichnet. Der Verkünder darf und muss immer wieder Schutz unter dem Wort Gottes suchen. Denn er kann das Wort Gottes nur zu den Menschen tragen, wenn er es sich in seinem persönlichen Leben aneignet.

„Uns vom Wort nähren, um im Bemühen um die Evangelisierung Diener des Wortes zu sein."[58] Mit dieser Reihenfolge, dass das Sich-Nähren-Lassen dem Verkünden stets vorausgeht, hat Papst Johannes Paul II. die Zentralität des Wortes Gottes im Leben der Kirche umschrieben und sie als grundlegende Perspektive für die Kirche am Beginn des dritten Jahrtausends hervorgehoben. Papst Benedikt XVI. hat die Zentralität des Wortes Gottes mit der Generalversammlung der Bischofssynode über das „Wort Gottes im Leben und in der Sendung der Kirche" im Jahre 2008 nochmals vertieft.[59] Die in der Zwischenzeit erfolgte Veröffentlichung des Nachsynodalen Apostolischen Schreibens „Verbum Domini"[60] ist Anlass zur selbstkritischen Rückfrage, ob und inwieweit die grundlegenden Aussagen des Zweiten Vatikanischen Konzils über die Bedeutung des Wortes Gottes in der katholischen Kirche und in der Ökumene wirklich rezipiert und in konkretes Leben übersetzt worden sind.[61] Mit Kardinal Carlo M. Martini darf man die Dogmatische

---

58 Johannes Paul II., Apostolisches Schreiben „Novo millenio ineunte" zum Abschluss des Großen Jubiläums des Jahres 2000. Hg. vom Sekretariat der Deutschen Bischofskonferenz, Bonn 2001 (VApS 150), Nr. 40.

59 N. Eterovic (Hg.), La Parola di Dio nella vita e nella missione della Chiesa = Sinodo dei Vescovi. XII. Assemblea Generale Ordinaria, Città del Vaticano 2011.

60 Vgl. P. Merlo / G. Pucinelli (Hgg.), Verbum Domini. Studi e commenti sull'Esortazione apostolica postsinodale di Benedetto XVI, Città del Vaticano 2011; M. Tabet / G. de Virgilio (Hgg.), Sinfonia della Parola. Commento teologico all'Esortazione Apostolica „Verbum Domini", Roma 2011.

61 Vgl. M. C. Hastetter / J. Moga / Ch. Ohly (Hg.), Symphonie des Wortes. Beiträge zur Offenbarungskonstitution „Dei Verbum" im katholisch-orthodoxen Dialog. Festgabe des Neuen Schülerkreises zum 85. Geburtstag

Konstitution über die göttliche Offenbarung zweifellos als das „vielleicht schönste Dokument des Konzils" würdigen.[62] Auf der anderen Seite muss man sie aber auch zu den am wenigsten bekannt gewordenen Texten des Zweiten Vatikanischen Konzils zählen.

Dieses Desiderat wiegt umso schwerer, wenn man bedenkt, was mit ihm auf dem Spiel steht und was Hieronymus, der große Exeget in der Kirchenväterzeit, mit der prägnanten Formel zum Ausdruck gebracht hat: „Wer die Schriften nicht kennt, kennt weder die Macht Gottes noch seine Weisheit. Die Schrift nicht kennen, heißt Christus nicht kennen."[63] Die Frage, wie die Heilige Schrift zu lesen ist, und die Christusfrage hängen deshalb unlösbar zusammen. Wenn Jesus Christus das lebendige Wort Gottes ist und sich gleichsam in den Wörtern der Heiligen Schrift selbst auslegt, dann muss man sich, um Christus zu kennen, mit der Heiligen Schrift abgeben und sich vertraut machen. Und umgekehrt bleibt ohne persönliche Begegnung mit Christus auch das heilige Papier der Schrift profan und geduldig. Es beginnt nur zu sprechen, wenn man in einer persönlichen Beziehung zu Christus in der Glaubensgemeinschaft der Kirche lebt.

Im Hören des Wortes Gottes liegt auch eine große Kraft für die ökumenische Wiedervereinigung der Christen. Die Kirchenspaltung im Westen des 16. Jahrhunderts hat mit einer kontroversen Lektüre des Wortes Gottes, vor allem hinsichtlich des Verhältnisses zwischen Heiliger Schrift und kirchlicher Überlieferung, begonnen und hat insofern „in gewissem Sinn bis in die Bibel selbst hinein" gereicht.[64] Die Überwindung dieser Spaltung kann deshalb nur auf dem Weg einer gemeinsamen Lek-

---

von Joseph Ratzinger / Papst Benedikt XVI., St. Ottilien 2012; B. Körner, Die Bibel als Wort Gottes auslegen. Historisch-kritische Exegese und Dogmatik, Würzburg 2011; P.-W. Scheele, Wort des Lebens. Eine Theologie des Wortes, Würzburg 2007.

[62] C. M. Martini, Die Bischofssynode über das Wort Gottes, in: StZ 133 (2008) 291-296, hier 291.

[63] Hieronymus, Prolog zum Jesajakommentar, in: PL 24, 17.

[64] J. Ratzinger, Die erste Sitzungsperiode des Zweiten Vatikanischen Konzils. Ein Rückblick, Köln 1963, 60.

türe der Heiligen Schrift, und zwar in dem Geist, in dem sie geschrieben worden ist, möglich werden. Das gemeinsame Hören auf das Wort Gottes erweist sich als unabdingbar, um die Einheit im Glauben wieder zu finden. Es bleibt deshalb zu hoffen, dass es der Ökumene gelingt, das Wort Gottes wieder in ihren Mittelpunkt zu stellen, und dass das Reformationsgedenken im Jahre 2017 die befreiende Erfahrung der identitätsstiftenden Wirkung der Heiligen Schrift auch im ökumenischen Bemühen um die Wiederherstellung der Einheit der Christen schenken wird.

Die entscheidende Frage, die in diesem Zusammenhang zu beantworten sein wird, kann nur darin bestehen, wie Katholiken und Protestanten heute die Reformation sehen: als Re-Form im Sinne der *ablatio*, so dass die *forma nobilis* der Kirche wiederum in Erscheinung treten konnte, oder als Reformation in dem Sinne, dass eine neue Kirche entstanden ist, die auf einem Bruch mit der bisherigen Tradition der Kirche beruht. Von der Beantwortung dieser Frage wird die weitere Zukunft des ökumenischen Dialogs gerade im Reformationsland Deutschland nicht unwesentlich abhängen. Diese Frage lässt sich aber adäquat nur beantworten, wenn man nicht nur auf die fünfhundert Jahre seit der Reformation blickt, sondern die Reformation in der zweitausendjährigen Geschichte des Christentums verortet, von der 1500 Jahre Katholiken und Protestanten gemeinsam gewesen sind, und in diesem größeren Zusammenhang die Reformation beleuchtet. Man kann nur hoffen, dass das Wort Gottes auch bei dieser schicksalsschweren ökumenischen Frage seine identitätsstiftende und den Glauben erleuchtende Kraft erweisen wird.

# Kirche unter dem Wort Gottes

## Eine Skizze zu einer Ontologie des Wortes

*Wolfgang Thönissen*

Die Theologie des Zweiten Vatikanischen Konzils geht von der Souveränität der Wirklichkeit und Wahrheit des Wortes Gottes in Jesus Christus aus. Sie folgt damit dem biblischen Wahrheits- und Wirklichkeitsverständnis. Biblisch verstanden ist das christliche Wirklichkeitsverständnis an die Selbstüberlieferung des Wortes Gottes durch Jesus Christus im Heiligen Geist gebunden. Damit ist das Grunddatum des christlichen Glaubens die Selbst-Offenbarung des Wortes Gottes als Geschehen in der Person Jesu Christi. Wahrheit und Wirklichkeit des erhöhten Christus werden in der Geschichte der Menschheit und in menschlicher Überlieferung immer wieder neu in der dem Menschen geläufigen Sprache Gegenwart. Sie ermöglicht die persönliche Begegnung des Menschen mit Gott im Wort des Glaubens.

Worum geht es mir in meinem Beitrag? Ich möchte eine kleine fundamentaltheologische Skizze vorlegen. Gott, Offenbarung, Geschichte sind die drei Grundworte christlichen Verstehens. Gott, der Schöpfer, der Absolute, macht sich selbst den Menschen kund, er offenbart sich. Wir wissen von ihm, weil er sich selbst offenbar macht. Wie macht er sich offenbar? Nicht dadurch, dass er uns Mitteilungen macht, uns ein Buch zu lesen gibt, Instruktionen erteilt, sondern in dem sich ein Geschehen ereignet. Dies ist das Geschehen von Leben, Tod und Auferstehung Jesu Christi. Er ist von Anfang an der Sohn, engstens mit Gott dem Vater verbunden, mit ihm eins und doch von ihm unterschieden. Dieser, der ihn offenbar macht, ist das Wort, der Logos. Er redet, indem er handelt. Das Wort ist daher die knappste Zusammenfassung für das, was wir die Offenbarung Gottes nennen können. Das alles bedeutet: Das Wort weist darauf hin, dass das ganze Geschehen nicht nur ein vergangenes Geschehen ist, sondern gegenwärtig ist und immer wieder gegenwärtig wird, und zwar im Wort der Verkündigung und in der Artikulation des Glaubens. Das Wort ist die Brücke in unsere Gegenwart hinein. Es ist die Zusammenfassung von Vergangenheit und Gegenwart. Gott ist keine bloße Idee der Vergangenheit, sondern lebendig, gegenwärtig, im Wort unter uns. Alles Sein steht daher unter dem Zeichen des Wortes.[1] Von daher ist hier von einer Ontologie des Wortes zu reden.

## 1. Gott ereignet sich im Wort

Das Zweite Vaticanum hat Offenbarung als Geschehen des Wortes zur Sprache gebracht. Die Offenbarungskonstitution „Dei Verbum" spricht ausdrücklich von „Offenbarungsgeschehen". „Gott redet, indem er handelt."[2] Es ist „geschichtliches Ereignis, in dem *geschieht*, was offenbar wird, und auch nur, *weil* es geschieht, offenbar werden kann".[3] Das Selbstverständnis der christlichen Theologie, die diesem Ansatz folgt, bewährt sich demzufolge an der Geschichte Jesu selbst. Das heißt hermeneutisch betrachtet: Die Wahrheit des Glaubens ist an die Wirklichkeit des Wortes Gottes und seines Geschehens gewiesen. Dieses muss die Theologie verstehen, der Glaube realisieren. An dieser Geschichte vorbei gibt es kein Verstehen des Glaubens. In Bezug auf das Wort Gottes ist daher immer von einem analogisch-symbolischen Gebrauch der menschlichen Sprache zu sprechen.[4] Insoweit müssen Grund und Inhalt des

---

[1] So formuliert es das Nachsynodale Apostolische Schreiben von Papst Benedikt XVI. „Verbum Domini" über das Wort Gottes im Leben und in der Sendung der Kirche: 30. September 2010. Hg. vom Sekretariat der Deutschen Bischofskonferenz, Bonn 2010 (VApS 187), Nr. 121.

[2] Eine Wendung von J. Ratzinger, in: ders., Offenbarungsverständnis und Geschichtstheologie Bonaventuras. Habilitationsschrift und Bonaventura-Studien, Freiburg i. Br. 2010 (JRGS 2), 60.

[3] T. Pröpper, Freiheit als philosophisches Prinzip der Dogmatik. Systematische Reflexionen im Anschluss an Walter Kaspers Konzeption der Dogmatik, in: Dogma und Glaube. Bausteine für eine theologische Erkenntnislehre. FS für Bischof Walter Kasper. Hg. von E. Schockenhoff u. P. Walter, Mainz 1993, 165-192, hier 178.

[4] Verbum Domini (Anm. 1), Nr. 7.

Glaubens und seine Vermittlungsgestalten unterschieden werden. Hierbei tauchen allerdings sofort zwei Grenzbestimmungen auf: Die schlechthinnige Identifikation beider führt zu einem biblischen Fundamentalismus, hier fallen Wort und Schrift in eins, die Trennung der beiden führt zu einem reinen Mystizismus, die Schrift geht ganz in einem aktualistischen Wortgeschehen auf. Diese typologisch-symbolisch-analogische Weise hält die Spannung und führt nicht zu den genannten Verkürzungen. Grund-Gehalt und Gestalt, Grund und Gestalt sind nie deckungsgleich, verhalten sich aber auch nie nur asymptotisch zueinander. Sie können nur symbolisch-analogisch verstanden werden.

## 2. Das Wort ist der Logos, der Sohn – Zur Christologie des Wortes

Die Bibel bringt die theologische Erklärung mit dem Wort vom Logos zur Sprache: Von Anfang an war das Wort bei Gott, das Wort war Gott (Joh 1). Aber dasselbe Wort wird Fleisch, es nimmt menschliche Gestalt an und redet die Menschen wie Freunde an. Das Wort, der Logos, ist die Person Jesu Christi. Gott teilt sein Wort in der Geschichte mit, ja Gott teilt sein Wort mit den Menschen, in der lebendigen Überlieferung wird dieses Wort Gottes in der Kirche weitergegeben. Das Christentum ist die Religion des Wortes Gottes, nicht die Religion eines schriftlichen, stummen Wortes, sondern des lebendigen Wortes, das Christus selbst ist. Hier kommt es auf die Gegenwärtigkeit des Wortes an. Es ist nicht nur das in der Schrift niedergelegte Zeugnis von Jesus, sondern das immer wieder neu zur Sprache gebrachte Wort der Schrift.
Von der Unbedingtheit des Wortes Gottes zu sprechen, heißt dann von einem Wort zu sprechen, das keinen weiteren Bedingungen, Voraussetzungen oder Grundlagen unterliegt, sondern diese selbst schafft. Gott bindet sich an das Wort, weil er selbst das ewige Wort ist. Gott kann nur aus der Heilsgeschichte erschlossen werden, die er selbst schafft. Unbedingtheit meint aber keine bloße Idee der Vernunft, sondern das konkret gewordene Universale. Alles Sein steht unter dem Zeichen des

Wortes.[5] Das meint nichts Anderes: Das Wort ist das ursprüngliche Medium der personalen Begegnung zwischen Gott und Mensch.

## 3. Das Wort Gottes wird von den Menschen im Glauben aufgenommen

„Die letzte Grundlage des christlichen Glaubens und der letzte Mittler des Glaubensverstehens ist die uns in Jesus Christus und ein für alle Male mitgeteilte Offenbarung: das Wort Gottes. Es ist in sich selber begründet und ruft zum Glauben auf. Insofern ist es in einem einzigartigen Sinn autoritativ. Alle weitere Vermittlung ist von hier abgeleitet; sie besitzt darum immer nur abgeleitete Autorität".[6] Dieses Verständnis wird entschieden geprägt durch die in der katholischen Theologie schon vor dem Zweiten Vatikanischen Konzil wirksame Wiederentdeckung der Theologie des Wortes Gottes.[7] Dazu hat in erster Linie die Dogmatische Konstitution über die göttliche Offenbarung „Dei Verbum" beigetragen. Sie hat eine „Wiederentdeckung des Wortes Gottes" in erheblichem Maße gefördert.[8] Die Rezeption der Dogmatischen Konstitution fördert das Nachsynodale Schreiben „Verbum Domini" von 2010.

Für diese neue Sicht der Gegenwart des Wortes Gottes sprechen Transformationsprozesse innerhalb der katholischen Theologie des 20. Jahrhunderts. Zwei Perspektivenwechsel im Verständnis von Offenbarung und Kirche können namhaft gemacht werden:

(1) Im Verständnis der Offenbarung vollzieht sich ein grundlegender Wandel: von einzelnen Offenbarungen und geoffenbar-

---

[5] Ebd., Nr. 121.

[6] W. Beinert, Theologische Erkenntnislehre, in: Glaubenszugänge. Lehrbuch der katholischen Dogmatik, Bd. 1. Hg. von W. Beinert, Paderborn 1995, 45-197, hier 144f.

[7] Vgl. dazu jetzt P.-W. Scheele, Wort des Lebens. Eine Theologie des Wortes, Würzburg 2007.

[8] Vgl. A. Buckenmaier, „Schrift und Tradition" seit dem Vatikanum II. Vorgeschichte und Rezeption, Paderborn 1996 (KKTS 62), 497-504, bes. 501.

ten Texten weg hin zur Offenbarung als Geschehen in Wort und Tat. Offenbarung wird nicht mehr nur verstanden als Information über Gott, sondern als Selbstmitteilung des dreifaltigen Gottes und seines Wortes selbst.[9] Entsprechend verändert sich auch das Verständnis von Tradition: Nicht mehr einzelne Traditionen sind primär im Blick, sondern Tradition als Selbstüberlieferung des Wortes Gottes in seiner Fleischwerdung und im Heiligen Geist, die sich Schrift und Kirche schafft.[10] Mit diesem Wechsel kündigt sich ein epochaler Einschnitt an: Er führt von einem doktrinalen und instruktionstheoretischen Verständnis zu einem theozentrisch-heilsgeschichtlichen Begriff von Offenbarung. Es ist Gott selbst, der sich in seinem dreifaltigen Wesen als Gott offenbart. Gott offenbart nicht etwas, sondern sich selbst. „Es gibt kein Heilsgeschehen außerhalb der Offenbarung".[11] Das ganze Heilsgeschehen wird dem Begriff der Offenbarung unterstellt. Das Zweite Vaticanum gibt somit unter dem theologischen Hauptbegriff vom Wort Gottes als Selbstoffenbarung einer radikalen Theozentrik Ausdruck.

(2) Ebenso ergibt sich ein Perspektivenwechsel im Verständnis von Kirche. In der Ekklesiologie betont das Zweite Vatikanische Konzil gegenüber einer bisher einseitig betonten hierarchischen Verfassung der Kirche ihre Sakramentalität wie ihren Communio-Charakter. Neben den Gedanken von der Kirche als Zeichen und Werkzeug im Heilsgeschehen tritt die Idee von der in Christus gestifteten Gemeinschaft durch Teilhabe (Koinonia-Gedanke). Beides führt zu einer Unterscheidung, nicht aber zu einer Trennung von Christus und Kirche. Das „Bleiben der Kirche als ganzer in der Wahrheit ist Teil ihrer Sakramentalität".[12]

---

[9] H.J. Pottmeyer, Bleiben in der Wahrheit. Verbindlichkeit des Glaubenszeugnisses der Kirche aus katholischer Sicht, in: Verbindliches Zeugnis II. Schriftauslegung – Lehramt – Rezeption. Hg. von W. Pannenberg u. Th. Schneider Freiburg i.Br.-Göttingen 1995 (DiKi 9), 135-156, hier 43.

[10] Ebd.

[11] M. Seckler, Der Begriff der Offenbarung: Handbuch der Fundamentaltheologie. Hg. von W. Kern u.a. Bd. 2: Traktat Offenbarung, Freiburg i.Br. 1985, 60-83, hier 66.

[12] H.J. Pottmeyer, Bleiben in der Wahrheit (Anm. 9), 144.

Die in Christus begründete sichtbare Gemeinschaft der Kirche führt zur Einsicht in die Teilhabe aller ihrer Glieder an der sakramentalen Zeichenhaftigkeit im Heilswerk Jesu Christi. Das Glaubenszeugnis aller ihrer Glieder ist mitkonstitutiv für das Bleiben der Kirche in der Wahrheit. Hier macht die Kirchenkonstitution „Lumen gentium" den Grundgedanken vom Volk-Gottes-Sein der Kirche geltend.
Nimmt man diese theologischen Transformationsprozesse zusammenfassend in den Blick, so ergibt sich insgesamt: Eine Communio-Ekklesiologie, wie sie das Zweite Vatikanische Konzil auf den Weg gebracht hat, führt neben einem erneuerten Offenbarungsverständnis zu einer neuen Sicht im Verhältnis von Offenbarung, Überlieferung, Schrift und Kirche. So kann hier als Grundthese formuliert werden: Offenbarung ist Selbstmitteilung Gottes des Vaters in Person und Werk des Sohnes in der Selbst-Übereignung durch den Heiligen Geist. In diesem Sinne ist Offenbarung die Selbstüberlieferung des Wortes Gottes zum Heil der Menschen. Diese geschieht zunächst in Gestalt des Erstzeugnisses der Apostel und der apostolischen Kirche, das in der Heiligen Schrift seinen Niederschlag gefunden hat. Sie geschieht sodann in der Überlieferung und in der Auslegung des apostolischen Zeugnisses durch die nachapostolische Kirche. In der Aneignung der Überlieferung und ihrer Weitergabe bezeugt die Kirche ihren Glauben an die Offenbarung Gottes. So vergegenwärtigt sie ihre Communio mit dem dreifaltigen Gott in der Gemeinschaft der Glaubenden untereinander und erweist sich so als Zeichen und Werkzeug des Wortes Gottes. Als sakramentale Communio bezeugt die Kirche das Wirken und die Präsenz des Wortes Gottes.[13] Diese Communio ist Begegnung mit einer Person, Communio mit Gott ist personale Begegnung.
Im Folgenden soll die hier dargelegte Grundthese in einzelnen Schritten kurz erläutert und kommentiert werden. Dabei ist besonders auf den inneren Funktionszusammenhang und auf das Zusammenwirken der einzelnen Teilthesen zu achten. Die nachfolgende Skizze versteht sich als Synthese der vom Zwei-

---

[13] Ebd., 146ff.

ten Vatikanischen Konzil intendierten theologischen Erneuerungen der kirchlichen Lehre.

## 4. Das Wort Gottes ist als Heilige Schrift in der Überlieferung das Fundament der Kirche

In der Sicht des Zweiten Vatikanischen Konzils ist das in Christus geeinte Volk Gottes Ort der Offenbarung und der Heilswirklichkeit. Durch seine Offenbarung wollte Gott sich selbst und seinen Heilsratschluss dem Menschen zum Heile offenbaren: „Gott hat in seiner Güte und Weisheit beschlossen, sich selbst zu offenbaren und das Geheimnis seines Willens kundzutun ...: dass die Menschen durch Christus, das fleischgewordene Wort, im Heiligen Geist Zugang zum Vater haben und teilhaftig werden der göttlichen Natur" (DV 2). Es ist daher Aufgabe der ganzen Kirche, Trägerin und Verkündigerin der Offenbarungsbotschaft in der Geschichte zu sein. Die Weitergabe der göttlichen Offenbarung ist der ganzen Kirche zur Aufgabe gemacht (DV 7). Prinzip aller theologischen Erkenntnis ist das Wort Gottes, wie es sich in der Geschichte selbst auslegt. Höchste Richtschnur des kirchlichen Glaubens ist die Heilige Schrift, an der sich jede christliche Verkündigung orientieren muss (DV 21). Zusammen mit der Überlieferung bildet die Heilige Schrift das bleibende Fundament, auf dem Kirche und Theologie ruhen.

Die Übermittlung des Wortes Gottes geschieht durch die Heilige Schrift und die Tradition. Beide sind „mit gleicher Liebe und Achtung" (DV 9) anzunehmen und zu verehren. Das Zweite Vaticanum stellt sich damit in die Kontinuität der eigenen Lehrtradition, vor allem der des Trienter Konzils. Dabei wird klar, dass mit *traditio* nicht irgendwelche Traditionen neben der Heiligen Schrift gemeint sind, auch nicht eine zweite Quelle der Offenbarung, sondern der Vorgang der Selbst-Überlieferung des Wortes Gottes. Das Zweite Vaticanum lehnt die Rede von Schrift und Tradition als den zwei Quellen der Offenbarung ab und betont: „Die Heilige Überlieferung und die Heilige Schrift sind eng miteinander verbunden und haben aneinander Anteil. Demselben göttlichen Quell entspringend ... [bilden sie] ... den einen der Kirche überlassenen heiligen Schatz des Wortes Gottes" (DV 9 und 10). Zwar wird keine präzise Verhältnisbestimmung der beiden Größen gegeben, doch wird ihre je spezifische Eigenart jeweils betont. Von der Schrift wird eine klassische Wesensdefinition gegeben: Die Heilige Schrift ist Gottes Rede; die Überlieferung dagegen gibt das Wort Gottes, d.h. gibt das Wort Gottes weiter, die Tradition wird also funktional beschrieben.[14] So kommt der Vorrang der Schrift deutlich zum Vorschein. Die Weitergabe der göttlichen Offenbarung bezieht sich also ganz auf die Heilige Schrift. Somit ist die Tradition klar an die Heilige Schrift gebunden. Freilich betont „Dei Verbum" aber auch, „dass die Kirche ihre Gewissheit über alles Geoffenbarte nicht aus der Heiligen Schrift allein schöpft" (DV 9). Die Tradition fügt der Heiligen Schrift keine weiteren Inhalte zu, es ist aber ihre Funktion, die Botschaft der Schrift hörbar werden zu lassen. Die Funktion der Tradition wird auf der Ebene der Vergewisserung gesehen. Damit stellt die Funktionalität der Tradition die materiale Suffizienz der Schrift nicht in Frage.[15] Die katholische Position lässt sich also folgendermaßen umschreiben: Das maßgebende Wort Gottes ist allein im Zeugnis der Heiligen Schrift gegeben, der Tradition kommt hierbei die Funktion des Vollzuges der Weitergabe des Evangeliums zu.[16] Freilich, eine traditionskritische Funktion der Heiligen Schrift lässt das Zweite Vaticanum nicht erkennen.[17]

---

[14] J. Ratzinger, Kommentar zu Dei Verbum, in: LThK Erg.Bd. 2, 525.

[15] Ebd., 526.

[16] Vgl. Ökumenischer Arbeitskreis evangelischer und katholischer Theologen, Schriftverständnis und Schriftgebrauch. Abschließender Bericht, in: Verbindliches Zeugnis III. Schriftverständnis und Schriftgebrauch. Hg. von Th. Schneider u. W. Pannenberg, Freiburg i. Br.-Göttingen 1998 (DiKi 10), 288-389, hier 370.

[17] Vgl. A. Buckenmaier, „Schrift und Tradition" (Anm. 8), 508.

## 5. Die Verantwortung des ganzen Volkes Gottes geschieht im Zeugnis für das Wort Gottes

Das gemeinsame Volk-Gottes-Sein geht allen Unterscheidungen der Ämter, Dienste und Charismen voran.[18] Die katholische Ekklesiologie unterscheidet nach der Lehre des Zweiten Vatikanischen Konzils daher nicht mehr zwischen aktiven und passiven Gliedern der Kirche; wohl aber bekennt sie sich zu dem Gedanken eines nach Diensten gegliederten Volkes Gottes.[19] Das gemeinsame Priestertum der Gläubigen unterscheidet sich demnach nicht nur dem Grade, sondern dem Wesen nach vom hierarchischen Priestertum. Beide sind aufeinander bezogen; beide haben je auf ihre Weise teil am Priestertum Christi (LG 10). In der gleichen Weise gilt auch: Das ganze Volk Gottes nimmt auch teil am prophetischen Amt Christi. Das aber heißt: Das ganze Volk Gottes ist zum Zeugnis und Dienst des Wortes Gottes berufen. Deshalb gilt: Die Gesamtheit der Gläubigen kann im Glauben nicht irren (LG 12).

Kann die Gesamtheit der Gläubigen im Glauben nicht irren, wird damit auch die Unfehlbarkeit der ganzen Kirche ausgesagt. Dies geschieht insofern, als die Gesamtheit der Gläubigen den ihr von Christus eingestifteten Glaubenssinn dann kundmacht, wenn sie ihre allgemeine Übereinstimmung in Sachen des Glaubens und der Sitten äußert. Das Zweite Vaticanum hat damit die Würde und Funktion des Volkes Gottes in der Verantwortung für das Wort Gottes neu herausgestellt. Das verbindliche Lehren der Kirche ist in die Gesamtverantwortung des Volkes Gottes eingebettet. Erst von dorther kann die spezifische Aufgabe und Funktion des kirchlichen Lehramtes dargelegt werden.

---

[18] Die folgenden Ausführungen nehmen zwar Bezug auf den Begriff des Volkes Gottes, wollen aber nicht im Sinne einer eigenständigen Volk-Gottes-Ekklesiologie verstanden werden, sondern fügen sich in den Rahmen einer vom II. Vatikanischen Konzil intendierten Communio-Ekklesiologie ein.

[19] Vgl. W. Kasper, Kirche als Communio. Überlegungen zur ekklesiologischen Leitidee des II. Vatikanischen Konzils, in: ders., Theologie und Kirche, Mainz 1987, 272-289, hier 285.

Aus der vom Zweiten Vaticanum erneuerten Lehre vom gemeinsamen Priestertum aller Gläubigen folgt weiter die Einsicht in die aktive Teilnahme und Mitverantwortung des ganzen Gottesvolkes am Leben der Kirche. Diese schließt ihren Anteil am kirchlichen Lehramt mit ein. So ist das durch Papst und Bischöfe ausgeübte Lehramt auch auf die Lehrmeinungen der Theologen angewiesen. Zum Verfahren der Definition einer Glaubenslehre gehört die Übung, eine vorherige Befragung des ganzen Volkes Gottes durchzuführen. Dieses ist auch auf die nachfolgende Rezeption der neu definierten Glaubenslehre angewiesen, die sie von Seiten der Glaubensgemeinschaft erfährt. In diesem Sinne kann man von einem auf den Dialog innerhalb des ganzen Volkes Gottes angewiesen Lehramt in der Kirche sprechen.[20]

## 6. Das Wort Gottes wird bezeugt in Verkündigung und Lehre

Die Verkündigung des Evangeliums zählt zu den hauptsächlichsten Ämtern der Bischöfe. Sie sind authentische, von Christus beauftragte Lehrer (LG 25). Das Zweite Vatikanische Konzil hat den Dienst an der Verkündigung des Evangeliums zum Dreh- und Angelpunkt für die erneuerte kirchliche Auffassung vom Lehramt der Bischöfe gemacht. Es ist daher die Aufgabe dieses von den Bischöfen ausgeübten Lehramtes, das geschriebene oder überlieferte Wort Gottes verbindlich zu erklären. Das Lehramt steht dabei nicht über dem Wort Gottes, sondern dient ihm. Es lehrt nur, was überliefert ist, weil es das Wort Gottes hört, bewahrt und treu auslegt (DV 10). So ergeben sich folgende Aufgaben des Lehramtes:[21] (a) Das kirchliche Lehramt ist verantwortlich für die Wahrung, Bezeugung und richtige Auslegung der durch die Schrift gegebenen und durch die Tradition weitergegebenen Inhalt des christlichen Glaubens

[20] Vgl. A. Dulles, Lehramt und Unfehlbarkeit, in: Handbuch der Fundamentaltheologie. Bd. 4. Traktat Theologische Erkenntnislehre. Hg. von W. Kern u.a., Freiburg-Basel-Wien 1988, 169-185.

[21] Vgl. dazu W. Beinert, Theologische Erkenntnislehre (Anm. 6), 146f.

innerhalb der Gemeinschaft der Kirche. (b) Dem Lehramt ist die Autorität gegeben, letztverbindlich und definitiv zu entscheiden, was Inhalt des Glaubens ist. (c) Letzter Bezugspunkt des Lehramtes ist immer das Wort Gottes, dem es untergeordnet ist. (d) Das Lehramt ist ein Dienst in der Kirche und an der Kirche. Es „soll das der ganzen Kirche anvertraute Evangelium vermitteln, den Glauben der Gesamtkirche repräsentativ artikulieren und vor Verfälschung bewahren".[22] Daraus folgt wiederum: Heilige Schrift, Überlieferung und Lehramt sind eng miteinander verknüpft und bestehen nur zusammen (DV 10). Sie bilden einen Funktionszusammenhang im gemeinsamen Zeugnis, der nicht auseinander gerissen werden darf.

## 7. Der Glaube fragt in Gestalt der Theologie nach der Wahrheit des Wortes Gottes

Innerhalb der Heilsökonomie kommt der Theologie eine vom Lehramt unterschiedene, keineswegs aber von ihm getrennte Stellung und Aufgabe zu. Um zur Erkenntnis der Wahrheit zu gelangen, die Gott den Menschen geoffenbart hat, ist die Theologie zu allen Zeiten wichtig, um zu einem tieferen „Verständnis der überlieferten Dinge und Worte" (DV 8) beizutragen. Sowohl das Lehramt wie die Theologie haben je auf ihre Weise teil an der Wahrheit, die Gott selbst ist. Das Primärobjekt der Theologie ist die Wahrheit, nämlich der lebendige Gott und sein in Jesus Christus geoffenbarter Heilsplan. In dieser Sicht kann dargelegt werden, dass Theologie und Lehramt in Gemeinschaft auf das Wort Gottes bezogen sind. Man kann dies auch so formulieren: Lehramt und Theologie unterscheiden sich nicht dem Grade, sondern dem Wesen nach. Beide bleiben aber wesentlich aufeinander bezogen. Die Theologie ist damit keine Unterabteilung des Lehramtes, sondern dient auf eigenständige Weise der Erfassung der göttlichen Wahrheit.[23]

---

[22] Ökumenischer Arbeitskreis evangelischer und katholischer Theologen, Schriftverständnis und Schriftgebrauch (Anm. 16), 382.

[23] Vgl. zum Folgenden: Kongregation für die Glaubenslehre, Instruktion über die kirchliche Berufung des Theologen. 24. Mai 1990. Hg. vom Sekre-

Die Theologie ist in doppelter Weise auf den Glauben als ihrem Ursprung bezogen. Seiner Natur nach strebt nämlich der Glaube nach Erkenntnis der Wahrheit. Dabei ist der Glaube auf die Vernunft angewiesen, jenes Instrument, das der Erfassung der Wahrheit dient. Der Glaubende will das, was er glaubt, verstehen. Der Glaube selbst will verstehen. Die theologische Wissenschaft dient dem Volk Gottes, der ganzen Kirche, diesem Verständnis des Glaubens auf die Spur zu kommen, dem, der nach Hoffnung fragt, Rede und Antwort zu stehen (1 Petr 3,15). Die Theologie folgt dabei der Dynamik des Glaubens selbst: als Verstehenwollen des Grundes des Glaubens, des Ergründens selbst (*fides quae*) und als Verstehen des Glaubens als genuiner Akt des Menschen, unmittelbar auf Gott selbst bezogen (*fides qua*). Die Theologie hat ihre Wurzeln folglich in dieser dem Volk Gottes eigenen Dynamik des Glaubens als Wortgeschehen. Sie entspricht damit dem Antrieb der Wahrheit selbst, sich den Menschen mitzuteilen. Die Theologie ist damit keine Setzung des Lehramtes, sondern gehört konstitutiv und integrativ zum Leben der Kirche und ihrer Verfassung.[24] Die Theologie wird in den Glauben der Kirche eingewiesen, sie bleibt an ihn gebunden. Die Theologie ist Glaubenswissenschaft. Hierin liegt der Eigenwert der Theologie und ihre Eigenständigkeit.[25]
Mit dieser Eigenständigkeit ist auch die Freiheit der theologischen Forschung verbunden. „Der Ort der theologischen Freiheit liegt im rationalen Diskurs innerhalb des Offenbarungsglaubens."[26] Die Freiheit der Forschung ist eines der kostbarsten Güter, an denen die Gemeinschaft der Wissenschaftler festhält. Diese Freiheit bezieht sich auf die Auswahl der Methoden, die Unabhängigkeit des Urteils, die Sachbezogenheit, die

---

tariat der Deutschen Bischofskonferenz, Bonn 1990 (VApS 98), Nr. 6-12.

[24] M. Seckler, Der Dialog zwischen dem Lehramt und den Theologen. Zur „Instruktion über die kirchliche Berufung des Theologen", in: Streitgespräch um Theologie und Lehramt. Die Instruktion über die kirchliche Berufung des Theologen in der Diskussion. Hg. von P. Hünermann u. D. Mieth, Frankfurt a. M. 1991, 235.

[25] Vgl. dazu M. Seckler, Theologie als Glaubenswissenschaft (Anm. 20), 179-241.

[26] Ebd., 235.

Kraft zur systematischen Darstellung der Glaubenswahrheit, die Fähigkeit zum wissenschaftlichen Dialog, die Bereitschaft zur Korrektur. Die der Theologie eigene Freiheit gilt innerhalb der Grenzen als Glaubenswissenschaft. Die Theologie ist als Glaubenswissenschaft Wissenschaft und bedient sich wissenschaftlicher Methodik. Die Freiheit bezieht sich nicht auf das Objekt selbst. Die Wahrheit bietet sich selbst dar; es ist die Aufgabe der Theologie, dieser Selbstüberlieferung der Wahrheit zu folgen und ihren Sinn innerhalb der Gemeinschaft der Kirche zur Sprache zu verhelfen, so dass die Welt glaube.

## 8. Das Wort Gottes muss gemeinsam bezeugt werden – Zur Interaktion der Bezeugungsinstanzen

Die Darlegungen haben insgesamt das Bild eines differenzierten Umgangs mit dem Begriff „Lehramt" unter dem Wort Gottes ergeben. Unter „Verbindlicher Lehre" ist die interpretierende Weitergabe des Wortes Gottes zu verstehen, welche Inhalte des Evangeliums in Form der Lehre zusammenfasst mit dem Ziel einer Rezeption durch die kirchliche Gemeinschaft. Verbindliches kirchliches Lehren ist eingebunden in den Überlieferungsvorgang des einen Wortes Gottes. „Verbindliche kirchliche Lehre ist also immer der Versuch, das Wort Gottes in der Heiligen Schrift in einer bestimmten Zeit der Kirche authentisch zu Gehör zu bringen, auszulegen und vor Verfälschung zu bewahren."[27]

Die neuere katholische Theologie spricht von der Interaktion der Bezeugungsinstanzen.[28] Die Bezeugungsinstanzen des Glaubens dürfen nicht isoliert voneinander gesehen werden. Sie sind Instanzen der einen Kirche, deren Aufgabe es ist, das Wort Gottes authentisch zu verkünden und getreu auszulegen. Drei wichtige Aspekte lassen sich hier unterscheiden: 1. Wesentlich zur Kirche gehört, die Wahrheit Gottes, Gottes Wort in

---

[27] Ökumenischer Arbeitskreis evangelischer und katholischer Theologen, Schriftverständnis und Schriftgebrauch. (Anm. 16), 386; vgl. insbesondere 385f.

[28] Vgl. W. Beinert, Theologische Erkenntnislehre (Anm. 6), 182-187.

Jesus Christus zu empfangen, zu bezeugen, zu vermitteln. Die Kirche ist im Heilswerk Jesu Christi Zeichen und Instrument für die Gemeinschaft mit Gott. 2. Die Rede von der Sakramentalität der Kirche will die Unterschiedenheit von Christus und der Kirche, aber auch ihre wesenhafte und grundlegende, substanzielle Übereinstimmung zum Ausdruck bringen. 3. Das Bezeugen der Wahrheit in der Kirche als ganzer ist Aufgabe verschiedener Erkenntnis- und Bezeugungsinstanzen. Die katholische Theologie formuliert die Interaktion verschiedener Bezeugungsinstanzen mit unterschiedlichen Aufgaben. Keine einzige Instanz besitzt ein Monopol gegenüber der anderen. Freilich darf an dieser Stelle die für die katholische Kirche insgesamt geltende Problematik nicht übersehen werden. Die Kirche steht als Ganze im Dienst an der Bezeugung der Wahrheit. „Sie ist folglich Adressat der Offenbarung und gleichzeitig Trägerin ihrer universalen Vermittlung."[29] In dieser Aufgabe wirken die verschiedenen Bezeugungsinstanzen zusammen.

## 9. Das ursprüngliche und ewige Wort Gottes bleibt in seiner Selbigkeit gegenwärtig

Offenbarung ist die in Christus ihren Höhepunkt und ihre Vollendung findende Selbstmittelung des Wortes Gottes in der Geschichte. Offenbarung als Selbstmitteilung Gottes umfasst daher immer mehrere unterscheidbare Momente im geschichtlich verstandenen Überlieferungsgeschehen. Das Entscheidende an diesem Verständnis des Geschichtlichen ist zunächst ihr Charakter als Geschehen. Die Selbstoffenbarung Gottes ereignet sich in Jesus Christus als raum-zeitliches und sich zeitigendes Geschehen. Damit sind zwei Grundmomente angesprochen: das Geschehen als Ereignis und das Ereignis im geschichtlichen Zusammenhang. Geschichte ist somit immer beides, nämlich Ereignis und Kontinuität. Ereignis meint das

[29] Bilaterale Arbeitsgruppe der Deutschen Bischofskonferenz und der Kirchenleitung der Vereinigten Evangelisch-Lutherischen Kirche Deutschlands, Communio Sanctorum. Die Kirche als Gemeinschaft der Heiligen, Paderborn-Frankfurt a. M. 2000, Nr. 44.

Hier und Jetzt des Geschehens, gebunden an Raum und Zeit. Heil ereignet sich im einzelnen Ereignis, ist jetzt da. Aber das einzelne Ereignis kann nicht isoliert betrachtet werden, es ist kein bloßes und nacktes Faktum an sich, sondern erschließt sich reflexiv und objektiv im Gesamtzusammenhang des geschichtlichen Handelns Gottes, das die Überlieferungsgeschichte einschließt. Zwischen Ereignis und Kontinuität eingespannt erschließt sich Offenbarungsgeschehen selbst als Heilsgeschichte. Blickt man von diesem hermeneutischen Gefüge her auf den Vorgang des geschichtlichen Verstehens, so ergeben sich weitere, entscheidende Aspekte im Verständnis der Geschichtlichkeit des Glaubenszeugnisses. (1) Der christliche Glaube ist zurückgebunden an das Einmalige eines vergangenen Ereignisses, an Leben, Tod und Auferstehung Jesu Christi. Das *„et incarnatus est"* ist wörtlich zu nehmen: Der Sohn Gottes ist Mensch geworden, hat Fleisch angenommen in Raum und Zeit. Die Geschichte der Menschwerdung ist ein *factum historicum*, unverwechselbar, uneinholbar und unaustauschbar einmalig. Aber Christus ist nicht eine bloße Gestalt der Vergangenheit, er ist nicht nur der Jesus der Evangelien allein, sondern wirksame Macht der Gegenwart, deshalb Jesus der Christus. Das Ursprungsgeschehen eröffnet sich in den Prozess der Überlieferung hinein. (2) Als der Auferstandene ist Christus der Lebendige, der Gegenwärtige, aber er ist es nicht mehr in der Weise des Einmal-Da-Gewesenen, sondern er ist präsent als der Präsente im Wege der Repräsentation. Der Einmalige und Ursprüngliche ist sakramental und symbolisch gegenwärtig im Wort unter den Zeichen von Brot und Wein in der Feier des Herrenmahles. Seine Selbst-Explikation erfolgt in der Explikation des in der Heiligen Schrift bezeugten Geschehens. Schließlich erweist sich der geschichtlich Bezeugte als (3) der in der Geschichte selbe und einzige Christus. Der historische Jesus ist der wirkliche Jesus im eigentlichen Sinn des Wortes: Jesus ist der Christus, der Logos. Der Ursprüngliche ist derselbe in Geschichte und Gegenwart. Der Rückgriff des Glaubens auf die Geschichte des Zeugnisses greift nicht auf das Historische allein, sondern auf das Historische in lebendiger Vergegenwärtigung zurück. Die in der Geschichte erfolgte Vermittlung des Glaubens greift nicht willkürlich auf das historische Faktum zurück, sondern ergreift im historischen Faktum den lebendigen und gegenwärtigen Christus, ihn selbst und niemanden sonst.

## 10. Das geschichtliche Verstehen des Wortes fordert eine Hermeneutik der Reform!

Sprechen wir in diesem Sinn von geschichtlichem Verstehen, so eröffnet eine so verstandene hermeneutische Reflexion die Einsicht in das geschichtlich bezeugte Heilsgeschehen und seiner Aneignung als Eigenart der Überlieferungsgeschichte. Damit wird klar: In der Geschichte des christlichen Glaubens geht es darum, dass das ursprüngliche Wort in seiner Selbigkeit präsent bleiben muss. (1) Die Identität des ursprünglichen Wortes zu wahren, geht geschichtlich nur auf die Weise des Gegenwärtigwerdens und -seins. „Das Entscheidende ist vielmehr, dass der Glaubende durch das Wort der Botschaft hindurch mit der Wirklichkeit Gottes in Beziehung gesetzt wird, also die Begegnung mit Gott, nicht eine Summe von Erkenntnissen. Wenn es aber so ist, kann Offenbarung nicht einfach mit einer Anzahl von Sätzen identifiziert werden; die Worte haben vielmehr nur vermittelnden Charakter auf den Vollzug der Begegnung hin, aus der sie selbst hervorgekommen sind und in die sie wieder hineinführen wollen."[30] Die Identität des ursprünglichen Wortes zeigt sich in der Gestalt des Gegenwärtigen. Der Grund des Glaubens wird in seinem gegenwärtigen Gestaltwerden offenbar. Die Identität des Ursprünglichen ist daher nicht das Immergleiche in immergleicher Gestalt, sondern das Selbe in der Gestalt seines Gegenwärtigseins. (2) Das schließt allerdings, wie es das Ökumenismusdekret treffend zusammengefasst hat, die „Erneuerung und Reform der Kirche" (UR 6) immer ein. Die Erneuerung dient dabei dem Versuch, dem ursprünglichen Wort immer neu Geltung zu verschaffen.[31]

---

[30] J. Ratzinger, Das Problem der Dogmengeschichte in der Sicht der katholischen Theologie Köln-Opladen 1966 (Arbeitsgemeinschaft für Forschung des Landes Nordrhein-Westfalen 139), 39.
[31] Ebd., 45.

Hermeneutisch betrachtet führen diese Einsichten zur Erkenntnis: Der These von der Geschichtlichkeit des Glaubenszeugnisses wird nur eine „Hermeneutik der Reform"[32] gerecht. Sie hat das Zusammenspiel von Diskontinuität und Kontinuität zu leisten. Weder eine Hermeneutik der Diskontinuität, noch eine der Kontinuität allein wird dem Anliegen des Glaubens nachkommen können, das Ursprüngliche in seiner Selbigkeit gegenwärtig sein zu lassen. Eine Hermeneutik der Reform hat das Anliegen der Erneuerung in der Spannung von Kontinuität und Diskontinuität zu verfolgen. Eine Hermeneutik der Reform sieht im Prozess der geschichtlichen Erneuerung die Notwendigkeit, um der Kontinuität des Erbes der Kirche willen bisweilen Brüche und Diskontinuitäten in der kirchlichen Überlieferungsgeschichte in Kauf nehmen zu müssen.

---

[32] Benedikt XVI., Ansprache an das Kardinalskollegium und die Mitglieder der Römischen Kurie beim Weihnachtsempfang. 22. Dezember 2005. Hg. vom Sekretariat der Deutschen Bischofskonferenz, Bonn 2011 (VApS 172), 11, 12, 16.

# Sola Scriptura – Kirchenreform aus der Treue zum Evangelium

*Hans-Peter Großhans*

## 1. Sola Scriptura

### *1.1. Das Ausgangsinteresse*

Das zentrale Interesse evangelischen Christseins gilt sehr viel mehr dem „Wort Gottes" als der Heiligen Schrift. Gleichwohl ist aus verschiedenen bekannten Gründen die Heilige Schrift von den reformatorischen Theologen besonders stark betont worden. In der Folge kam es zur Ausbildung des sogenannten Schriftprinzips. In seiner „Assertio omnium articulorum Martini Lutheri per bullam Leonis X. novissimam dammatorum / Wahrheitsbekräftigung aller Artikel Martin Luthers, die von der jüngsten Bulle Leos X. verdammt worden sind" von 1520 formuliert Luther als Zusammenfassung verschiedener Überlegungen zum Prinzip in Theologie und Kirche: „Also sollen die ersten Prinzipien der Christen nichts als die göttlichen Worte sein, aller Menschen Worte aber daraus gezogene Schlussfolgerungen, die auch wieder darauf zurückgeführt und daran erwiesen werden müssen".[1]

Die göttlichen Worte freilich finden sich in der Heiligen Schrift. In seiner Entgegnung auf die ihn verdammende päpstliche Bulle insistiert Luther auf einem Lesen und Studieren der Bibel, wie es die alte Kirche praktizierte, die weder Augustinus noch

---

[1] M. Luther, Assertio omnium articulorum Martini Lutheri per bullam Leonis X. novissimam damnatorum / Wahrheitsbekräftigung aller Artikel Martin Luthers, die von der jüngsten Bulle Leos X. verdammt worden sind, in: Martin Luther. Lateinisch-Deutsche Studienausgabe (LDStA), unter Mitarbeit von M. Beyer hg. und eingeleitet von W. Härle. Bd. 1, Leipzig 2006, 71-217, hier 80f.: „Sint ergo Christianorum prima principia, non nisi verba divina, omnium autem hominum verba, conclusiones hinc eductae et rursus illuc reducendae et probandae".

Thomas gelesen habe – wie Luther formuliert. Und Luther fragt: „Warum beziehen sich Augustinus und die Heiligen Väter, so oft sie entweder streiten oder lehren, auf die Heiligen Schriften als die ersten Prinzipien der Wahrheit zurück und erhellen und bekräftigen ihr eigenes Dunkles oder Schwaches durch deren Licht und Kraft? Mit diesem Beispiel lehren sie ja, dass die göttlichen Worte klarer und gewisser sind als die aller Menschen, auch ihre eigenen Worte, so dass die [Schriften] nicht durch die Worte der Menschen, sondern die Worte der Menschen durch diese belehrt, erwiesen, erschlossen und bekräftigt werden müssen. [...] Was also ist unsere so gottlose Verkehrtheit, dass wir die Heiligen Schriften nicht durch sich selbst und ihren eigenen Geist, sondern durch die Glossen der Menschen lernen wollen, im Unterschied zum Beispiel aller Väter".[2]

Luthers Hervorhebung der Heiligen Schrift war keine Kritik daran, dass in den Jahrhunderten zuvor die Heilige Schrift nicht in Gebrauch gewesen und ausgelegt worden wäre. Durch seine exegetischen Vorlesungen hatte sich Luther besonders intensiv mit den biblischen Texten auseinandergesetzt. Dies teilt er mit einer Reihe von Theologen in den Jahrhunderten zuvor und auch mit der kirchlichen Würdigung der Heiligen Schrift. Das Besondere an Luther ist, dass er die Heilige Schrift nicht von ihrer kirchlichen Rezeptionsgeschichte her lesen und auslegen wollte und so die Heilige Schrift in Konflikt mit einer kirchlichen Lehrbildung und Praxis brachte, die sich gerade auf diese Rezeptionsgeschichte stützte. Luthers Lehrbildung war dagegen eher „konsequente Exegese"[3] – um einen Ausdruck Eberhard Jüngels zu verwenden.

---

[2] Ebd., 81ff. Alle folgenden Textstellen aus Luthers Werken werden z.T. mit eigener Übersetzung zitiert nach: D. Martin Luthers Werke. Kritische Gesamtausgabe (WA), Weimar 1883ff.

[3] Damit beschrieb er nicht nur die Theologie Karl Barths, sondern auch Rudolf Bultmanns; vgl. E. Jüngel, Einführung in Leben und Werk Karl Barths, in: ders., Barth-Studien, Gütersloh 1982 (ÖTh 9), 22-60, hier 46); ders., Glauben und Verstehen. Zum Theologiebegriff Rudolf Bultmanns, in: ders., Wertlose Wahrheit. Zur Identität und Relevanz des christlichen Glaubens, Theologische Erörterungen III (BeEvTh 107), München 1990, 16-77, hier 22.

Das Lesen und Auslegen der Heiligen Schrift nicht im Anschluss an die bisherige kirchliche Rezeptionsgeschichte, sondern gegen sie, verdankt sich ganz konkreten Problemen und Konfliktpunkten. Es ist zuerst einmal kein Prinzip, sondern eine Methode, mit strittigen Themen in Lehre und Praxis der Kirche umzugehen. Ich möchte dies am bekanntesten Beispiel verdeutlichen: In der Bulle *„Exsurge Domine"* wird Luthers Auffassung als Irrtum verworfen, „der römische Bischof, der Nachfolger Petri, ist nicht der von Christus selbst im seligen Petrus eingesetzte Statthalter Christi über alle Kirchen der ganzen Welt".[4] Wie soll über den kirchenleitenden Anspruch des Bischofs von Rom und die Begründung dieses Anspruchs entschieden werden? Ein Führungsanspruch des Bischofs von Rom in der Weltchristenheit kann rein historisch begründet werden: das hat sich geschichtlich so entwickelt – zumindest im Bereich des früheren weströmischen Reiches. Doch die Verwerfung von Luthers Lehre macht deutlich, dass eine solche Begründung nicht gesucht wird, sondern eine theologische: eine Rückführung des universalen Leitungsanspruchs des Bischofs von Rom auf eine Einsetzung durch Christus. Dies lässt sich nun nach Luthers Einsicht in einem *„direct reading"* der Heiligen Schrift nicht zeigen, vielmehr wird im Lichte historischer Entwicklungen eine Legitimierung in einer entsprechenden Auslegung biblischer Texte gesucht.

Zudem muss hinzugefügt werden, dass der universale Führungsanspruch auch historisch nur unter Ausblendung all der Kirchen – der altorientalischen Kirchen – möglich war, die sich außerhalb des römischen Reiches gebildet hatten.

Luthers Rückkehr zu einer direkten Einkehr in die Heiligen Schriften hat zuerst einmal eine purifizierende Wirkung. Die Heiligen Schriften können nicht für alles Mögliche, was sich in Lehre und Praxis der Kirche über die Jahrhunderte gebildet und etabliert hatte, als Begründung verwendet werden. Wie überhaupt durch die reformatorische Einkehr in die Heiligen Schrif-

---

[4] H. Denzinger, Enchiridion symbolorum definitionum et declarationum de rebus fidei et morum / Kompendium der Glaubensbekenntnisse und kirchlichen Lehrentscheidungen (DH), hg. von P. Hünermann, Freiburg [43]2010, 1475.

ten die Einsicht begründet wird, dass die Kirche durch ein „Zuviel" (gewissermaßen ein Zuviel des „Guten") vom Evangelium abgewichen ist.
Wenn freilich die biblische Begründung fehlt, so stellt sich die Frage, warum eine entsprechende Lehre oder Praxis der Kirche noch aufrechterhalten werden sollte; bzw. ob eine Alternative vorstellbar ist, die der Heiligen Schrift besser gerecht wird; bzw. ob nicht vielleicht einfach die im gegenwärtigen Kontext pragmatisch beste Lösung für das entsprechende Problem gesucht werden sollte, die dann jedoch auch mit den Prinzipien des Wortes Gottes vereinbar sein muss. Es gibt genügend Probleme, die sich in der Kirche stellen, für die sich keine Lösungen in der Heiligen Schrift finden. Dann sind Lösungen zu finden, in denen vom Wort Gottes her gedacht wird. Allerdings sind dies dann trotzdem nur schlicht und einfach menschliche Lösungen in Lehre und Praxis der Kirche, die dann auch ihre Zeit und ihren begrenzten Kontext haben mögen.
Das ist also der erste Punkt, den ich hervorheben möchte: das *„sola scriptura"* ist ein Verfahren der Kirche für konkrete Fragen und Probleme, die sich in Bezug auf Lehre und Praxis der Kirche stellen. Es wendet sich – deshalb die Exklusivpartikel – gegen Problemlösungen, die vor allem aus der Tradition und der Rezeptionsgeschichte der Heiligen Schrift begründet werden. Bereits Luther hat sich mit den Standardeinwänden auseinandergesetzt, die gegenüber dieser exklusiven Rolle der Heiligen Schrift zur Behandlung von Fragen und Problemen in Lehre und Praxis der Kirche erhoben wurden.

### *1.2. Standardeinwände gegen das „sola scriptura" und ihre Beantwortung*

1. Woher hat die Heilige Schrift denn ihre Autorität und wer bürgt für ihre Wahrheit – wenn nicht von der Kirche, die die biblischen Texte zu einem Kanon zusammenstellte und so die Autorität der Heiligen Schrift verbürgt? Wie kann man dann die Heilige Schrift in Gegensatz zur Tradition der Kirche bringen, wo sie doch selbst Teil der Tradition ist? Gegen diesen Einwand hat Luther die These von der Autopistie oder Selbstbeglaubi-

gung der Heiligen Schrift vertreten. Die Heilige Schrift hat für ihre Autorität keinen anderen Bürgen als sich selbst. Der 2. Timotheusbrief hat dies mit der Auffassung von der Inspiration der Texte zu stützen versucht.[5]

Nach Luthers Auffassung hat die Heilige Schrift ihre Autorität nicht durch einen solchen Selbst-Anspruch, sondern durch ihren Inhalt. Der Inhalt der Heiligen Schrift lässt sich zusammenfassen in Christus, so dass es der mit Christus verbundene Wahrheitsanspruch ist, der die Autorität der Heiligen Schrift verbürgt. Durch die mit Jesus Christus verbundenen Inhalte muss sich die Autorität der Heiligen Schrift erweisen. Nichts und niemand sonst vermag die Heilige Schrift zu autorisieren als die ihr wesentlichen Inhalte selbst. „Das Evangelium wird nicht darum geglaubt, weil die Kirche es bestätigt, sondern weil man spürt, es sei Gottes Wort".[6]

Autorität und damit Verbindlichkeit für die Glaubenden hat die Heilige Schrift nicht deshalb, weil die Kirche als eine Gemeinschaft von Menschen in den biblischen Texten die Wahrheit gefunden und sie zu einer Heiligen Schrift zusammengestellt und vereint hat. Das Verhältnis von Heiliger Schrift und Kirche ist für Luther gerade umgekehrt: nicht die Kirche verleiht der Heiligen Schrift Autorität, sondern die Heilige Schrift verleiht der Kirche Autorität. Die Kirche hat von der Heiligen Schrift ihre Autorität, weil sie der Ort und die Institution ist, in der sich die Wahrheit der Heiligen Schrift Gehör und Raum verschafft.

2. Aber gibt es nicht so viele Unklarheiten in der Heiligen Schrift, dass es ohne verbindliche Interpretationsentscheidungen der Kirche zu keiner sinnvollen Auslegung biblischer Texte kommen kann? Für Luther hat die These von der Selbstbeglaubigung der Heiligen Schrift ihre Entsprechung im Grundsatz,

---

[5] „Denn alle Schrift, von Gott eingegeben, ist nütze zur Lehre, zur Zurechtweisung, zur Besserung, zur Erziehung in der Gerechtigkeit." (2 Tim 3,16, zitiert nach: Die Bibel. Nach der Übersetzung Martin Luthers. Mit Apokryphen, revidierte Fassung von 1984. Hg. von der Evangelischen Kirche in Deutschland, Stuttgart 1999).

[6] M. Luther, De potestate leges ferendi in ecclesia. 1530: WA 30/II, 677-690, hier 687, 32f.: „Non enim ideo creditur, quia Ecclesia approbat, Sed quia verbum Dei esse sentitur" (eigene Übersetzung).

dass die Heilige Schrift sich selbst auslegt: Die Heilige Schrift ist „durch sich selbst ganz gewiss, ganz leicht verständlich, ganz offenbar, ihr eigener Interpret"[7] – schrieb er in seiner Entgegnung auf die römische Bulle.

Luther nimmt an, dass dies in den meisten Fällen möglich ist, weil die Heilige Schrift in sich selbst klar ist und überall einen einfachen Sinn hat,[8] der sich durch ihren wesentlichen Inhalt Jesus Christus ergibt.

3. Wenn die Heilige Schrift leicht verständlich ist, dann müssten doch alle Menschen von ihrer Wahrheit leicht zu überzeugen sein?

Natürlich war sich Luther bewusst, dass viele Menschen die biblischen Texte kaum, oberflächlich oder falsch verstehen und viele Menschen schon gar nicht zur Erkenntnis und Anerkennung der Wahrheit der biblischen Texte kommen. Luther unterschied deshalb zwischen der äußeren und der inneren Klarheit der Schrift. Heute würde man vielleicht eher von der objektiven und der subjektiven Klarheit, oder sprachphilosophisch von der Erkenntnis der Oberflächen- und der Tiefengrammatik sprechen.

---

[7] M. Luther, Assertio. 1520: WA 7, 91-151, hier 97, 23 „ipsa per sese certissima, facillima, apertissima, sui ipsius interpres"; eigene Übersetzung. Diese Auffassung folgt schon daraus, dass nach Luther jedes Buch im Geiste des Autors zu interpretieren ist. „Also ist die Schrift ihr selbst ein eigen Licht. Das ist dann fein, wenn sich die Schrift selbst auslegt" (M. Luther, Predigt am Jakobstage. 25. Juli 1522: WA 10/III, 235-241, hier 238, 10f.) Dieser Grundsatz wird von Luther gegen alle Auffassungen zur Geltung gebracht, die einzelnen Menschen oder Amtsträgern die Autorität rechter Schriftauslegung zusprechen, sei es aufgrund des Amtscharismas oder einer extraordinären Geistbegabung. Nun betont auch Luther die Bedeutung des Heiligen Geistes für die Schriftauslegung. Doch der Geist, in dem Menschen die Heilige Schrift auszulegen vermögen, hat keinen anderen Ursprung als die Schrift selber. Darin liegt auch der Grund, warum Luther gegenüber einer allegorischen, bildlichen Auslegung der biblischen Texte misstrauisch war und stattdessen betont, dass die biblischen Texte nach dem Wortsinn auszulegen seien.

[8] Vgl. M. Luther, Ad librum eximii Magistri Nostri Magistri Ambrosii Catharini, defensoris Silvestri Prieratis acerrimi, responsio. 1521: WA 7, 698-778, hier 711, 5f.

Von der äußeren Klarheit der Heiligen Schrift, die klar ist, so wie sie da liegt (insbesondere für den, der sie in den Originalsprachen lesen kann), ist die Klarheit „inwendig im Herzen" zu unterscheiden, die darin besteht, dass ein Mensch den Anspruch und den Zuspruch Gottes in diesen Texten hört, versteht und anerkennt.
Luther hat der Heiligen Schrift die zentrale Stellung für die Erkenntnis Gottes, aber auch für das Leben, die Lehre und Praxis der Kirche eingeräumt – er hat dafür theoretisch argumentiert und er hat dies in der Ausarbeitung seiner Lehren anhand der biblischen Texte praktiziert.
Luthers Theologie beruht auf dem radikalen und unbedingten Ernstnehmen der biblischen Aussagen, sofern sie Christus und das in ihm gegründete Evangelium zum Inhalt haben. Solche Aussagen der Heiligen Schrift gelten unbedingt und haben den Vorrang vor der empirischen Erfahrung der Menschen, vor ihren intellektuell oder philosophisch gewonnenen Überzeugungen und vor ihren Traditionen.

### *1.3. Das evangelische Schriftprinzip*

Zum Verständnis des *„sola scriptura"* muss ich nun über Luther hinaus noch auf die weitere Entwicklung des „Schriftprinzips" in der nachreformatorischen evangelischen Theologie eingehen. Damit möchte ich nochmals – auf andere Weise – die *particula veri* des *„sola scriptura"* und das Verhältnis von Heiliger Schrift und Wort Gottes verdeutlichen.
Zum Prinzip der Theologie und insofern auch der Urteilsbildung der Kirche wurde die Heilige Schrift in der postreformatorischen altprotestantischen Orthodoxie, die im Schema des aristotelischen Wissenschaftsverständnisses Einsichten reformatorischer Theologie zur Geltung bringen wollte. Im Sinne der aristotelischen *arche*, die das Erste ist, woraus etwas erkannt wird, wird die Heilige Schrift als die Voraussetzung theologischer und kirchlicher Erkenntnis verstanden. In der Theologie, der es – final – um das geistliche Heilwerden des Menschen geht, bekommt so allein die Heilige Schrift prinzipielle und kriterielle Relevanz. Dies gilt dann auch für die Kirche, in der

aufgrund der theologischen Einsichten den Menschen beim geistlichen Heilwerden geholfen wird.
So formuliert im 17. Jahrhundert Johann Friedrich König (1619-1664) in seinem Standard-Lehrbuch der damaligen Zeit: „die Erkenntnisquelle, aus der alles in der Theologie zuerst abgeleitet wird und in die am Ende alles (wieder) zurückgeführt bzw. aufgelöst wird, ist einzig und allein das, was die Heilige Schrift lehrt“.[9]
An diesem Zitat lässt sich einiges verdeutlichen. Gerne wird lateinisch *„principium“* als „Quelle“ bzw. Ursprung verstanden. Eine Quelle ist die Heilige Schrift nun jedoch in mehrfacher Hinsicht. Zuerst einmal ist die Heilige Schrift Quelle der Erkenntnis.
Erkenntnis ist aber im Zusammenhang mit der Heiligen Schrift und dem Wort Gottes niemals nur Wissensvermehrung. Lebt der Mensch nicht vom Brot allein, sondern vielmehr und erst recht von einem jeglichen Wort, das durch den Mund Gottes geht (Dtn 8,3; Mt 4,4), dann impliziert die Erkenntnis des Wortes Gottes das, was im biblischen Sinne *Leben* heißt: nämlich Dasein aus Gott und für Gott.
Die Heilige Schrift ist also als Erkenntnisquelle zugleich *Lebensquelle*. Versteht man die christliche Kirche als die Gemeinschaft derer, die glaubend aus Gott und für Gott da sind und also – im biblischen Sinne – leben, dann ist die Heilige Schrift die Lebensquelle der Kirche.
Wer diese Erkenntnisquelle verstellen oder gar verstopfen würde, der würde die Lebensquelle der Kirche verfehlen und zum Versiegen bringen; und wer in sie gar fremde Gewässer einleiten würde, der würde diese Lebensquelle verderben.
Die Rede von der Quelle ist, wenn wir die Heilige Schrift so bezeichnen, allerdings noch etwas genauer zu präzisieren. Die ursprüngliche Bedeutung einer sprudelnden Quelle könnte zu der naiven Auffassung führen, dass die Bibel die Sätze für Lehre

---

[9] J. F. König, Theologia positiva acroamatica, Rostock 1664, § 46: „Principium cognoscendi, e quo omnia in theologia primo deducuntur, et in quod ultimo omnia resolvuntur, hoc unicum est: quicquid scriptura sacra docet“; zitiert nach: C.H. Ratschow, Lutherische Dogmatik zwischen Reformation und Aufklärung, Teil 1, Gütersloh 1964, 29; eigene Übersetzung.

und Praxis der Kirche schon enthalte. Dann hätte die Theologie nur noch die Aufgabe, diese Sätze aus der Quelle zu schöpfen, zu ordnen und ihrem dogmatischen, ethischen und kirchenpraktischen Gewicht gemäß systematisch zu bewerten.

Dass die Theologen der postreformatorischen altprotestantischen Orthodoxie sich der entsprechenden Problematik selbst bewusst waren, kann man in dem Zitat von König erkennen, wenn er davon spricht, dass die christliche Lehre, die aus der Heiligen Schrift deduziert und konkludiert wurde, auch wieder in die Heilige Schrift zurückführen solle. Die Heilige Schrift als Erkenntnisquelle steht entsprechend im Dienst der Heiligen Schrift als Lebensquelle.

Das Bild von der Quelle hat im Blick auf die Heilige Schrift nun auch noch eine weitere Dimension, die erst in den dann folgenden Jahrhunderten richtig zu Bewusstsein kam.

Die Heilige Schrift ist auch eine *Quelle* für das historische Bewusstsein. „Die Quelle im historischen Sinne" fordert – so Gerhard Ebeling – „dazu heraus, nicht einfach zu empfangen, was sie von sich aus hergibt, sondern ihr Auskünfte abzunötigen, die ihre eigene Herkunft betreffen", so dass „für den historischen Umgang mit Quellen bis zu einem gewissen Grade das Misstrauen bestimmend" ist, „dass die Quelle trügt, jedenfalls möglicherweise verschweigt, was man von ihr historisch erfahren möchte. Die Quelle wird (...) benutzt, (...) weil man Aufschluss über die historische Wirklichkeit sucht, die hinter dem [als Quelle dienenden, H.-P. G.] Text steht und der er entstammt".[10] Es gehört zum neuzeitlichen, modernen Problembewusstsein, sich der Tatsache zu stellen, dass die Bibel auch als historische Quelle existiert und behandelt wird.

Der Gebrauch der Heiligen Schrift als Erkenntnis- und Lebensquelle in Theologie und Kirche ist in der Neuzeit und Moderne nur möglich in der Auseinandersetzung mit und möglicherweise in Spannung zu der historischen Erkenntnis. Was durch die historisch-kritische Methode von der Bibel als Ursprungsquelle her heute als Wahrheit interpretiert werden kann, das

---

[10] G. Ebeling, Dogmatik des christlichen Glaubens, Bd. 1, durchgesehene und mit einem Nachwort von A. Beutel versehene Auflage, Tübingen $^{4}$2012, 39.

verdient gerade dann, wenn die Bibel auch als historische Quelle gelesen und also historisch-kritisch befragt wird, in gesteigertem Maße Vertrauen. Denn es ist dem methodisch gebotenen Misstrauen historischer Erkenntnis ausgesetzt gewesen – statt vor ihm zu fliehen – und fürchtet sich deshalb nicht, sich ihm aufs Neue auszusetzen.

Die Heilige Schrift als Prinzip der Theologie und insofern auch aller kirchlichen Lehre und Praxis ist dieser Ursprung in mindestens dreifachem Sinn: als Ursprung der Erkenntnis (über Lehre und Praxis der Kirche), des Lebens und als historische Quelle.

Entsprechend differenziert haben Kirche und Theologie es mit der Bibel, der Heiligen Schrift und dem Wort Gottes zu tun. Es ist jeweils ein unterschiedlicher Gebrauch derselben Textmenge und eine unterschiedliche Erwartung an diese Texte. Als Bibel sind diese Texte ein religiöses Buch und eine historische Quelle nicht nur für Theologie und Kirche. Als Heilige Schrift ist die Bibel im geistlichen Gebrauch der Kirche Quelle und Prinzip der Erkenntnis ihrer Lehre und Praxis. Als Wort Gottes sind die biblischen Texte das Mittel, durch das sich Gott selbst Menschen mitteilt und ihnen so (als Lebensquelle) Leben und Heil kommuniziert. Allein das Wort Gottes vermag Leben und Heil zu geben, indem es als Gesetz Menschen mit den Anforderungen Gottes an wahres Leben konfrontiert und indem es als Evangelium alle Mühseligen und Beladenen einlädt, Erleichterung bei Jesus Christus zu finden und alle Menschen mit der verbindlichen Zusage tröstet, dass sie als Kinder Gottes am Tisch ihres Vaters im Himmel einen festen Platz haben werden.

Die reformatorische Rechtfertigungslehre hat diese Exklusivität des Wortes Gottes festgehalten in dem *„solo verbo"* als einem von vier soteriologischen Exklusivpartikeln (*„solus Christus, solo verbo, sola gratia, sola fide"*). Das *„sola scriptura"* ist also keineswegs mit der soteriologischen Exklusivpartikel *„solo verbo"* in eins zu setzen, obwohl das rettende und Leben gewährende göttliche Wort kein anderes sein kann als das in der Heiligen Schrift bezeugte.

Die 1577 entstandene Konkordienformel hat deshalb die Heilige Schrift auch zur Norm aller kirchlichen Lehre erklärt: also zu dem Maßstab, an dem sich jegliches Lehren der christlichen Wahrheit messen lassen muss. Es heißt dort: „Wir glauben, lehren und bekennen, dass die einige Regel und Richtschnur [*unicam regulam et normam*], nach welcher zugleich alle Lehren und Lehrer gerichtet und geurteilet werden sollen, seind allein die prophetischen und apostolischen Schriften Altes und Neues Testament".[11] In der Folge wird dann ausgeführt, dass andere Schriften von alten und neueren Lehrern der Heiligen Schrift nicht gleichgestellt, sondern dieser unterworfen werden sollen (das gilt natürlich auch für die Reformatoren).

Diese anderen Schriften sind als „Zeugen" zu betrachten. Die Konkordienformel betont dann ausdrücklich, dass sie die altkirchlichen Symbole (Apostolicum, Nicaenum, Athanasianum), die Augsburger Konfession einschließlich ihrer Apologie und die Schmalkaldischen Artikel, sowie Luthers *Kleinen* und *Großen Katechismus* anerkennen. Hervorgehoben wird aber dann, dass diese Bekenntnistexte „nicht Richter wie die Heilige Schrift" sind, „sondern allein Zeugnis und Erklärung des Glaubens" und dies auch im historischen Zusammenhang: „wie jderzeit die Heilige Schrift in streitigen Artikuln in der Kirchen Gottes von den damals Lebenden vorstanden und ausgelegt" worden ist.[12]

Die Konkordienformel räumt den in der evangelischen Kirche anerkannten Bekenntnistexten auch im Blick auf ihre Erklärungsleistung für den christlichen Glauben keinen Vorrang für die Gegenwart, geschweige eine normative Bedeutung ein. Deshalb kann (variierend) wiederholt werden: die Heilige Schrift „bleibet allein (...) der einig Richter, Regel und Richtschnur [*iudex, norma et regula*], nach welcher als dem einigen Probierstein sollen und müssen alle Lehren erkannt und geurteilt werden, ob sie gut oder bös, recht oder unrecht sein."[13]

Auch hier stellen sich Fragen, die immer wieder rege diskutiert wurden und werden, wie beispielsweise die Frage nach dem Kanon der Heiligen Schriften (was ist genau mit der Heiligen Schrift gemeint), oder die Frage nach den Prinzipien der Ausle-

---

[11] Bekenntnisschriften der evangelisch-lutherischen Kirche (BSLK). Hg. im Gedenkjahr der Augsburgischen Konfession 1930, Göttingen [12]1998, 767, 14-19.

[12] Ebd., 769, 29-34.

[13] Ebd., 769, 22-27.

gung. Die Konzentration des Interesses im Lesen und Auslegen der Heiligen Schrift darauf, was „Christum treibet" und die evangelische Skepsis gegenüber dem *„sensus spiritualis"* hat dann auch dazu beigetragen, dass gerade die evangelische Theologie die Ausbildung einer modernen, an der materiellen Textgestalt orientierten Hermeneutik wesentlich betrieben hat. Das alles hat zur Formierung des evangelischen Schriftprinzips beigetragen.

Eine *particula veri* des Schriftprinzips liegt sicherlich im Streit um die Autorität. Als alleinige Quelle und Norm für Lehre und Praxis der Kirche und christlichen Lebens werden alle anderen möglichen „Autoritäten" relativiert. Die wichtigere *particula veri* des Schriftprinzips liegt jedoch darin, dem rettenden und Leben gewährenden Wort Gottes in einer verlorenen Welt Sprache und Geltung zu verschaffen. Wird das Schriftprinzip auf seine prinzipientheoretische und normative Stellung für Lehre und Praxis der Kirche reduziert, dann wird es falsch.

Ich komme nun zum zweiten Teil meines Themas und so zu der Frage, worüber wir genau reden, wenn wir von einer Kirchenreform aus Treue zum Evangelium sprechen. Für was soll allein die Schrift von Relevanz sein? Was ist das Bezugsfeld des *„sola scriptura"*?[14]

## 2. Kirchenreform aus der Treue zum Evangelium

Ich möchte mich nun nicht zum Verhältnis von Reformation und Reformen[15] generell äußern, sondern an Beispielen von

---

[14] Dass in der Kirche die Heilige Schrift die maßgebliche Autorität sein soll, wurde nicht erst von den Reformatoren vertreten, sondern auch schon in der Alten Kirche und im Mittelalter. Auch die intensive Auseinandersetzung mit den biblischen Texten, die für den jungen Luther charakteristisch ist, war nichts schlechthin Neues. Neu war erst die Wendung der Heiligen Schrift gegen einzelne Lehrmeinungen und Traditionen in der westlichen Kirche, die offensichtlich in Spannung und im Gegensatz zu Texten der Heiligen Schrift standen.

[15] Manche evangelische Ohren, auch meine, erschrecken zuerst einmal, wenn von einer „Kirchenreform" die Rede ist. Zu viele Reformen und Reformprozesse wurden in den evangelischen Kirchen in den Jahrzehnten

meines Lebens angekündigt, gefordert und leider auch gelegentlich durchgeführt. Häufig wurde dann auf die noch recht junge Rede von einer „ecclesia reformata semper reformanda" verwiesen, um für einen permanenten Reformprozess in den evangelischen Kirchen zu werben – als wäre die permanente Reform das protestantische Prinzip. Doch das, was die Reformation des 16. Jahrhunderts veränderte, lässt sich nicht immer wieder reformieren. Die Reformation hat kirchliche Lehren und die kirchliche Praxis aufgrund der Auseinandersetzung mit der Heiligen Schrift wieder neu auf die Wahrheit des Evangeliums und die Heilige Schrift hin justiert. Wenn das so ist, dann gibt es dazu kein „semper reformanda". Das Modell muss dann ein anderes sein. Die Reformation hat die Lehre und Praxis der Kirche auf das durch die Heilige Schrift Begründbare zurückgeführt; es hat sie sozusagen purifiziert, indem es das kirchliche „Zuviel" auf das biblische Maß reduzierte. Doch die Reformation ist noch nicht zu Ende. Die Reformation ist – mit Nietzsche formuliert – noch unterwegs und wandert. Sie ist noch nicht vollendet. Zum Teil wurde sie von außen gebremst und behindert. Zum Teil ist noch gar nicht richtig überall erkannt, was die Reformation bedeutet und verändert und an Veränderungen impliziert. Die Reformation zielte nicht auf die Gründung neuer Einzelkirchen, sondern auf eine Veränderung der gesamten Kirche Jesu Christi auf das neutestamentliche Verständnis von Kirche hin. Seit dem 2. Vatikanischen Konzil haben die katholische Theologie, aber auch die offiziellen Dokumente der katholischen Kirche erheblich zu einem vertieften Verständnis dessen, was die Kirche und ihre Mission ist, beigetragen. Dies gilt, solange wir uns über den Begriff der Kirche verständigen. Die fortwährende Notwendigkeit der Reformation zeigt sich jedoch spätestens dann, wenn die katholische Kirche den exklusiven Anspruch formuliert, dass das neutestamentliche Kirchesein nur in ihr realisiert sei und sie sich insofern nicht als Teil der Gesamtheit der Kirche versteht. M.E. wäre es an der Zeit, an diesem Punkt einmal eine wirkliche Reform der gesamten Kirche systematisch anzugehen: die Zuständigkeiten über die geographischen Gebiete und über die vielen verschiedenen Gemeinden zu klären. Dabei denke ich in erste Linie gar nicht an das Verhältnis der evangelischen Kirchen und der katholischen Kirche, sondern viel mehr z.B. an den Respekt den altorientalischen Kirchen gegenüber, die nie auf dem Gebiet des alten römischen Reiches waren und die von den alten Zuständigkeitssystemen der Metropolen, Obermetropolen und Patriarchate nie erfasst waren. Was hat hierzu die Heilige Schrift zu sagen? Ich konnte darin nichts über kanonische Territorien, Metropolitanverfassungen und Patriarchate finden. Das spricht noch nicht grundsätzlich gegen solche Konzepte. Allerdings spricht es dagegen, sie als biblisch begründet zu verstehen. Sie sind Organisationskonzepte, die im Blick auf die Aufgabe und Mission der Kirche und im Blick auf die sich stellenden Probleme

Kirchenreformen in den evangelischen Kirchen der Frage nachgehen, welche Rolle die Heilige Schrift dabei möglicherweise spielte.
Reformen können wir auf verschiedenen Ebenen der Kirche unterscheiden. Es kann um eine Reform der Kirchenkonstitution gehen, oder um eine Reform der Liturgie, der Gottesdienste und kultischen Handlungen (Riten, Sakramente), oder um eine Reform der diversen Dienste der Kirche, oder um eine Reform der theologischen Ausrichtung der Kirche, oder um eine Reform der Organisation der Kirche.

### *2.1. Reform der Gemeindestrukturen*

In katholischen Diözesen und in evangelischen Landeskirchen in Deutschland findet derzeit eine Reform in Bezug auf die Zahl der Pfarrämter und Gemeinden und insofern des geographischen Zuschnitts und der Zuordnung der Gemeindeglieder statt. Welche Rolle vermag in Reformen dieser Art die Heilige Schrift zu spielen? Die Organisation der Gemeinden im 1. Jahrhundert geschah unter anderen Bedingungen als in der Gegenwart. Wir haben heute zudem ausgefeilte und wissenschaftlich gestützte Organisationstheorien, auf die die Kirchen zurückgreifen können, um ihre Aufgabe in der Gegenwart zielführend zu erfüllen. Denn darum geht es bei solchen Organisationsfragen: Wie kann mit gegebenen Mitteln und unter gegebenen Voraussetzungen die Kirche am besten ihre Aufgabe, ihre Mission und ihre Dienste realisieren? Was freilich Aufgabe, Mission und Dienst der Kirche in der Welt ist, darüber finden

---

sinnvoll oder unsinnig, gut oder schlecht sind – und die dann auch ihre Zeit haben und durch andere ersetzt werden könnten. Dies gilt nun ganz besonders auch im Blick darauf, wie am besten realisiert werden kann, was im Neuen Testament als Kirche verstanden wird. Und dann stellt sich die Frage, ob dafür dann nicht auch einmal – aus Treue zum Evangelium – die kirchliche Verfassung reformiert werden sollte: wenn also die Gemeinschaft der Heiligen nicht gelebt werden kann, weil die kirchliche Struktur dies behindert.

sich reichlich Auskünfte in der Heiligen Schrift, die dann im Blick auf die Gegenwart zu konkretisieren sind.

### *2.2. Reform der Synoden und der Kirchenverfassung*

Mein zweites Beispiel ist die Reform des evangelischen Synodalwesens im Laufe des 20. Jahrhunderts.[16] Ich möchte dies an den Synoden in den evangelisch-lutherischen Kirchen in Deutschland verdeutlichen.

Die evangelisch-lutherischen Kirchen haben in der Reformation des 16. Jahrhunderts an das aus der Alten Kirche bekannte Synodalwesen und an die in den Jahrhunderten zuvor präsente Bewegung des Konziliarismus angeknüpft. Unter den historisch begründeten Entwicklungen stand auch das Synodalwesen.[17] Im Zusammenhang mit dem landesherrlichen Kirchenregiment wurde zuerst einmal die Tradition der mittelalterlichen Klerikersynoden fortgesetzt.[18] Die Synoden waren Pfarrsynoden. Laien

---

[16] Die Ausführungen zum Synodalwesen folgen einer früheren Publikation von mir: H.-P. Großhans, Die Synoden in den lutherischen Kirchen, in: Cristianesimo nella storia 32 (2011) 1037-1054.

[17] Vgl. zur Geschichte der Synoden in den lutherischen Kirchen: G. V. Lechler, Geschichte der Presbyterial- und Synodalverfassung seit der Reformation, Leiden 1854; N. Närger, Das Synodalwahlsystem in den deutschen evangelischen Landeskirchen im 19. und 20. Jahrhundert, Tübingen 1988.

[18] Seit 1525 fanden im Herzogtum Preußen jährliche Diözesansynoden für Lehr- und Ordnungsfragen statt. In Hessen kam zwar 1526 eine presbyterial-synodale Kirchenordnung nicht zustande, doch bis 1581 fanden jährlich Generalsynoden aller Superintendenten für Teilbereiche des kirchlichen Lebens statt. Ähnliche Klerikersynoden lassen sich auch in anderen reformatorischen Kirchen finden, so z.B. in Württemberg, in Pommern, in Dänemark oder in Schweden. „Charakteristisch für alle lutherischen Klerikersynoden war, dass sie außer für Fragen der Kirchenzucht v.a. für die Reinheit der Lehre zuständig waren (...). Wie bei der Einführung der Reformation außerordentliche Synoden grundlegende Ordnungsfragen klärten, so wirkten Theologenkonvente seit 1537 an der Normierung der Bekenntnisschriften mit; (...) Dieser fundamentale Bezug von Synodalpraxis und kirchlicher Lehre führte dazu, dass im 17. Jh. lutherische Dogmatiker die Synode (concilium) als Teil der Ekklesiologie thematisierten" (W.-D. Hauschild, Art.

waren nur in Gestalt der Repräsentanten der weltlichen Obrigkeit beteiligt, die allerdings in der Regel auch für die Einberufung der Synode zuständig waren. Im 19. Jahrhundert kam es dann – auch durch Einfluss von Theologen wie Friedrich Schleiermacher – zu ersten Ansätzen von Synodalverfassungen. Zum Teil waren in den Synoden dann auch schon Laien in erwähnenswerter Zahl beteiligt.[19] Mit dem Ende des landesherrlichen Kirchenregiments nach dem 1. Weltkrieg 1918 wurden die evangelisch-lutherischen Kirchen ganz und gar selbstständig: Die Kirchengewalt lag nun ganz in den Händen der jeweiligen Landeskirche. Deren Trägerin wurden in erster Linie die Synoden, denen das alte Konsistorialsystem zugeordnet wurde.

---

Synode I. Geschichtlich, in: RGG[4] 7, 1970-1974, hier: 1971). Allerdings blieben die in der lutherischen Orthodoxie im 17. und 18. Jahrhundert entwickelten Synodenmodelle – z.B. von Abraham Calov, David Hollaz oder Johann Andreas Quenstedt – ohne unmittelbare und größere Wirkung.

[19] Ansätze einer Synodalverfassung bildeten sich ab 1818 in Bayern. Auch in Preußen entstand ab 1816/17 eine Synodalbewegung. Allerdings verteidigte Friedrich Wilhelm III. sein Summepiskopat. Erfolgreich war die Synodalbewegung jedoch in den preußischen Westprovinzen, im Rheinland und in Westfalen. Friedrich Wilhelm IV. stärkte zwar einerseits das Autoritätsprinzip in der Kirche, das auf ein geistliches Amt gegründet wurde (Stärkung der Bischöfe), andererseits jedoch auch die Kreis- und Provinzialsynoden und erlaubte sogar 1846 eine Generalsynode in der ganzen Landeskirche, die je zur Hälfte aus Geistlichen und Laien zusammengesetzt war. Allerdings wurden die Synodalen nicht gewählt, sondern vom König berufen. Modellbildend war dann die Kirchenverfassung in Oldenburg 1849/53, nach der die Synode die Gemeinden repräsentierte und der Oberkirchenrat als Organ des Summepiskopats verstanden wurde. Dieses Verfassungsmodell wurde in der Folge in einer Reihe deutscher evangelischer Landeskirchen imitiert. Zur Entwicklung des Synodalwesens in den evangelisch-lutherischen Kirchen trugen auch die Organisationen innerhalb der evangelischen Kirchen bei, die sich als Vereine organisierten – wie z. B. die Innere Mission. Hier hatten Laien eine Möglichkeit zur freien Mitwirkung innerhalb der Kirche. In diesen Zusammenhang gehört auch der Kirchentag in Wittenberg im Jahr 1848, der gewissermaßen eine Generalsynode des deutschen Protestantismus war. Die Kirchentage behielten ihren Einfluss auf die Synodalbewegung bei. 1873 wurde in Preußen die presbyterial-synodale Ordnung für Gemeinden, Kirchenkreise und Provinzen in der altpreußischen Landeskirche erlassen; 1876 wurde dort eine Generalsynode institutionalisiert, die an der Gesetzgebung der Kirche beteiligt war.

Zunehmend stellten Laien die Mehrheit in den Synoden. Nach dem 2. Weltkrieg erhielten die Synoden in den deutschen evangelisch-lutherischen Kirchen ihre zentrale Position in den Kirchen im Rahmen einer zunehmend klarer werdenden Aufteilung der Kirchengewalt in verschiedene Organe der Kirche. Die Grundordnungen der deutschen evangelisch-lutherischen Kirchen wurden im Sinne einer in demokratischen Staaten üblichen Gewaltenteilung reformiert.

Die Synoden bilden gewissermaßen die Legislative, die von den kirchlichen Exekutivorganen zu unterscheiden ist. Die exekutiven Kirchenleitungen, an deren Spitze ein Bischof oder eine Bischöfin steht, leiten die evangelisch-lutherischen Kirchen im Rahmen der Gesetze und Beschlüsse der Synoden. In den letzten Jahrzehnten wurde dann auch die dritte „Gewalt" der Rechtsprechung im Sinne eines von dem legislativen Organ der Synode und dem exekutiven Organ der Kirchenleitung unabhängigen Organs etabliert.

Insgesamt wird in all den verschiedenen Verfahren, mit denen die Mitglieder einer Synode ermittelt werden, in den meisten evangelisch-lutherischen Kirchen – in unterschiedlichen Proportionen – auf eine solche Zusammensetzung von Laien und ordinierten Geistlichen geachtet, dass die Laien in den Synoden in der Mehrheit sind. Die Mitwirkung der Laien an der Leitung der evangelisch-lutherischen Kirche wird oft auch dadurch unterstrichen, dass der Vorsitzende bzw. die Vorsitzende der Synode kein Geistlicher bzw. keine Geistliche und auch kein hauptberuflicher Mitarbeiter bzw. hauptberufliche Mitarbeiterin der Kirche sein darf.

Die Synode einer evangelisch-lutherischen Kirche verkörpert so die Einheit und die Vielfältigkeit der zu ihr gehörenden Kirchengemeinden und Kirchenkreise sowie ihrer Dienste und Werke. Sie hat eine – nach der jeweiligen Verfassung der Kirche leicht variierende – Vielzahl von Aufgaben. Sie wählt in der Regel den Bischof bzw. die Bischöfin der Kirche sowie die Mitglieder der Kirchenleitung. Sie ist zuständig für die Ordnung des Gottesdienstes, das Gesangbuch und die Ordnungen des kirchlichen Lebens; sodann für den Haushalts-, Wirtschafts- und Stellenplan der Kirche, für das Kirchensteuerrecht und die Verteilung des Kirchensteueraufkommens, für die Regelung der

Organisation der Dienste und Werke der Kirche, für die Ordnung der kirchlichen Wahlen, für die Festlegung der Grundsätze für die Gründung, Veränderung oder Aufhebung von Kirchengemeinden und Kirchengemeindeverbänden, für die Bestimmung der Voraussetzungen für die Errichtung, Aufhebung und Besetzung von Pfarrstellen und für die Anstellung der Pfarrerinnen und Pfarrer sowie für die Rechtsbeziehungen der Kirche zum Staat und zu anderen Kirchen.[20]

Ich schildere dies so ausführlich, weil daran andeutungsweise sichtbar wird, dass das treibende Moment bei der Reform des Synodalwesens und damit zusammenhängend der Kirchenverfassung sicherlich nicht nur die Heilige Schrift war. Bestimmte kontextuelle Entwicklungen in Deutschland und in Europa haben dazu mit beigetragen. Das Modell politischer Gewaltenteilung hat sicherlich bei der Präzisierung der Rolle und der Aufgabe der Synoden und bei der dann entsprechenden Kirchenverfassung Pate gestanden. Insofern könnte man diese Entwicklung als Resultat eines allgemeinen Trends im 19. und 20. Jahrhundert verstehen. Allerdings lässt sich diese Entwicklung auch als Resultat von Impulsen reformatorischer Theologie verstehen, die aus der Heiligen Schrift gewonnen wurden. Erst mit der neuzeitlichen politischen Entwicklung wurden dann auch für die Kirche Konzeptionen der Organisation menschlicher Gemeinschaften vorstellbar und denkbar, in denen die gemeinsame Verantwortung aller Glaubenden für das Leben, den Auftrag und die Mission der Kirche besser realisierbar war als mit den alten hierarchischen Organisationsstrukturen.

Schon Luther hat den entsprechenden Hinweis gegeben, im Übrigen u.a. mit einem Hinweis auf die Eidgenossen. Augustin von Alfeld hatte in seiner Schrift *Super apostolica sede* auf der Basis der *Vernunft* zu begründen versucht, warum die Christenheit auf Erden *eines* einziges Hauptes, eines Papstes bedarf. Die These von dieser Einsicht der Vernunft hatte schon Aristoteles (Homer zitierend) geliefert: „Vielherrschaft ist nicht gut; nur

---

[20] Vgl. dazu z.B. die „Verfassung" der Evangelisch-Lutherischen Kirche in Norddeutschland vom 7. Januar 2012 (§§ 78–85) in dem online zugänglichen FachInformationsSystem Kirchenrecht: http://wbv-kirchenrecht.de/ (Stand 26. September 2012).

einer sei Herrscher".[21] Luther weist darauf hin, dass dies keineswegs eine Einsicht sei, die überall und zu allen Zeiten geteilt wurde und wird, so z.B. nicht in den antiken Oligarchien, z.T. im römischen Reich und eben von den Eidgenossen.[22]

Schon zu Luthers Zeiten sprach gegen diese angebliche Einsicht der Vernunft die gute Politik in all jenen Gemeinwesen, die nicht monarchisch regiert wurden. Dann aber kann von der politischen Ordnung auch keine monarchische Ordnung der Kirche gefolgert werden. Und selbst wenn man eine Monarchie in jedem politischen Gemeinwesen für geboten hielte, so folgte daraus keineswegs, dass es genauso auch in der Kirche sein muss. Denn fundamentaltheologisch ist es keineswegs plausibel, wie mit der Vernunft Gottes Ordnung begründet werden könnte. Und von der Heiligen Schrift her geht das schon gar nicht.

Die eigentliche Auseinandersetzung Luthers über das Papstamt galt dann auch den biblischen Texten, mit denen dieses in der Form seiner Zeit begründet wurde. Daran wird deutlich, dass eine solche Frage der Kirchenverfassung dann auch als Streit um die Auslegung der Heiligen Schrift zu führen ist. Luther kommt jedenfalls durch die Auslegung der Heiligen Schrift zu alternativen Interpretationen der Texte, mit denen das Papstamt in der Form seiner Zeit begründet worden war (Mt 16,18f.; Mt 18,18). Luther argumentierte keineswegs gegen eine hierarchische Struktur in der Kirche, wie auch immer die Spitze konkret aussehen mag. Sein Anliegen war die richtige Zuordnung

---

[21] Aristoteles, Metaphysik, übersetzt und eingeleitet von T.A. Szlezák, Berlin 2003, 1076a 3f.; vgl. Homer, Ilias. Griechisch und deutsch, übertragen von H. Rupé, mit Urtext, Anhang und Registern, Düsseldorf [13]2008, Zweiter Gesang, 204.

[22] „Das A sagt, es musz ein yglich gemeyn auff erden ein eyniges leyplich heubt haben unter Christo, ist doch das nit war: wievil findt man furstenthum, schlosz, stet, heuszer, da zwen bruder odder hern glycher gewalt regiren! Hot sich doch das Romisch reych lange zeyt, unnd vil andere reych in der welt, on ein eyniges heubt auffs best regiret! Wie regiren itzt die Aydgenossenn?" (M. Luther, Von dem Papstthum zu Rom wider den hochberühmten Romanisten zu Leipzig. 1520: WA 6, 277-324, hier 292, 9-14).

aller kirchlichen Organe zu Jesus Christus, dem alleinigen Haupt der Kirche und Herrn über Himmel und Erde.

In der Auslegung des Auftrags Jesu an Petrus in Joh 21,15 „Weide meine Lämmer!" kann Luther keine Begründung einer obersten oder ersten Stellung des Petrus gegenüber den anderen Aposteln und eines Primats des römischen Bischofs vor allen anderen Bischöfen erkennen. Die bekannten Argumente Luthers muss ich hier ja nicht detailliert ausführen; ich möchte sie nur kurz in Erinnerung rufen.

In Luthers Interpretation begründen die Bibelworte in Mt 16,18f. und 18,18 weder eine regierende Macht des Petrus noch das Papstamt. Vielmehr sind diese Worte Christi eine Zusage an die ganze Gemeinde, an alle Christen, damit „die armen sundige gewissen einen trost haben sollen, wo sie durch einen menschen werden auffgelost odder absolvirt", indem das Vergebungswort den „sundige, blode, betrubte gewissen" gereicht wird, damit diese gestärkt werden. Das tröstende Wort Christi ist „allen armen gewissen" der ganzen Gemeinde zu Gute gegeben.[23] Gott hat diesen Schatz, das tröstende und befreiende Wort des Evangeliums, für alle Menschen geöffnet und er hat keine Verwaltungsinstanz dazwischen gesetzt, die die Verteilung dieses Schatzes nach ihren eigenen Regeln kontrolliert. Der „Fels", auf den Christus seine Kirche bauen will, kann deshalb keine Obrigkeit, keine weltliche Herrschaft sein. Dies wird bestätigt durch den Zusatz in Mt 16,18, der von der von Christus auf diesen Felsen gebauten Gemeinde behauptet: „und die Pforten der Hölle sollen sie nicht überwältigen". Denn gegen die Pforten der Hölle ist niemand durch die Unterordnung unter die Macht und Obrigkeit des Papstes gesichert. Im Übrigen auch nicht durch die bloße Zugehörigkeit zur Kirche. Gegen die Pforten der Hölle kann nur Christus und der Glaube an ihn bestehen. Folglich kann mit Mt 16,18 nicht die sich auf ihren Ursprung im Apostel Petrus berufende globale Institution der römischen Kirche begründet werden.

In Joh 21,15 bedeutet das Wort „weiden" nicht „herrschen" wie auch „geweidet werden" nicht heißt „beherrscht zu werden".

---

[23] Ebd., 312, 32-36.

Vielmehr steht der Gehorsam gegenüber Christus allein unter der Voraussetzung, unter der er nur erbracht werden kann: der Liebe zu Jesus Christus, wie Joh 14,23f. formuliert: „Wer mich liebt, der wird mein Wort halten (...) Wer mich aber nicht liebt, der hält mein Wort nicht". Dieser Zusammenhang wird auch in Joh 21 hergestellt, wo von „weiden" nicht im Zusammenhang weltlicher, organisatorischer Herrschaft gesprochen wird, sondern im Zusammenhang mit der Frage Jesu an Petrus, ob er ihn liebe. Die Frage Jesu, die bejahende Antwort des Petrus und die Erteilung des Auftrags werden dreimal wiederholt. Für Luther folgt daraus: „wo nit lieb ist, da ist kein weyden".[24] Folglich muss das Papsttum wie jedes andere kirchliche Amt auch ganz unter dem Gesichtspunkt der Liebe verstanden werden, wenn es denn die Gemeinde Jesu Christi „weiden" sollte. Es geht dabei um die stärkste, die hingebende Liebe, denn Christus will nicht mit halber Liebe geliebt werden. In der Beauftragung des Petrus will Christus sagen: „Sihe, Peter, soltu predigen mein wort unnd damit meine schaff weydenn, szo wirt sich gegen dich erheben hell, teuffel, welt, und alles was nur in der welt ist, und must dran setzen leyp, leben, gut, ehre, freund, und alles was du hast, das wirstu nit thun, du habest mich dan lieb und hangest fest an mir."[25] Das „Weiden" der Gemeinde geschieht nur mit dem Wort Christi und verlangt leidenschaftliche Liebe zu Jesus Christus, in der ein Mensch alles aufs Spiel setzt, was er hat und ist. Luther bringt diese Einsicht in die Aufgabe der Nachfolger Petri auf den Punkt, indem er formuliert: „An zweyffel ists ein Bapst, wer mit solcher lieb prediget".[26] Alle wahren Prediger sind deshalb Nachfolger Petri. Nach Luthers Auffassung ist der Auftrag an Petrus so zu interpretieren, dass Christus „in sanct Peters person alle prediger unterweyszet, wie sie sollen geschickt sein".[27] Dann aber lässt sich gar nicht nachvollziehen, dass mit diesem Auftrag Christi das römische Papsttum begründet sein soll. Joh 21,15ff. ist der exemplarisch dem Petrus gegebene Auftrag Christi an alle, die ihn lieben, mit

---

[24] Ebd., 319, 3f.
[25] Ebd., 320, 8-12.
[26] Ebd., 320, 24.
[27] Ebd., 320, 7f.

seinem Wort für das Wohl und das Heil der ihnen anvertrauten Menschen, ihrer Nächsten, zu sorgen; und diese Stelle formuliert die Bedingung, unter der diese pastorale, bischöfliche Aufgabe der Predigt des Evangeliums nur erfüllt werden kann: in leidenschaftlicher Liebe zu Jesus Christus.
Die zur Begründung des Papsttums gewöhnlich herangezogenen Bibelstellen formulieren einen besonderen Auftrag Christi an alle, die an ihn glauben: das Evangelium als das Wort Gottes anderen Menschen mitzuteilen. Damit aber ist auch in dieser Hinsicht einem Verständnis der Kirche der Boden entzogen, das diese auf dem römischen (oder einem anderen) Bischofsstuhl begründet sieht. Eine institutionelle, rechtliche *Begründung* der Kirche verfehlt notwendigerweise das geistliche Sein der Kirche. Und ein universaler Vertretungsanspruch des Bischofs von Rom für die gesamte Christenheit folgt ganz und gar nicht aus der Heiligen Schrift.
Aus diesen aus der Auslegung biblischer Texte folgenden Impulsen speist sich dann letztlich auch die Reform des evangelisch-lutherischen Synodalwesens und der damit einhergehenden Veränderungen der Kirchenverfassungen. Denn es geht um die Realisierung einer Organisationsform, in der ein Höchstmaß an Beteiligung in der Verantwortung aller Glaubenden für das Leben, die Aufgabe und die Mission der Kirche möglich ist.

### *2.3. Ordination von Frauen und Männern*

Ich komme zu einem weiteren Beispiel einer längerfristigen Reform in den evangelischen Kirchen: der Ordination von Frauen und Männern ins Pfarramt. Im Laufe der zweiten Hälfte des 20. Jahrhunderts wurden die Ordinations- und Pfarramtsordnungen der evangelischen Kirchen in Deutschland reformiert, indem Frauen zum Pfarramt zugelassen wurden.[28]

---

[28] Ich folge hier einer früheren Publikation: H.-P. Großhans / S. Sinn, Gleichzeitigkeit des Ungleichzeitigen. Protestantische Transformationen im christlichen Verständnis der Geschlechterdifferenz, in: männlich und weiblich schuf Er sie. Studien zur Genderkonstruktion und zum Eherecht in den

Schon in der Reformationszeit wurde im Grunde erkannt, dass das Geschlecht kein Ausschlusskriterium für das Pfarramt sein könne. Luthers Gegner hatten ihm dies bereits damals vorgeworfen.[29] Dass es in evangelischen Kirchen über 400 Jahre dauerte, bis Frauen ordiniert wurden, hat seinen Grund nicht im Amtsverständnis, sondern in der Anthropologie. Die Grundeinsicht hatte Luther in seiner Schrift „An den christlichen Adel deutscher Nation von des christlichen Standes Besserung" formuliert: „Dan alle Christen sein warhafftig geystlichs stands, unnd ist unter yhn kein unterscheyd (...)"[30] – mit Bezug auf 1 Kor 12,12ff.: dass wir allesamt einen Leib haben, doch ein jegliches Glied sein eigenes Werk hat, damit es den anderen dient. Durch die Taufe haben alle Christen denselben Stand vor Gott. Luther brachte diese neue Einsicht prägnant zur Sprache, indem er die klassischen Amtsbezeichnungen der Geistlichkeit auf alle Christen bezog: „Dan was ausz der tauff krochen ist, das mag sich rumen, das es schon priester, Bischoff und Bapst geweyhet sey (...)".[31] Mit der Bezeichnung eines jeden Christen als Priester beginnt die Reform des Priesteramtes.
Die reformatorische Theologie hat freilich weiterhin Wert auf das öffentliche Amt in den Gemeinden gelegt. Doch dieses Pfarramt kann nicht mehr losgelöst von dem Priesteramt aller Glaubenden verstanden werden. Vor allem kommt jedoch jeder Christ grundsätzlich in Frage für das öffentliche Pfarramt. Bei der kirchlichen Berufung ins Pfarramt spielt dann einerseits die Zugehörigkeit zu diesem Priesteramt aller Glaubenden eine Rolle, andererseits Gesichtspunkte, die funktional für die Aufgabe des öffentlichen Pfarramts wichtig sind. Genauso argumentiert dann auch Luther und kann sich deshalb aufgrund

---

Mittelmeerreligionen. Hg. von M. Morgenstern, Chr. Boudignon und Chr. Tietz, Göttingen 2011, 293-316.

[29] Luther wehrt sich dagegen in seiner Schrift „Vom Missbrauch der Messe", vgl. M. Luther, Vom Missbrauch der Messe. 1521: WA 8, 477-563, hier 497, 19ff.

[30] M. Luther, An den christlichen Adel deutscher Nation von des christlichen Standes Besserung. 1520: WA 6, 381-469, hier 407, 13f.

[31] Ebd., 407, 11f.

seiner anthropologischen Auffassung Frauen im Pfarramt nicht vorstellen.

Luther wurde von seinen Gegnern vorgehalten, dass von dieser Amtstheologie her dann ja auch Frauen öffentlich predigen dürften, was aber dem biblischen Schweigegebot für die Frauen in 1. Kor 14 widerspreche. In seiner Erwiderung hielt Luther daran fest, dass prinzipiell gesehen auch Frauen geistlich dazu befähigt sind, gleichwohl seien sie von ihrer Konstitution her im Unterschied zu den Männern nicht für die öffentliche Wortverkündigung geeignet. Er war überzeugt, dass „eynem mann viel mehr tzu reden eygent und gebürt unnd auch datzu geschickter ist",[32] und verweist unter anderem auf die schwache Stimme von Frauen als praktisches Hindernis, das Amt auszuüben.

Während Luther tauf- und amtstheologisch konsequent geschlechterspezifische Ausgrenzung zurückweist – in der Auslegung des 1. Petrusbriefes begründet er dies mit Gal 3,28 –[33] führt er anthropologische Einsichten gegen die Ausübung des öffentlichen Amtes durch Frauen an, mit denen er dann auch begründet, warum Frauen kein Leitungsamt inne haben sollten.[34] In Notsituationen freilich kann, so betonte auch Luther, die geistliche Befähigung zum Amt von den Frauen realisiert werden. Dies geschah in der Reformationszeit angesichts der Kindersterblichkeit gar nicht so selten bei Nottaufen.

Ich kann hier nun nicht die gesamte Entwicklung nachzeichnen, die dazu führte, dass dann im 20. Jahrhundert in den evangelischen Kirchen in Deutschland die Zulassung zum Pfarramt nicht mehr an ein bestimmtes Geschlecht gebunden wurde. Sicherlich spielten dabei nicht-theologische Faktoren eine wichtige Rolle, wie die Möglichkeit für Frauen überhaupt, ein Universi-

---

[32] M. Luther, Vom Missbrauch der Messe (Anm. 29): WA 8, 497, 36f.

[33] Siehe M. Luther, Epistel Sanct Petri gepredigt und ausgelegt. 1523: WA 12, 249-399, hier 309, 13-23.

[34] M. Luther, Von den Konziliis und Kirchen. 1539: WA 50, 488-653, hier 633, 20-24: „Denn solch unterscheid auch die natur und Gottes Creatur gibt, das weiber (viel weniger Kinder oder Narren) kein Regiment haben können, noch sollen, wie die erfarung gibt und Mose Gen. 3. spricht: ‚du solt dem Man unterthan sein', das Evangelion aber solch natürlich recht nicht auffhebt, sondern bestetigt als Gottes ordnung und geschepffe."

tätsstudium zu absolvieren und Theologie zu studieren.[35] Darüber hinaus spielte der große Pfarrermangel eine Rolle, wie auch die Vertretungsdienste von theologisch gebildeten Frauen in den Gemeinden während des 2. Weltkrieges. Und sicherlich spielte auch der allgemeine Zeitgeist eine Rolle. Doch auch wenn nicht-theologische Faktoren katalysatorische Funktion hatten, war die theologische und exegetische Argumentation dennoch von wesentlicher Bedeutung. Es lässt sich an den Diskussionen in den einzelnen evangelischen Kirchen zeigen, dass letztlich der Ausschluss von Frauen vom Pfarramt nicht aufrecht erhalten werden konnte, weil gezeigt werden konnte, dass die Ordination von Männern und Frauen dem Evangelium Jesu Christi entspricht und schrift- und bekenntnisgemäß ist.

Die Reform des Pfarramts und der Ordinationsordnung mit der Zulassung von Frauen zum Pfarramt ist ein Beispiel, wie eine Kirchenreform aus der Treue zum Evangelium faktisch zustande kommt. Aus der Heiligen Schrift gewonnene Einsichten in der Tauf- und Amtstheologie enthalten Implikationen, die erst relevant werden und zum Tragen kommen, nachdem auch in der theologischen Anthropologie sich biblisch begründete neue Sichtweisen zum Verhältnis von Mann und Frau eingestellt haben. Zugleich zeigt sich an dem Beispiel, dass dazu auch exegetische und hermeneutische Entwicklungen als Voraussetzung erforderlich waren. So hat die historisch-kritische Methode eine andere Zuordnung der relevanten Bibeltexte zueinander ermöglicht als dies noch zu Luthers Zeiten vorstellbar war. Die geschichtliche Entwicklung hat die Aufmerksamkeit auf andere Texte der Heiligen Schrift konzentriert als dies Jahrhunderte zuvor noch der Fall war, so dass neue Einsichten in die Heilige Schrift zustande kamen. Zuletzt will ich noch eine Frage aufwerfen, die voraus blickt.

### *2.4. Weitere Reformen aus Treue zum Evangelium?*

Sind eigentlich noch weitere Reformen in den evangelischen Kirchen aus Treue zum Evangelium vorstellbar? Auch zu dieser

---

[35] Was beispielsweise in Preußen seit 1908 möglich war.

Frage möchte ich keine allgemeine Antwort geben, sondern Beispiele für Reformen andeuten.
Mein erstes Beispiel gilt Ritus und Liturgie. Die evangelischen Kirchen praktizieren in der Regel keine Salbung, anders als altorientalische, orthodoxe und katholische Kirchen. Es gibt nun einige biblische Texte, in denen eine Salbung praktiziert wird, die auch zu den Handlungen evangelischer Kirchen gehören könnte. Nach Mk 6,8 salbten die ausgesandten Zwölf viele Kranke mit Öl und machten sie gesund. Oder: Jesu Leichnam wird von den Frauen gesalbt. Die eine oder andere Stelle wäre noch hinzuzunehmen. Die Bedeutung des Öls und der Salbung als kirchlicher Handlung bei verschiedenen Anlässen (Taufe, Konfirmation, Krankenseelsorge) im Leben eines Menschen ließe sich aus der Heiligen Schrift begründen. Auch hier ist es so, dass die aufgeschlossene ökumenische Atmosphäre in der Gegenwart und die vielen interkonfessionellen Dialoge eine neue Sichtweise auf biblische Texte hervorrufen und so auch eine neue Begründung kirchlicher Handlungen ermöglichen (ohne gleich deren sakramentalen Charakter zu begründen).
Mein zweites Beispiel gilt dem geistlichen Profil evangelischer Kirchen. Manches in der Heiligen Schrift wird aus verschiedenen Umständen lange Zeit übersehen. Unter bestimmten Umständen wird es jedoch bedeutsam und führt zu einer Reform einer Kirche. Die Äthiopische Evangelische Kirche Mekane Yesus sieht sich selbst in der lutherischen Tradition. Sie hat in der Zeit der kommunistischen Herrschaft in Äthiopien in der Unterdrückung die Bedeutung der neutestamentlichen Charismen entdeckt. Sie versteht sich heute als eine charismatische (evangelische, lutherische) Kirche und hat den diversen neutestamentlichen Charismen in der kirchlichen Praxis einen entsprechenden Raum eingeräumt. Aus der Heiligen Schrift erwachsen geistliche Wahrnehmungen und Handlungen, die zu einer Reform des gottesdienstlichen und geistlichen Lebens einer Kirche führen.
Mein drittes Beispiel gilt der Universalität evangelischer Kirchen. Hierfür ist der Impulsgeber nicht in erster Linie die Heilige Schrift, sondern die gegenwärtige geschichtliche Lage, die als Katalysator für eine neue Wahrnehmung kirchlichen Lebens und der Heiligen Schrift wirkt.

Die evangelischen Kirchen in Deutschland sind kleine autokephale Kirchen mit einer starken ethnozentrischen Prägung. Heute leben wir jedoch in einer globalen Welt. Wir wissen um all die Lebenslagen auf unserem Globus, auch die Lebenslagen evangelischer Christen in anderen Weltgegenden. Und die evangelischen Christen in Deutschland fühlen sich auch mit verantwortlich für deren Schicksal. Das jährliche Spendenaufkommen für die internationale Hilfe der deutschen evangelischen Kirchen ist beachtlich. Gleichwohl wäre hier eine Reform wünschenswert, durch die diese Verantwortung eine stärkere strukturelle Gestalt bekommt. Dies betrifft die organisatorischen Gestalten der evangelischen Kirchen in Deutschland. Dies betrifft jedoch auch die verlässliche, verbindliche Vernetzung der evangelischen Kirchen in Deutschland mit den vielen, vielen evangelischen Kirchen in anderen Weltgegenden, ja, schon in Europa.

Mein letztes Beispiel gilt der Ökumene der christlichen Kirchen. Wäre nicht auch eine Reform der liturgischen Formulare denkbar, durch die in den Gebeten der jeweiligen Kirchen für das Wohlergehen und Gedeihen der konfessionell anders geprägten Kirchen oder kirchlichen Gemeinschaften gebetet wird – und so zum Ausdruck kommt, dass die Kirchen und kirchlichen Gemeinschaften einander nicht als Konkurrenten, sondern als Zusammenwirkende, als Kooperatoren, wahrnehmen?

# „Die Wahrheit tun"

## Transformation der Gesellschaft durch die Kraft des Wortes Gottes

*Bischof Munib A. Younan*[1]

### 1. Das Thema

#### *a) Ein Nikodemus-Gespräch*

Im dritten Kapitel seines Evangeliums schildert Johannes die nächtliche Begegnung zwischen Jesus und Nikodemus, einem der führenden jüdischen Gelehrten. Schon die Anrede macht deutlich, dass Nikodemus in Jesus den von Gott gesandten Lehrer sieht, der die Wahrheit Gottes verkündet: „Rabbi, wir wissen, du bist ein Lehrer, der von Gott gekommen ist; denn niemand kann die Zeichen tun, die du tust, wenn nicht Gott mit ihm ist" (Joh 3,2). Daher verwundert es nicht, dass das Gespräch sich nicht in belangloser Konversation erschöpft oder, wie sonst in der Auseinandersetzung mit den Pharisäern, auf ein theologisches Streitgespräch hinausläuft. Vielmehr geht es um letzte und ewige Wahrheiten: die Frage nach Tod und ewigem Leben. Jesus deutet das Bild der den Tod abwendenden Kupferschlange (vgl. Num 21,8f.) auf der Wüstenwanderung Israels als Präfiguration seines eigenen Sterbens und als Hinweis auf den Heilswillen Gottes, der allen, die glauben, ewiges Leben schenken will: „Wie Mose die Schlange in der Wüste erhöht hat, so muss der Menschensohn erhöht werden, damit jeder, der (an ihn) glaubt, in ihm das ewige Leben hat. Denn Gott hat die Welt so sehr geliebt, dass er seinen einzigen Sohn hingab, damit jeder, der an ihn glaubt, nicht zugrunde geht, sondern das ewige Leben hat" (Joh, 3,14-16).

---

[1] Übersetzung ins Deutsche von Andris Jaksis und Christian Willmes.

Dabei ist „Glauben" nicht nur ein intellektuelles „Für-wahr-Halten", sondern eine an der Wahrheit Gottes orientierte Lebenspraxis. Daran scheiden sich letztlich die Geister – und richten sich selbst, jedenfalls in johanneischer Lesart: „Denn mit dem Gericht verhält es sich so: Das Licht kam in die Welt, und die Menschen liebten die Finsternis mehr als das Licht; denn ihre Taten waren böse. Jeder, der Böses tut, hasst das Licht und kommt nicht zum Licht, damit seine Taten nicht aufgedeckt werden. Wer aber die Wahrheit tut, kommt zum Licht, damit offenbar wird, dass seine Taten in Gott vollbracht sind" (Joh 3,19-21). An seinem Tun wird erkannt, wer aus Gott lebt und sich an der Wahrheit Gottes orientiert. Dabei ist bemerkenswert, dass hier nicht die Rede von „guten" Taten ist, sondern davon, das zu tun, „was wahr ist", und von Taten, die „in Gott getan sind".

*b) Die Wahrheit tun*

Bei der Wendung „die Wahrheit tun" handelt es sich um einen spezifisch hebräischen Terminus (*asah æmæt*), nicht um eine griechisch-hellenistische Formulierung.[2] Dem französischen Exegeten Francis Grob[3] zufolge übernimmt Johannes die nach jüdischem Sprachgebrauch umfassende Bedeutung dieser Wendung, die nicht nur eine moralische Qualität hat, sondern eine formale: die Erfüllung des Willens Gottes, wie er im Gesetz kodifiziert ist.

„Die Wahrheit tun" meint im umfassenden Sinn „Gottes Werke tun". Im sechsten Kapitel des Johannesevangeliums fragen die Leute Jesus: „Was müssen wir tun, um die Werke Gottes zu vollbringen? Jesus antwortet ihnen: Das ist das Werk Gottes, dass ihr an den glaubt, den er gesandt hat" (Joh 6,28f.). Die Antwort Jesu gibt zu erkennen, dass das „Werk Gottes" nicht allein der innere, subjektive Akt des Glaubens ist. „Die Werke Gottes tun" meint vielmehr, im Glauben an Christus und sein

---

[2] Vgl. 1 Chr 31,20 und Neh 9,33.

[3] Vgl. F. Grob, Faire l'œuvre de Dieu. Christologie et éthique dans l'Évangile de Jean, Paris 1983.

Wort zu leben. Wie Jesus später im selben Kapitel sagt: „Die Worte, die ich zu euch gesprochen habe, sind Geist und sind Leben" (Joh 6,63b).

### *c) Die Kraft des Wortes Gottes*

Wenn ich in dem Untertitel meines Vortrags auf die „Kraft des Wortes Gottes" verweise, möchte ich das Augenmerk darauf lenken, dass Gottes schöpferisches Wort uns in vielerlei Ausformungen durch die Heilige Schrift übermittelt worden ist. Einige Beispiele mögen das verdeutlichen:

- So beginnt schon die Schöpfungsgeschichte: „Gott sprach ..." – hebr. *dabar* (Gen 1,3).
- Der Johannesprolog spricht von der göttlichen Weisheit: „Im Anfang war das WORT" – griech. *logos* (Joh 1,1).
- Gott, der in Christus Orientierung gibt: „Wahrhaftig, ich sage euch" (Joh 1,52).
- Gott, der in Christus heilt und rettet: „Ich sage dir, steh auf, nimm deine Tragbahre, und geh nach Hause" (Mk 2,11).
- Gottes Wort der Gnade, die ein Leben aus dem Glauben ermöglicht: „So gründet der Glaube in der Botschaft, die Botschaft im Wort Christi" (Röm 10,17).

Bedeutsam erscheint mir der Hinweis, dass zwischen der Hebräischen Bibel und dem Neuen Testament eine wichtige Kontinuität besteht: Das „Wort Gottes" kommt in unterschiedlichen Formulierungen vor, aber immer im Singular: Es geht hier um eine göttliche Wirklichkeit, eine geistliche Hypostase, die im Wort ankommt. Es ist vornehmlich das Wort, über das Gott mit den Menschen zu besonderen Zeiten Kontakt aufnimmt.[4] Es wird empfangen oder abgelehnt.[5]

In christlicher Perspektive können wir sagen, dass die ganze Verkündigung Jesu, besonders seine Worte, „Wort Gottes"[6] sind, ebenso wie er selbst „das Wort" *ist*.[7]

---

[4] 1 Kön 12,22; Ez 21,1; Lk 3,2, Apg 6,7.

[5] 1 Sam 9,27; Tob 14,4; Apg 4,31; 13,5.

[6] Lk 5,1.

[7] Joh 1,1.14; 14,6.

Die Fülle biblischen Materials im Zusammenhang mit dem Wort Gottes lässt uns unzweifelhaft verstehen, dass Gottes Selbstäußerungen untrennbar mit Gottes Handeln verknüpft sind. Wenn Gottes Wort einen Menschen erreicht, dann ist der gleichfalls davon berührt, sei es ein richtendes oder tröstendes oder Frieden stiftendes Wort. „Selig sind vielmehr die, die das Wort Gottes hören und es befolgen." (Lk 11,28, vgl. 8,21) Glaube ist schlechterdings nicht denkbar ohne die konkrete Glaubenspraxis.

## 2. Die Wahrheit in einer pluralistischen Welt

In der Auseinandersetzung mit dem Begriff der Wahrheit und seiner Bedeutung in einem theologischen Kontext sind wir uns der Komplexität dieses Begriffs in der heutigen Zeit bewusst.
Als Christen akzeptieren wir im Allgemeinen die unterschiedlichen und vielfältigen Ansichten und Konzepte. Aber im Tiefsten wollen wir dennoch an der Wahrheit in einem umfassenden Sinn festhalten. Angesichts der überwältigenden Komplexität zeitgenössischer Kulturen, Glaubensrichtungen, Philosophien und Ethiken stellen wir uns die Frage, wo denn unter den vielen Wahrheitskonzepten etwas von der Kraft des Wortes Gottes zu spüren ist.
In der Philosophie gibt es die klassische Spannung zwischen Hegels holistischem Verständnis von Geschichte und Wirklichkeit und der Akzeptanz von Pluralität, wie sie von Philosophen wie Adorno vertreten wird. Der dänische Theologe und Philosoph Peter Kemp hat dargelegt,[8] wie Hegel und Adorno aus je unterschiedlicher Perspektive doch beide Recht haben können. Kemp selbst vertritt die Ansicht Hegels, dass Wahrheit Ganzheit ist. Gleichzeitig erkennt er, dass Ganzheit Unwahrheit sein kann, wenn sie nicht auf die eigenen, ihr innewohnenden Beschränkungen untersucht worden ist. Alle Überzeugungen und Wissenschaften, die nicht ihre eigenen Grenzen anerken-

---

[8] Vgl. P. Kemp, Filosofiens verden, Kopenhagen 2012.

nen, so Kemp, werden sich in ihrer Logik unweigerlich mit Gewalt gegen die Welt abgrenzen.

Dieses Thema gehört nicht zu meinem Spezialgebiet. Ich nehme jedoch darauf Bezug, da Theologie auf so vielfältige Weise mit der Philosophie verknüpft ist, allein schon aufgrund unserer Terminologie. Theologische Probleme können sowohl entstehen als auch gelöst werden durch die philosophische Analyse unserer theologischen Konzepte und Modelle.

Es ist wichtig, so Kemp, dass alle Verstehensmodelle auf ihre Grundannahmen zurückverfolgt werden: auf ihre Logik, empirische Forschung, Sprache, Gesellschaftsverständnis. Vor diesem Hintergrund lassen sich die Wahrheitsansprüche und Plausibilitäten philosophischer Welterklärungsversuche einordnen. In seinem Buch schreibt Kemp: „Unser Leben ist nicht reine Logik, reiner Empirismus, reine Technologie, reine Sprache, reine Gesellschaft, reine Existenz, reine Metaphysik oder Religion, sondern eine Beziehung zwischen dem Gedanken und der Sinneserfahrung, Arbeit, Sprache, Gefühlen und Glaube an den Einzelnen wie an das Miteinander von Personen als soziale Wesen".[9]

Ich halte die Erkenntnis für bedeutsam, dass Gläubige wie die Philosophen in gleicher Weise die Verpflichtung haben, ein übergreifendes und ganzheitliches Verständnis menschlicher Existenz wie auch die Fähigkeit zur Selbstkritik zu entwickeln, die sich der Glaubensperspektive innerhalb der ihr gesteckten Grenzen bewusst ist und religiöse Verabsolutierung und Dominanz vermeidet.

Peter Kemp ermutigt uns, verantwortliche Weltbürger zu sein, weil wir uns nicht darauf verlassen können, dass unsere politischen Systeme oder die Kräfte des Marktes unsere Freiheit sichern. Unsere Demokratie ist in einer Krise, weil sich die Politik, wie er sagt, zu einem sich selbst genügenden Agenten entwickelt, der die Staatsbürger nur mehr kontrolliert, anstatt auf sie zu hören. Da jedoch die wichtigsten Probleme, die wir haben, von globalem Charakter sind, muss die Menschheit, so

---

[9] Ebd., 22.

Kemp, nationale und ethnische Grenzen überwinden. Er setzt dabei auf die Integrität der Welt und der Philosophie.
Für uns Christen und für unsere Kirche ist unser Glaube an die Gnade Gottes die treibende Kraft, durch die wir selbstkritisch Perspektiven entwickeln zur geistigen und ethischen Ganzheit in dem Bemühen, die „Wahrheit zu tun", indem wir uns den zeitgenössischen sozialen und politischen Herausforderungen unserer Zeit stellen.

## 3. Göttliche Gnade und das Gesetz Christi

Martin Luther erklärt die Integrität des Evangeliums auf verschiedene Weisen. Im Wesentlichen bezeichnet er diese mit der Gnade der Selbsthingabe Christi für unsere Sünden, uns im Wort und den Sakramente zugeeignet. Gleichzeitig zeigt er auf, was infolgedessen dieses Verständnisses der Messe zugrunde liegt. In seinem „Sermon von dem neuen Testament, das ist von der heiligen Messe" (1520) vergleicht Luther die Komplexität des Mosaischen Gesetzes mit der Einzigartigkeit der Messe: „Um sich ein angenehmes, liebes Volk zu bereiten, das einträchtig untereinander verbunden wäre durch die Liebe, hat Christus das ganze Gesetz des Moses aufgehoben. Und um den Sekten und Zerteilungen in Zukunft keine Ursache zu geben, hat er nicht mehr als eine Weise oder ein Gesetz eingesetzt für sein Volk, das ist die heilige Messe."[10]
Die Rezeption des Evangeliums, die Integrität der Wahrheit Gottes entfaltet sich in der praktischen Liebe und im Dienst. Dies wird in bewegender Weise von Luther zum Ausdruck gebracht in seiner Schrift „Von dem hochwürdigen Sakrament des heiligen und wahren Leichnams Christi und von den Bruderschaften" (1519).[11] In dieser bedeutenden Abhandlung betont

---

[10] M. Luther, Ein Sermon von dem neuen Testament, das ist von der heiligen Messe. 1520, in: ders., Ausgewählte Schriften. Hg. v. K. Bornkamm u. G. Ebeling. Bd. 2: Erneuerung von Frömmigkeit und Theologie, Frankfurt a.M. 1982, 79-114, hier 80.

[11] Die mittelalterlichen Bruderschaften waren Gemeinschaften, die Gebet und gute Taten praktizierten. Luther betrachtete sie als Perversion der

Luther die Untrennbarkeit unserer – in der heiligen Kommunion begründeten – Vereinigung mit Christus einerseits und unserer Verbundenheit als Mitfeiernde andererseits: „Wenn du also dieses Sakrament genossen hast oder genießen willst, so musst du auch wiederum der Gemeinde Unglück mittragen [...]. Da muss nun dein Herz sich in die Liebe ergeben und lernen, wie dieses Sakrament ein Sakrament der Liebe ist und wie dir Liebe und Beistand zuteilwerden, wie umgekehrt du Liebe und Beistand erzeigen sollst Christus in seinen notleidenden Gliedern. Denn hier muss dir Leid zufügen alle Unehre Christi in seinem heiligen Wort, alles Elend der Christenheit, alles Unrechtleiden der Unschuldigen. All dies Leid zusammen findest du in überschwänglichem Maß an allen Orten der Welt. Hier musst du wehren, arbeiten, bitten und, wenn du nicht mehr kannst, herzliches Mitleid haben. Siehe, das heißt dann wiederum tragen Christi und seiner Heiligen Unglück und Widerwärtigkeiten. Da gilt denn der Spruch des Paulus: ‚Einer trage des andern Bürde, so erfüllt ihr Christi Gebot' (Gal 6,2). Sieh, so trägst du sie alle, so tragen sie alle wiederum dich, und alle Dinge sind gemeinsam, gute und böse. Da werden alle Dinge leicht, da kann der böse Geist gegen die Gemeinschaft nicht bestehen."[12]

Hier betont Luther seine Ekklesiologie des Kreuzes, in der die Natur der Gemeinschaft des Glaubens durch den paulinischen Begriff des „Gesetzes Christi" definiert ist – „einer trage des andern Bürde" (Gal 6,2). Dieses umfassende, soziale Verständnis der Bedeutung der Sakramente ist im Laufe der Jahre integraler Bestandteil des Selbstverständnisses des Lutherischen Weltbundes (LWB) geworden.

In seinem Studiendokument „Ökumenische Methodologie" aus dem Jahr 1978 wurde auch das Konzept der Koinonia in die lutherische ökumenische Besinnung eingeführt. Seine sozialen Aspekte werden unter den so genannten nicht-theologischen

---

wahren christlichen Jüngerschaft, weil sie seiner Ansicht nach den Eindruck erweckten, sich durch solche guten Werke das Heil zu verdienen, vgl. Schmalkaldische Artikel II, 2 (BSLK 422f.).

[12] M. Luther, Ein Sermon von dem hochwürdigen Sakrament des heiligen und wahren Leichnams Christi und von den Bruderschaften, in: Ausgewählte Schriften (Anm. 10), 53-77, hier 57f.

Faktoren eingestuft, die, genau gesehen, doch mehr oder weniger theologisch sind:
„Die Kirche als Leib Christi lebt von den Gaben des Herrn in Wort und Sakrament; sie weiß sich durch den Heiligen Geist zum Glauben berufen, gesammelt und geheiligt und sie steht als Volk Gottes in der Welt als menschliche Gemeinschaft, als Sozialverband. Diese Sozialgestalt des Glaubens und damit das Verflochtensein der Kirche in Rechtsverhältnisse, Wirtschaftsformen, Gesellschaftsordnungen und die damit verbundenen Interessen ist nie nur eine beliebige äußere Hülle gewesen, sondern gehört zu ihrer geschichtlichen Existenz und entspricht dem Heilshandeln Gottes in der Geschichte, nicht an ihr vorbei."[13]
Als die Katholische Kirche und der Lutherische Weltbund 1999 feierlich die „Gemeinsame Erklärung zur Rechtfertigungslehre" unterzeichneten, war die Methode vorherrschend, zunächst die biblische Lehre von der Rechtfertigung in konzentrierter Form zu formulieren. Auf dieser Grundlage wurde gezeigt, dass zu dieser Lehre ein differenzierter Konsens zwischen den beiden Gesprächspartnern besteht. In der „Gemeinsamen Offiziellen Feststellung", mit der die „Gemeinsame Erklärung" formell unterzeichnet wurde, heißt es: „Lutheraner und Katholiken werden ihre Bemühungen ökumenisch fortsetzen, um in ihrem gemeinsamen Zeugnis die Rechtfertigungslehre in einer für den Menschen unserer Zeit relevanten Sprache auszulegen, unter Berücksichtigung der individuellen und der sozialen Anliegen unserer Zeit."[14]
Diese fortzusetzenden Bemühungen wurden gemeinsam mit Vertretern des Weltrates Methodistischer Kirchen und der Weltgemeinschaft der Reformierten Kirchen als Studienprojekt zwischen beiden Dialogpartnern betrieben, um eine breitere biblische Grundlage für die Lehre von der Rechtfertigung zu

---

[13] Internationale Konsultation über ökumenische Methodologie, Genf, 17.-23. Juni 1976. Bericht, in: P. Højen (Hg.), Ökumenische Methodologie. Dokumentation und Bericht, Genf 1979, 12-30, hier 21, Nr. 39f.

[14] Gemeinsame Erklärung zur Rechtfertigungslehre des Lutherischen Weltbundes und der Katholischen Kirche, in: DwÜ 3, 419-441, hier 438.

erheben. Der Bericht dieser Arbeitsgruppe ist vor kurzem veröffentlicht worden.[15]

Wichtige lutherische Studiendokumente der letzten Jahre über Mission und Diakonie zeichnen sich auch durch ein umfassendes, ganzheitliches Verständnis des Evangeliums im Leben der Kirche aus.[16] Darüber hinaus betont die LWB-Strategie (2012-2017) im Abschnitt „Unsere lutherische Identität" deutlich: „Gemeinsam bezeugen wir, dass wir trotz unserer Sünden bedingungslos angenommen sind: vergeben, gerettet und durch Gottes Gnade um Christi willen durch den Glauben gerechtfertigt [...]. Lutherisch sein heißt diakonisch zu sein, weil wir von Christus im Glauben dazu befreit worden sind, unseren Nächsten zu lieben und ihm zu dienen. Unser Dienst in der Welt und unsere Sorge für die Schöpfung sind ein integraler Bestandteil unserer lutherischen Identität."[17]

Dies ist die Sprache, die dem lutherischen Diskurs viele Jahre fremd erschienen wäre, aber die heute nicht nur natürlich, sondern auch sehr wichtig geworden ist, sowohl durch die lutherische Teilnahme in der ökumenischen Weltbewegung, als auch durch Beziehungen und Kommunikation innerhalb der lutherischen Gemeinschaft.

---

[15] Biblische Grundlagen der Rechtfertigungslehre. Eine ökumenische Studie zur Gemeinsamen Erklärung zur Rechtfertigungslehre. Im Auftrag des Lutherischen Weltbundes, des Päpstlichen Rates zur Förderung der Einheit der Christen, der Weltgemeinschaft Reformierter Kirchen und des Weltrates Methodistischer Kirchen vorgelegt von einer Arbeitsgruppe alttestamentlicher, neutestamentlicher und systematischer Theologinnen und Theologen, hg. v. W. Klaiber, Leipzig-Paderborn 2012.

[16] Vgl. Mission im Kontext: Verwandlung, Versöhnung, Bevollmächtigung. Ein Beitrag des LWB zu Verständnis und Praxis der Mission, Genf 2006, und: Diakonia in Context: Transformation, Reconciliation, Empowerment. An LWF Contribution to the Understanding and Practice of Diakonia, Genf 2009.

[17] LWF Strategy 2012–2017. The LWF Communion – With Passion for the Church and for the World, Genf 2011, 8.

## 4. Machtvolles, aber gewaltloses Eintreten für die Wahrheit

In unserem Thema geht es um beides – „Wahrheit“ und „Macht“. Es ist daher sinnvoll, dies in einer Sprache zum Ausdruck zu bringen, die die Dynamik dieser beiden Konzepte betont. Ich möchte mit einem speziellen Fokus auf die Gewaltlosigkeit anfangen, die ich von einem allgemeinen Pazifismus unterscheide und die m.E. für unsere Menschheitsfamilie so notwendig ist, um die wirklich wichtigen Ziele in unserer Welt zu erreichen.

### *a) Eine Quäker-Perspektive*

Lassen Sie mich mit der Perspektive eines Quäkers beginnen. Ein Dokument von 1955 trägt den Titel: „Speak Truth to Power – den Mächtigen die Wahrheit sagen“ mit dem Untertitel: „Quäker auf der Suche nach einer Alternative zur Gewalt.“[18] Es behandelt eine Reihe von Themen, die es den Autoren in den 1950er-Jahren erlauben, „zu den Mächtigen“ zu sprechen – aus einer Perspektive der Gewaltlosigkeit.

Das Dokument stellt die „Politik in der Gegenwart“ dialektisch einer „Politik für die Ewigkeit“ gegenüber, die nicht zur Theokratie und Dominanz führt, sondern zu einer Sicherheitserwägung, die heute im politischen Diskurs selten gehört wird.[19] Ein zusammenfassendes siebentes Kapitel des Dokumentes führt aus: „Es gibt eine Politik in der Zeit, aber es gibt auch eine Politik für die Ewigkeit, die der Mensch gerne ignorieren möch-

---

[18] Speak Truth to Power. A Quaker Search for an Alternative to Violence. A study of international Conflict prepared for the American Friends Service Committee. Diese Studie wurde dem Vorstand des AFSC am 2. März 1955 überreicht.

[19] Eine bemerkenswerte Ausnahme stellt folgendes Dokument dar: Vulnerability and Security. Current challenges in security policy from an ethical and theological perspective. Prepared by the Commission on International Affairs in Church of Norway Council on Ecumenical and International Relations, 2001.

te, aber nicht kann. Er spielt mit der Politik in der Zeit, sieht sie, manipuliert sie, stellt sich vor, dass sie nur ihm gehöre; aber sowohl die Politik in der Zeit als auch die für die Ewigkeit gehören Gott. Nur aus dem Glauben heraus versteht man die Beziehung dieser beiden Politiken, denn nur der Glaube allein erfasst die Dimension der Ewigkeit.
Der Mensch sieht zwar nur schemenhaft, aber dennoch genug, um sich der übergeordneten Macht bewusst zu sein, die sich in die Angelegenheiten der Menschen mischt. [...]
Es gibt eine Arroganz, die eigene Interessen mit Tugend identifiziert, und die Menschen taub macht für die Bedürfnisse und Stimmen von anderen, die nicht zu ihrer eigenen Gruppe oder Nation gehören. Menschen streben nach Sicherheit in einer Welt, in der es keine Sicherheit gibt. Je mehr wir uns an die Sicherheit klammern, desto weniger sicher fühlen wir uns; je mehr wir uns an Waffen und wirtschaftliche Privilegien klammern, desto ängstlicher werden wir. Wie soll der Mensch von eigenen, ständig drohenden Ängsten und vom eigenen vorherrschenden Gefühl der Sinnlosigkeit befreit werden? [...] Es gibt wohl kaum einen größeren Akt der Befreiung als die Erlösung des Menschen aus den Fesseln des Terrors und Hasses, die ihn bisher versklaven. Jeder Mensch trägt die Quelle der Freiheit in sich. Er kann ‚Nein' sagen, wann immer er sich kompromittiert sieht. Wir rufen alle Menschen auf, ‚Nein' zum Krieg und den unmoralischen Ansprüchen der Macht zu sagen, wo immer sie existieren und was immer die Folgen sein können. Wir rufen alle Menschen auf ‚Ja' zu mutiger Gewaltlosigkeit zu sagen, die allein Ungerechtigkeit, Verfolgung und Tyrannei überwindet."[20]
Ich sehe in einem solchen Text den Ruf nach einem Geist praktizierter Wahrhaftigkeit, der auch heute dringend erforderlich ist, wenn wir aus den tödlichen Mustern konkurrierender Mächte ausbrechen wollen, die unsere Menschheitsfamilie auch weiterhin politisch, militärisch und finanziell versklaven.

[20] http://www.quaker.org/sttp-7.html.

*b) Gandhi*

Eine der bekanntesten Persönlichkeiten, die in der neueren Geschichte, „den Mächtigen die Wahrheit" gesagt hat, ist Mahatma Gandhi. Er verwendet denselben Ausdruck, aber in seiner eigenen Begrifflichkeit. Er sprach von der „Kraft der Wahrheit". In Sanskrit wurde daraus: *satyagraha* – „Beharren auf der Wahrheit" – von *satya* (Wahrheit) und *agraha* (Beharren). Gandhi benutzte den Begriff „Satyagraha" im Kontext der indischen Unabhängigkeitsbewegung und auch in seinem früheren Ringen in Südafrika. Die Satyagraha-Theorie beeinflusste die Kampagne von Martin Luther King für Bürgerrecht in den Vereinigten Staaten, den Kampf von Nelson Mandela in Südafrika zur Zeit der Apartheid sowie andere Bewegungen im Einsatz für die soziale Gerechtigkeit. Für Gandhi ging Satyagraha über den rein „passiven Widerstand" hinaus. „Wahrheit (satya) bezieht auch die Liebe ein und führt zur Beständigkeit (agraha) und ist deshalb ein Synonym für Kraft. So nannte ich die indische Bewegung Satyagraha, das heißt die Kraft, die aus der Wahrheit und Liebe oder Gewaltlosigkeit erwächst, und habe in diesem Zusammenhang den Ausdruck ‚passiver Widerstand' nicht mehr verwandt, so dass wir ihn sogar in englischen Texten vermieden und stattdessen das Wort ‚Satyagraha' oder einen anderen, gleichwertigen englischen Ausdruck verwendeten."[21]
Ein wesentlicher Aspekt der Satyagraha-Methode, die einen sozialen Transformationsprozess einleitet, ist die Untrennbarkeit von Mitteln und Zielen. Es kann keine richtige soziale Veränderung stattfinden, wenn die Mittel, die verwendet werden, um es zu erreichen, nicht von der gleichen Natur sind wie das Ziel selbst. Gandhi schrieb: „Sie sagen, ‚Mittel sind schließlich nur Mittel zum Zweck'. Ich würde sagen, ‚Mittel sind schließlich alles'. Wie die Mittel, so das Ende."[22] Deshalb müssen diejenigen, die einen Wandel herbeiführen wollen, von den Werten durchdrungen sein, zu denen der Wandel führen soll: „Es darf

---

[21] M.K. Gandhi, Satyagraha in South Africa, Ahmedabad 1928, 109f.
[22] Aus dem Abschnitt: "The Gospel Of Sarvodaya", in: The Mind of Mahatma Gandhi. Encyclopedia of Gandhi's Thoughts. Compiled & Edited by R. K. Prabhu & U. R. Rao. Revised Edition, Ahmedabad 1967, 221.

keine Ungeduld, keine Grausamkeit, keine Unverschämtheit, keinen unangemessenen Druck geben. Wenn wir den wahren Geist der Demokratie kultivieren wollen, können wir es uns nicht leisten, intolerant zu sein. Intoleranz verrät den Glauben an die eigene Sache." [23]
Ich werde auf diese Perspektive in dem Abschlusskapitel zurückkommen.

*c) Martin Luther King*

Wie bereits erwähnt, hat die Satyagraha-Theorie auch Martin Luther King beeinflusst, der selbst sagt: „Wie die meisten Leute hatte auch ich von Gandhi gehört, aber ich hatte ihn nie ernsthaft studiert. Als ich dann von seinen Schriften las, war ich zutiefst fasziniert von seinen Aktionen des gewaltlosen Widerstands. Ich war besonders von seinem Salzmarsch zum Meer und seinem zahlreichen Fasten beeindruckt. Das gesamte Satyagraha-Konzept (Satya ist die Wahrheit in der Liebe, Agraha bedeutet Kraft; Satyagraha bedeutet daher Wahrheitskraft oder Liebeskraft) bekam für mich eine immense Bedeutung. Als ich mich eingehender mit der Philosophie Gandhis befasste, verschwand nach und nach meine Skepsis gegenüber der Kraft der Liebe, und zum ersten Mal entdeckte ich in ihr das ungeheure Potential im Blick auf die soziale Reform. [...] In dieser Emphase, mit der Gandhi auf die Liebe und Gewaltlosigkeit setzte, entdeckte ich die Methode der sozialen Reform, die ich suchte."[24]
Vor kurzem habe ich wieder einmal die Rede „I Have a Dream" gelesen, die Martin Luther King am 28. August 1963 am Lincoln Memorial in Washington, D.C. gehalten hat. Im Zusammenhang mit dem Thema meines Vortrags komme ich nicht umhin, einige Passagen aus seiner Rede zu zitieren, die zu den größten und kühnsten in unserer Zeit zählt. Es ist bekannt, wie seine politische Vision, seine Rede über die Macht, in der Form seines

---

[23] Aus dem Abschnitt "Power of Satyagraha", in: ebd., 176.
[24] Martin Luther King, Jr., The Autobiography of Martin Luther King, Jr. Ed. By C. Carson, New York 1998, 23f.

Traums durch seinen Glauben genährt und angetrieben wird: „Lasst uns nicht aus dem Kelch der Bitterkeit und des Hasses trinken, um unseren Durst nach Freiheit zu stillen. Wir müssen unseren Kampf stets auf der hohen Ebene der Würde und Disziplin führen. Wir dürfen unseren schöpferischen Protest nicht zu physischer Gewalt herabsinken lassen. Immer wieder müssen wir uns zu jener majestätischen Höhe erheben, auf der wir physischer Gewalt mit der Kraft der Seele entgegentreten. [...] Mit diesem Glauben werden wir fähig sein, aus dem Berg der Verzweiflung einen Stein der Hoffnung zu schlagen. Mit diesem Glauben werden wir fähig sein, die schrillen Missklänge in unserer Nation in eine wunderbare Symphonie der Brüderlichkeit zu verwandeln. Mit diesem Glauben werden wir fähig sein, zusammen zu arbeiten, zusammen zu beten, zusammen zu kämpfen, zusammen ins Gefängnis zu gehen, zusammen für die Freiheit aufzustehen, in dem Wissen, dass wir eines Tages frei sein werden. [....] Wenn wir die Freiheit erschallen lassen – wenn wir sie erschallen lassen von jeder Stadt und jedem Weiler, von jedem Staat und jeder Großstadt, dann werden wir den Tag beschleunigen können, an dem alle Kinder Gottes – Schwarze und Weiße, Juden und Heiden, Protestanten und Katholiken – sich die Hände reichen und die Worte des alten Negro Spiritual singen können: ‚Endlich frei! Endlich frei! Großer allmächtiger Gott, wir sind endlich frei!'"

### *d) Eduard Saïd*

Edward Wadie Saïd (1935-2003) war ein palästinensisch-amerikanischer Professor für Englisch und vergleichende Literaturwissenschaft an der Universität von Columbia, und trat zur gleichen Zeit machtvoll für die Rechte der Palästinenser ein. Saïd entstammte einer palästinensisch-christlichen Familie im Nahen Osten zur Zeit der Staatsgründung Israels und setzte sich für die Schaffung eines palästinensischen Staates und gleiche Rechte für Palästinenser in Israel ein, einschließlich des Rechts auf Rückkehr in die alte Heimat. Saïd nutzte seine palästinensischen und amerikanischen Verbindungen, um Kontakte zwischen dem Westen und dem Nahen Osten aufzubauen. Mit

seinem Freund Daniel Barenboim gründete Saïd das West-Eastern Divan Orchester, das sich aus Jugendlichen aus Israel, den palästinensischen Gebieten und den umliegenden arabischen Nationen zusammensetzt.
Im Jahr 2003 hielt Saïd die so genannten Reith Lectures in der BBC[25] zum Thema „Intellektuelle geben Zeugnis". Einer dieser Vorträge stand unter dem Thema „Speaking Truth to Power – Den Mächtigen die Wahrheit sagen". Saïd war kein praktizierender Christ, und er verwahrte sich gegen die Vereinnahmung der Religion für politische Zwecke. Aber der Großteil seiner Philosophie kreiste gleichwohl um Werte, denen sich auch Christen und Gläubige anderer Religionen verpflichtet fühlen.
Das klingt auch in einem seiner Radiovorträge an. Er betont dabei, dass sich insbesondere die geistigen Eliten eine starke persönliche Integrität bewahren müssen, wenn sie in gesellschaftliche Gruppen, politische Systeme oder in Wirtschaftsunternehmen eingebunden sind, die ihnen oft absolute Loyalität abverlangen: „Ich stelle allen geistigen Eliten die grundlegende Frage: Wie kommunizieren sie die Wahrheit? Welche Wahrheit? Für wen? Wann und wo? Aber leider gibt es kein noch so ausgefeiltes System und keine noch so sichere Methode, um diese Fragen umfassend und befriedigend zu beantworten. Oft neigen viele einfach dazu, ihre Meinung zurückzuhalten oder sich einfach anzupassen. Nichts ist meiner Ansicht nach verwerflicher als das auch bei Intellektuellen anzutreffende Muster, Vermeidungsstrategien zu entwickeln und die eigenen Prinzipien oder abweichende Positionen aufzugeben, die man zwar nach wie vor für richtig, aber nicht für opportun hält. Man will sich nicht zu profiliert äußern, weil man die Auseinandersetzung scheut. […]. Für einen Intellektuellen sind diese mentalen Verhaltensmuster schlechthin korrumpierend. Aber es sind gerade solche verinnerlichten Denkmuster und tonangebenden Verhaltensweisen, die der intellektuellen Redlichkeit abträglich sind, sie manipulieren und auf Dauer neutralisieren."
Ob die Philosophie der Quäker oder die Stimme eines Mahatma Gandhi, eines Martin Luther King oder eines Edward Saïd,

---

[25] http://www.bbc.co.uk/programmes/p00gxqyb.

die auf je ihre Weise „gegenüber den Mächtigen für die Wahrheit" eingetreten sind: sie alle verweisen darauf, dass wahre geistliche Führung auf der Kongruenz von gelehrten und gelebten Werten basiert. Für Christen ist Christus selbst Maßstab und Modell. Seine Jünger nannten ihn Lehrer und Meister, und er lud sie ein, ihm zu folgen, auch wenn es bedeutete, das eigene Kreuz anzunehmen. Aber wie in diesem Kapitel angedeutet, gibt es auch in anderen Religionen ganz ähnliche Überzeugungen.

## 5. Wahrheit und Liebe als geteilte interreligiöse Werte

Als jemand, der aus dem Nahen Osten kommt, ist es mir wichtig, darauf hinzuweisen, dass es nicht nur zwischen Judentum und Christentum, sondern auch zwischen Christentum und Islam im Blick auf das Verhältnis von Wahrheit und Liebe signifikante Übereinstimmungen gibt. Dies ist unter Theologen schon seit langem bekannt, wurde aber erst von der breiten Öffentlichkeit zur Kenntnis genommen, als 2007 ein offener Brief von führenden muslimischen Gelehrten an die Adresse der christlichen Kirchen und Konfessionen gerichtet, wurde.[26]
Zentrales Anliegen dieses wichtigen Dokuments war es herauszustellen, dass die beiden Hauptgebote der Liebe zu Gott und dem Nächsten die Mitte im Glaubensverständnis des Islam wie des Christentums sind. Aufgrund dieser Gemeinsamkeit rief das Dokument zu Frieden und Harmonie zwischen Christen und Muslimen weltweit auf.[27]

---

[26] „Ein Gemeinsames Wort zwischen Uns und Euch", zitiert nach der Übersetzung auf: http://www.theology.de/downloads/gemeinsameswort.pdf.

[27] Seit der Veröffentlichung des „Gemeinsamen Wortes" haben 60 Christliche Leiter darauf geantwortet. Inzwischen hat sich die Zahl von muslimischen Gelehrten, die die Initiative unterzeichnet haben, auf ungefähr 300 erhöht, und mehr als 460 Islamische Organisationen und Vereinigungen unterstützen das Dokument. Es hat zu einer Reihe von spontanen lokalen Basisbewegung, Gemeinschaften und Initiativen weltweit geführt, in Indien, Pakistan, Bangladesch, Kanada, Südafrika, den USA und Großbritannien (s. http://www.acommonword.com/).

Die Formulierung „die Wahrheit tun" findet sich als solche zwar nicht in dem Dokument, (womit auch nicht zu rechnen war), wohl aber der Sache nach, wenn über die fundamentalen Werte gesprochen wird, die für die menschliche Seele charakteristisch sind. Der Gedanke eines erfüllten Lebens wird hier unter den Begriff des „Erfolgs" gefasst, was in gewisser Spannung zum christlichen Grundverständnis steht, aber es lohnt nachzufragen, welche Intention das Dokument mit einer solchen Wendung verbindet: „Wie wir aus allen oben zitierten Abschnitten erkennen können, wird die Seele als mit drei Haupteigenschaften behaftet im Qur'an dargestellt: Vernunft oder Intelligenz, erschaffen, um die Wahrheit zu erfassen; Wille, gemacht, um die freie Entscheidung zu üben, und das Gemüt (denken und fühlen; M.M.H.), erschaffen, um das Gute und Schöne zu lieben. Mit anderen Worten könnte gesagt werden, dass des Menschen Seele durch das *Verständnis* die Wahrheit kennt, durch den *Willen* das Gute, und durch tugendhafte Gefühle und *Empfinden* die Gottesliebe verspürt. Der Qur'an fährt im gleichen Kapitel, wie dem oben zitierten fort, den Menschen zu gebieten, Ihn so stark wie nur möglich zu fürchten, und auf Seine Wahrheit zu hören (und somit sie zu verstehen); zu gehorchen (indem das Gute gewollt wird), und auszugeben (somit Liebe und Tugendhaftigkeit in die Praxis umzusetzen), was, wie Er sagt, für unsere Seelen besser ist. Durch das Bemühen all unserer seelischen Eigenschaften – der Fähigkeit zu Wissen, zu Wollen und zur Liebe – vermögen wir gereinigt zu werden und zum letztendlichen Erfolg gelangen: *So fürchtet Gott, soviel ihr nur könnt, und hört und gehorcht und spendet; es wird für euch selbst besser sein. Und wer vor seiner eigenen Habsucht bewahrt ist – das sind die Erfolgreichen* ( Al-Taghabun 64:16)."[28]
In seiner Antwort vom Januar 2009 schrieb Bischof Mark S. Hanson, mein Vorgänger als Präsident des Lutherischen Weltbundes: „Ich verstehe Ihren Brief als aufrichtigen Ausdruck Ihrer Treue und erwartungsvollen Hoffnung auf Frieden, zu der uns die heiligen Schriften und Glaubensbekenntnisse aufrufen. Ich unterstütze das Gebet und die Errichtung von Gemeinden als

---

[28] „Ein Gemeinsames Wort" (Anm. 26).

Orte der Gerechtigkeit, des Friedens und der Sicherheit, wo Muslime, Juden und Christen aus diesen ursprünglichen Quellen lebendigen Wassers schöpfen. Der Brief bezeugt die Liebe zu Gott wie auch das gemeinsame Erbe wahrer Nächstenliebe. Dieses Gebot ruft uns auf zum prophetischen Zeugnis gegenseitiger und lebendiger Koexistenz, dass Christen und Muslime sich gegenseitig umarmen müssen.

Der Brief hebt hervor, wie das Gebot der Gottes- und Nächstenliebe in Koran, Thora und Neuem Testament uns auch miteinander verbindet. Ich möchte jedermann ermutigen, die wunderschönen Abschnitte in den heiligen Schriften der abrahamitischen Religionen zu lesen, Ausdruck der Vision Gottes, wie und wen wir lieben sollen in einer zerbrochenen Welt. Diese uns gemeinsam anvertraute Vision bedeutet Treue und Gemeinschaft für Juden, Muslime und Christen in einer Welt, in der Konflikte unser gemeinsames Erbe als Kinder Gottes verletzen."

Seine Königliche Hoheit Prinz Ghazi von Jordanien, der maßgeblich an der Denkschrift „Ein Gemeinsames Wort" mitgewirkt hat, bezeichnet in seiner Abhandlung über die „Liebe im Heiligen Koran" (2010) die Liebe als das Herzstück des Islam.[29] In dieser Studie wird die Liebe aus verschiedenen Blickwinkeln als eine göttliche und menschliche Qualität betrachtet. Ich möchte an dieser Stelle nur anmerken, dass die Scharia hier theologisch gedeutet wird: gegründet auf der Liebe Gottes zu uns Menschen und der Menschen zu Gott und zueinander. Diese theologische Perspektive zieht sich wie ein roter Faden durch das Buch und führt den Leser zu einem tieferen Verständnis der Theologie der Liebe, wie sie im Koran beschrieben wird. Ich erkenne in diesem Buch einen spirituellen Diskurs, der mir aus der Bibel gut bekannt ist, insbesondere aus den johanneischen Schriften, die bezeugen, dass Gott Liebe ist. Gott kennen heißt, die Liebe kennen, und umgekehrt: „Liebe Brüder, wir wollen einander lieben; denn die Liebe ist aus Gott und jeder, der liebt,

---

[29] Vgl. H.R.H. Prince Ghazi bin Muhammad bin Talal, Love in the Holy Qur'an. Kazi Publications, Chicago Ill. 2010. English translation of the 6th Arabic Edition.

stammt von Gott und erkennt Gott. Wer nicht liebt, hat Gott nicht erkannt; denn Gott ist die Liebe"(1 Joh 4,7-8).

Auch wenn ich mich als Christ dem Konzept der Liebe aus einem etwas anderen theologischen Blickwinkel nähere, bin ich davon überzeugt, dass die *Bedeutung und Praxis der Liebe* die richtige Grundlage für die interreligiöse Verständigung und Zusammenarbeit in der heutigen Welt ist, die mit vielen Herausforderungen verbunden ist, wie wir wissen.

## 6. Orthopraxie und die vorrangige Option für die Armen

Wir werden jetzt zum Hauptthema unserer Präsentation zurückkehren: *„Wahrheit tun" (Joh 3,21) – Umwandlung der Gesellschaft durch die Kraft des Gotteswortes.* Wir werden darauf hinweisen, dass die Zuwendung zum „Tun der Wahrheit" mit dem modernen Begriff der „Orthopraxie" korrespondiert. Wir werden auch darauf aufmerksam machen, wie „die Armen" einen hermeneutischen Rahmen für die theologische Reflexion über die Wahrheit im Hinblick auf eine Umwandlung der Gesellschaft durch das Wort Gottes bieten können.[30]

In einem Artikel aus dem Jahr 1988 stellt sich Bernard J. Verkamp die Frage, ob „sein Zugang zur Theologie, für sich genommen, abseits jeder Betrachtung persönlicher Motivation, mit dem Auftrag eines christlichen Theologen übereinstimmte". Er erwähnt hier seine Aufmerksamkeit für die Befreiungstheologie, von der er sagt: „In ihrer Mitte steht das Beharren auf Orthopraxie oder darauf, ‚die Wahrheit zu tun', im Gegensatz zur bloßen Verkündigung von Lehre, wie der Begriff ‚Orthodoxie' impliziert. In seiner umfassendsten Konnotation bedeutet der Begriff, dass der Glaube gelebt werden muss, bevor er irgendeine Art von theologischem Sinn ergeben kann. Aber

[30] Ich bin hier dem Werk von O. Kristenson, Pastor in the Shadow of Violence. Gustavo Gutiérrez as a Publical Pastoral Theologian in Peru in the 1980s and 1990s, Uppsala 2009, und seinem Artikel: Universality and Particularity. A Contribution to the Interpretation of Gustavo Guttiérrez' Theological Reflection with a Focus on the Preferential Option for the Poor, in: Swedish Missiological Themes 99 (2011) No. 1, zu Dank verpflichtet.

sowohl Gustavo Gutiérrez als auch Juan Luis Segundo, Hauptvertreter der Befreiungstheologie, haben den Begriff der Orthopraxie auch verwendet, um die Frage aufzuwerfen, was ihrer Ansicht nach die Tendenz der traditionellen, akademischen Theologen gewesen ist, nämlich den alltäglichen Problemen der Menschheit fernzubleiben."[31]

Der Begriff der „Orthopraxie", der sich gut mit dem Begriff „Wahrheit tun" verbindet, ist nicht neu.[32] Aber er wurde in den Kontext der theologischen Reflexion der lateinamerikanischen Befreiungstheologie der 1980er-Jahre eingeführt. Erst in den letzten Jahren ist er zu einem gängigen Begriff innerhalb der ökumenischen Reflexion über die *Diakonie* geworden.

Der Zweck, einen Begriff wie „Orthopraxie" zu verwenden, besteht nicht in der Schaffung einer Alternative zur „Orthodoxie", als ob es ein würdiger Zweck wäre, die Bedeutung des wahren Glaubens im Christentum beiseite zu schieben, um die Aufmerksamkeit der Gläubigen auf ihre eigenen Taten zu konzentrieren. Das Gegenteil ist der Fall. Der Grund dafür ist, dass die Sorge für das Leben des Christen und der Kirche für die theologische Reflexion und die wahrheitsgemäße Interpretation des Wortes Gottes so wichtig ist, dass die beiden Konzepte nebeneinander stehen und sich gegenseitig in ihrer Bedeutung erschließen sollen.

In diesem Zusammenhang ist auch die Perspektive der „vorrangigen Option für die Armen" wichtig. Sie ist ein Weg, um die Situation zu konkretisieren, in der die „Orthopraxie" – durch das Beispiel Christi inspiriert – ganz allgemein ausgeübt werden sollte. Der Ausdruck selbst, „vorrangige Option für die Armen", wurde durch die dritte Vollversammlung der lateinamerikani-

---

[31] Bernhard J. Verkamp, On doing the Truth. Orthopraxis and the Theologian, in: ThSt 49 (1988) 3-24, hier 3f.

[32] Dieser Begriff wird, wie E. Schillebeeckx, Christus und die Christen. Die Geschichte einer neuen Lebenspraxis, Freiburg i. Br. 1977, 864, Anm. 3, feststellt, bereits von William A. Curtis in seinem Artikel: Orthodoxy, in: Encyclopedia on Religion and Ethics. Bd. 9, Edinburgh 1917, 517 verwendet. Curtis schreibt hier, dass der Begriff der Orthodoxie „ought to have for its correlatives such words as '*orthopathy*' and '*orthopraxy*', the inward experience and the outward exercise of piety."

schen Bischöfe in Puebla 1979 eingeführt. Er ist jedoch wesentlich von Gustavo Gutiérrez entwickelt worden, der stark betont, dass die besondere Sorge für die Armen nicht im Widerspruch zur universalen Liebe Gottes zu allen Menschen steht: „Doch weist allein schon das Wort ‚Vorrang' jede Ausschließlichkeit zurück und unterstreicht, wer die ersten – nicht die einzigen – Adressaten unserer Solidarität zu sein haben. [...] Die Theologie der Befreiung hat von Anfang an betont [...], die große Herausforderung bestehe in der Notwendigkeit, sowohl an der Universalität der Liebe Gottes als auch an seiner Vorliebe für die Letzten der Geschichte festzuhalten. Sich ausschließlich für einen der beiden Pole entscheiden hieße die christliche Botschaft verstümmeln."[33]

Weil die „vorrangige Option für die Armen" sich als Rahmen für die Erkenntnistheorie in einem breiteren Kontext eignet, ist es möglich, sie als einen gültigen hermeneutischen Kontext für die Auslegung des Wortes Gottes zu begreifen. Wie Olle Kristenson erklärt: „Eng verbunden mit der ‚vorrangigen Option für die Armen' ist der Ausdruck, den einige Befreiungstheologen verwenden: das epistemologische Privileg der Armen. Der Ausdruck möchte betonen, dass die Beziehung zu den Armen nicht nur eine ethische Frage ist. Für Befreiungstheologen hat die Solidarität mit den Armen Konsequenzen für die Art und Weise, wie die soziale und politische Realität wahrgenommen wird. Gutiérrez betont, dass dieses Sprechen über ein epistemologisches Privileg der Armen nicht bedeutet, dass die Armen Theologie betreiben. Seine Interpretation lautet, dass die ‚vorrangige Option für die Armen' mehr als nur intellektuelles Verständnis bedeutet: ‚es ist eine Frage des Lebens, der Spiritualität und der Verkündigung des Evangeliums, aber auch eine theologische Arbeit in Folge der genannten Aspekte'."[34]

---

[33] G. Gutiérrez, Theologie der Befreiung. Mit einer neuen Einleitung des Autors u. einem neuen Vorwort v. J.B. Metz, Mainz [10]1992, 29f.

[34] O. Kristenson, Pastor in the Shadow of Violence (Anm. 30), 89f. mit einem Zitat aus einem Brief von Gutiérrez an ihn vom 15. April 1998.

## 7. Fazit: Die Wahrheit tun – Mittel und Ziele

Wenn wir den Begriff „Wahrheit tun" betrachten sollen, so müssen wir auch die „Umwandlung der Gesellschaft durch die Kraft des Gotteswortes" betrachten. Die Wahrheit, die uns leitet und uns vorwärtstreibt, ist die Wahrheit von Gottes unermesslicher Gnade, die Offenbarung des Willens Gottes, die unsere Herzen und Leben erfüllt, und unseren Glauben aufrechterhält.
Für den Christen ist die uns durch das Wort Gottes mitgeteilte Wahrheit die Wahrheit der individuellen Vergebung, Hoffnung und Erlösung in Christus. Aber es ist auch eine Wahrheit, die soziale Gerechtigkeit, gegenseitiges Verständnis und Respekt für die Heiligkeit des Lebens verlangt. Der individuelle Aspekt der Wahrheit gibt einer Person die Freiheit, die Motivation und die Kraft für den Dienst, während der soziale Aspekt zur Implementierung, Aufrechterhaltung und zum Wachstum der gemeinsamen Werte in gesellschaftliche Realitäten führt.
Die Umwandlung der Gesellschaft *durch das Tun der Wahrheit, die Kraft des Gotteswortes*, ist ein Prozess, der uns in die Zukunft bringen kann. Das ist nicht bloß ein politisches Programm, welches erfordert, dass eine Reihe von Faktoren erfüllt sein müssen, bevor geteilte Werte wirken können wie z.B. die Förderung durch politischen Parteien und Mehrheitsbeschlüsse in Regierungsversammlungen. Während diese wichtig sind, können wir nicht von ihnen beschränkt werden. Wir müssen immer bereit sein, uns nach den Erfordernissen des Kontextes zu richten, um die Wahrheit der Gnade und Gerechtigkeit Gottes zu fördern.
Ein christlicher Beitrag zur glaubensbasierten Formung der Gesellschaft unter schwierigen Bedingungen ist die christliche Betonung des „Jetzt" von Gottes Gnade, Vergebung und dem Aufruf zum gemeinsamen Handeln. Wenn die Spannungen groß und die Einsätze hoch sind, verkündet das Evangelium, dass Gottes Stunde da ist. Jeder Moment ist ein *Kairos* – ein Moment der Gnade, ein Moment der Einheit, ein Moment der Hoffnung. Jeder Augenblick ist eine Möglichkeit, die Zukunft zu gestalten.
Die Umwandlung der Gesellschaft durch „das Tun der Wahrheit" ist immer bereit für die sofortige Umsetzung. Angetrieben

wird es durch die individuellen und gemeinsamen Werte der Gemeinschaft, die zu einem erheblichen Teil über religiöse und kulturelle Grenzen hinweg existieren.
Selbstverständlich wirken sich religiöse Unterschiede auch auf das Verständnis und die Praxis der Wahrheit aus. Ein Beispiel ist die unterschiedliche Vorstellung von der *Vergebung* unter den drei abrahamitischen Religionen. Das ist kein geringes Problem, das einfach ignoriert werden kann. Es ist eine Angelegenheit, die eine ernste Aufmerksamkeit in den interreligiösen Beziehungen verdient. Und doch dürfen wir gleichzeitig die Bedeutung gemeinsamer Werte wie beispielsweise der Zehn Gebote, des Doppelgebots der Liebe, der Goldenen Regel und der allgemeinen Menschenrechte nicht unterschätzen.
Unsere Ziele rechtfertigen unsere Mittel nicht. Das ist ein großer ethischer Irrtum. Im Gegenteil: *Es sind die Mittel, die das Ziel rechtfertigen.* Unsere Mittel müssen mit unseren Zielen übereinstimmen und diese reflektieren. Die Art und Weise, in der wir leben, reden und handeln, einzeln und gemeinsam, prägen unsere Ziele und lassen sie in der Wahrheit lebendig werden. Wovon wir hier sprechen ist im Wesentlichen auch der Kern der *Sumud* (Unerschütterlichkeit, Standhaftigkeit), die zu Recht die Seele des palästinensischen Volkes genannt wird.[35]
Im Heiligen Land ist es die *Art und Weise, in der wir jetzt gemeinsam leben,* als zwei Völker und drei Religionen, die unsere Vision zweier Staaten, die Seite an Seite in Frieden und Sicherheit existieren, formen muss. Es ist unser Glaube an die Zwei-Staaten-Lösung, der *jetzt* die Art, wie wir das Land nutzen, die Menschenrechte und die gegenseitigen Beziehungen formen muss. Ich bin ganz und gar davon überzeugt, dass, wenn wir *jetzt* unsere Gedanken und Herzen auf die Umsetzung der beiden Staaten ausrichten, sich für die vielen strittigen Fragen, die jetzt noch unlösbar scheinen, nach und nach eine Lösung finden wird, einschließlich der Zukunft Jerusalems.

---

[35] Vgl. SUMUD. Soul of the Palestinian People. Reflections and Experiences. Culture and Palestine – Arab Educational Institute – Bethlehem. AEI-Open Windows, 2011.

Wenn wir statt Raketen, Mauern, Planierraupen und Mord dem gnädigen Wort Gottes vertrauen, dann können wir den Geist der Gewalt und des Betrugs beenden, der zurzeit die gesellschaftliche Transformation verhindert. Wir werden stattdessen die Kraft der menschlichen Solidarität und Zusammenarbeit erfahren. Dieses Problem ist in *erster Linie* kein politisches, sondern eine Frage des Glaubens und der Ethik. Aber in *zweiter Linie* ist es in der Tat eine Sache der Politik, da es in der Politik letztlich um die Transformation der Gesellschaft in Richtung dessen. was gut und daher wahr ist, geht.

Wenn wir *jetzt*, als Israelis und Palästinenser in der Lage sind, die Menschlichkeit des jeweils anderen zu respektieren und das Abbild Gottes im Anderen sehen, dann werden wir auch die religiösen, politischen und nationalen Rechte der Anderen anerkennen. Dann wird das Heilige Land zu einem gelobten Land, in dem Milch und Honig fließen – für beide, Israelis und Palästinenser. Und wir würden uns bald fragen, warum die Schwierigkeiten zwischen uns für eine lange Zeit so groß waren.

Unsere Thema lautete „,Die Wahrheit tun' (Joh 3,21) – Umwandlung der Gesellschaft durch die Kraft des Gotteswortes." Was dieses Thema ermöglicht, ist, unsere Gedanken zu richten auf die Möglichkeit der Transformation der Gesellschaft und der Korrektur der Richtung*, in die sich unsere Welt entwickelt.* Aus einer christlichen Perspektive heraus folgt diese Möglichkeit aus der Wahrheit und der Kraft des gnädigen Wortes Gottes, uns offenbart in Jesus Christus, indem er auf dem Berg seine Predigt hielt und sich für seinen göttlichen Dienst der Heilung opferte.

# III.

# Reformprozesse in Kirche und Gesellschaft

# Orientierung aus dem Wort Gottes

## Gesellschaftliches und politisches Engagement aus christlichem Geist

*Wolfgang Thierse MdB*

### 1. Gegen den Allmachtsanspruch von Politik und Ökonomie

Die Frage danach, wie ein gesellschaftliches und politisches Engagement aus christlichem Geist aussehen soll, wie es sich am Licht des Wortes Gottes orientiert, kann hier natürlich nur an einigen Punkten deutlich gemacht werden. Der wichtigste und grundlegende Dienst der Kirche für die Gesellschaft besteht meiner Meinung nach im „Einspruch gegen den Allmachtsanspruch" der Politik. Das ist mir vor dem Hintergrund meiner DDR-Erfahrung mit dem missglückten Versuch einer weltanschaulichen Erziehungsdiktatur besonders wichtig: Der Einspruch gegen die Hypertrophierung des Ökonomischen und Politischen, eben den Allmachtsanspruch von Politik. Die christliche Überzeugung von der Gotteskindschaft jedes Menschen, also von seiner gleichen Würde ist der störrische und entschiedene Einspruch gegen die Reduktion des Menschen auf seine beiden Rollen, die er auf dem Markt spielt, nämlich Arbeitskraft und Konsument. Wert und Würde von Menschen bemisst sich für das Evangelium nicht an Leistung, Erfolg, Geldbeutel, Schönheit, Cleverness. Das Evangelium handelt von der Würde der Leidenden, der Scheiternden, der Behinderten, der Kranken, der Sterbenden, der Armen. Es ist ein befreiender Einspruch gegen die Entmoralisierung der sozialen Beziehungen und damit gegen die Dominanz des Ökonomischen wie auch die Absolutsetzung des Politischen. Diese Botschaft haben die Kirchen unbeirrt und vernehmbar immer wieder zu verkünden.

## 2. Den gesellschaftlichen Zusammenhalt fördern

Indem sie das tun, leisten die Kirchen einen wichtigen Beitrag für den Zusammenhalt unserer Gesellschaft. Denn in einer wahrlich pluralistischen, widersprüchlichen Gesellschaft stellt sich zunehmend die Frage nach dem, was diese Gesellschaft eigentlich zusammenhält: Reichen dafür die gemeinsame Sprache, die Anerkennung von Recht und Gesetz, der gemeinsame Verfassungspatriotismus? All das ist wichtig und notwendig, aber es reicht wohl nicht. Und gewiss reicht auch nicht das Beziehungsgeflecht, das wir als Gesellschaftsmitglieder über den Markt und über den Arbeitsprozess eingehen. Es bedarf darüber hinaus fundamentaler Gemeinsamkeiten und Übereinstimmungen in dem, was wir mit dem vielgebrauchten Wort „Werte" nennen. Es geht um Maßstäbe, Normen, also um Vorstellungen von der Freiheit und ihrer Kostbarkeit, von Inhalt und Umfang von Gerechtigkeit, vom Wert und von der Notwendigkeit von Solidarität, Vorstellungen von sinnvollem und gutem Leben, Vorstellungen von der Würde jedes Menschen und von der Integrität der Person, Vorstellungen von der herben Tugend der Toleranz und so weiter und so fort. Es geht um Maßstäbe, Normen und Werte, auf die wir vertrauen können, die Gültigkeit haben, die Orientierung geben. Es bedarf ideeller und ethischer Gemeinsamkeiten, sonst kann eine friedliche Gesellschaft nicht gelingen. Es ist darum die Aufgabe der Kirchen, ihren Beitrag zu erbringen zu den ideellen und ethischen Gemeinsamkeiten unserer Gesellschaft. Denn dieses nichtpolitische, sondern ethische Fundament von Demokratie ist nicht einfach und ein für alle Mal da, sondern ist immer gefährdet, kann erodieren, ist umstritten, muss immer wieder neu erarbeitet werden. Genau in diesem Sinne meinte Ernst-Wolfgang Böckenförde, dass der demokratische Staat von Voraussetzungen lebe, die er nicht selbst garantieren könne. Für diese Voraussetzungen tragen die kulturellen Kräfte der Gesellschaft die Verantwortung und dabei, so meine ich, auch und in besonderer Weise die Kirchen. Ich zitiere immer wieder einer wunderbaren Satz von Alexandre de Tocqueville: „Despotismus kommt ohne Religion aus, die Freiheit nicht." Deswegen muss der demokratische Staat ein außerordentliches Interesse an der

Kraft, an der Diskursfähigkeit und Diskursmöglichkeit dieser Kräfte in der Gesellschaft haben, die in diesem fundamentalen Sinne Bildung für Demokratie betreiben, also auch bürgerschaftliches Engagement fördern.

## 3. Der Primat der Verfassung

Nun ist das Verhältnis von säkularer Gesellschaft und Rechtsstaatlichkeit einerseits und dem Selbstbestimmungsrecht von Kirchen und Religionsgemeinschaften andererseits gegenwärtig in der Diskussion. So sehen beispielsweise Juden und Muslime in dem „Beschneidungsurteil" des Landgerichts Köln einen unrechtmäßigen Eingriff in ihre Religionsfreiheit. Kirchen und andere Religionsgemeinschaften tun sich teilweise schwer mit säkular-demokratischen Gewohnheiten, beispielsweise dem Umgang mit Satire als Ausdruck von Pressefreiheit. Gibt es einen Primat von säkularen Gesetzen und Gesetzmäßigkeiten vor Religionsinteressen? Selbstverständlich ist das nicht der Fall, und vielleicht muss man an diese Selbstverständlichkeit bewusst erinnern. Es gibt nur den Primat unserer Verfassung. Das Grundgesetz und die Gesetze gelten für alle gemeinsam. Das Grundgesetz propagiert aber keine säkularistische Weltanschauung, so wenig es nur auf die christlichen Kirchen setzt. Vielmehr lädt unsere Verfassung alle Bürger ein, aus ihren starken (und damit eben auch religiösen) Überzeugungen heraus, das Gemeinwohl mitzugestalten. Das meint gerade nicht das Herausdrängen von Religion aus der Öffentlichkeit. Die Kirchen sollten darum die Einladung immer wieder annehmen, öffentlich Stellung zu beziehen, Kritik zu üben und dann natürlich auch Kritik zu ertragen – aber ohne wehleidig zu sein! Vielmehr sollten sie durch ihr eben durchaus auch kritisches Auftreten in der Öffentlichkeit ihr Vertrauen in die Demokratie zum Ausdruck bringen. Denn dieses Vertrauen ist heute in vielfältiger Weise bedroht.

## 4. Das notwendige Vertrauen in die Demokratie

In seiner Antrittsrede am 23. März 2012 sagte Bundespräsident Joachim Gauck: „Ich erlaube mir, Sie alle um ein Geschenk zu bitten, um Vertrauen. Zuletzt bitte ich Sie um Vertrauen in meine Person. Davor aber bitte ich Sie um Vertrauen zu denen, die in unserem Land Verantwortung tragen, wie ich diese um Vertrauen zu all den Bewohnern dieses wiedervereinigten und erwachsen gewordenen Landes bitte. Und davor wiederum bitte ich Sie alle, mutig und immer wieder damit zu beginnen, Vertrauen in sich selbst zu setzen. Nach einem Wort Gandhis kann nur ein Mensch mit Selbstvertrauen Fortschritte machen und Erfolge haben. Dies gilt für einen Menschen wie für ein Land, so Gandhi." Nun ist Vertrauen eine kostbare und zugleich flüchtige Ressource – im privaten und beruflichen Leben, in allen persönlichen und geschäftlichen Beziehungen. Vertrauen lässt sich nicht anweisen, nicht befehlen. Es fällt nicht vom Himmel und ist nicht wirklich käuflich. Vertrauen erarbeiten ist mühsam. Es muss wachsen zwischen einzelnen Personen und Gruppen. Auch die großen gesellschaftlichen Institutionen (von den Parteien bis zu den Kirchen) sind auf Vertrauen angewiesen – auf Vertrauen in ihre Repräsentanten, auf Vertrauen in vereinbarte Abläufe, auf Vertrauen in ihre Verfahren. Ein Klima des wechselseitigen Vertrauens und Respekts ist unabdingbar für gesellschaftlichen Zusammenhalt, auch für wirtschaftlichen Erfolg, für wissenschaftlichen und sozialen Fortschritt. Ohne eine Kultur des Vertrauens ist Demokratie nicht lernbar, nicht gestaltbar – und letztlich nicht lebensfähig.

## 5. Die Bedrohung der Demokratie durch die Finanzmarktkrise

Unser gegenwärtiges gesellschaftliches Klima ist nun aber offenkundig geprägt von Momenten der Verunsicherung, des Vertrauensverlustes und eher des Misstrauens. Unsere Demokratie hat es gegenwärtig schwer, fast bis an den Rand der Bedrohung. Ich übertreibe nicht, man vergleiche nur die vielen Umfragen über das Ansehen der Politiker, Parteien, Parlamente, die inzwischen am unteren Rand der Bewertungsskala angekommen sind. Ziemlich stabil ist das so. Wer ist an der Spitze? Die Feuerwehr. Wer ist ganz unten? Die Politiker. Unsere Demokratie wird bedrängt, angefressen, in Frage gestellt von ganz verschiedenen Seiten und durch sehr verschiedene Entwicklungen. Ich nenne nur ein paar disparate Punkte:

- Die Unzufriedenheit, die Ungeduld, der Verdruss vieler Bürger (der temporäre Erfolg der Piratenpartei ist auch ein Ausdruck genau dafür).
- Die sinkende Wahlbeteiligung: An den Landtagswahlen 2012 im Saarland, in Schleswig-Holstein, in NRW beteiligten sich jeweils nur ca. 60 Prozent. Das ist nach unseren Vorstellungen von vitaler Demokratie niederschmetternd wenig.
- Ich erinnere an individuelles Fehlverhalten von Politikern, die die politische Klasse und die Demokratie immer mal wieder in einem einigermaßen trüben Licht erscheinen lassen. Auch diese Vorgänge sind nicht unwichtig für die Stimmung im Lande. Aber ich füge gleich hinzu: All dies sind Oberflächenphänomene, die in der Summe gleichwohl auf einen Vertrauensverlust gegenüber der repräsentativen Demokratie verweisen. Die Politikwissenschaftler sprechen von einer Repräsentations-Verdrossenheit. Aber ich würde noch etwas tiefer gehen: Die Demokratie wird nach meiner Wahrnehmung gegenwärtig vor allem bedrängt durch die Dominanz ökonomischer Prozesse und Entscheidungen, die den Primat demokratischer Politik in Frage stellen. Das scheint mir der eigentlich alarmierende Vorgang zu sein. Man bedenke das Tempo und die Reichweite ökonomischer Prozesse einerseits und andererseits die Langsamkeit, ich füge gleich hinzu: die notwendige Langsamkeit, und die Begrenztheit demokratischer, politischer Prozesse und Entscheidungen. Die Politik wirkt gegenwärtig gehetzt, als renne sie atemlos hinter den „Märkten" her und könne nur schmerzlindernd eingreifen. Und wirklich, es geht gegenwärtig darum, den Primat demokratischer Politik gegenüber den ominösen „Märkten", gegenüber Spekulanten, Bankern, Finanzmanagern zurückzugewinnen. Das ist nationalstaatlich nicht möglich, sondern nur noch europäisch. Dem ent-

hemmten, brutalisierten Kapitalismus muss eine erneuerte Ordnung aufgezwungen werden. Es muss um Regeln gehen, die den Maßstäben von Gerechtigkeit und Solidarität und Menschenwürde folgen.

Nun sind demokratische, politische Prozesse und Entscheidungen notwendig langsam und begrenzt. Die Diskrepanz zwischen dem Tempo und der Reichweite ökonomischer Prozesse einerseits und andererseits der Langsamkeit demokratischer Prozesse erzeugt Ungeduld und Unzufriedenheit mit diesem demokratischen Prozess. Aber dieser Gordische Knoten wird nie durchgeschlagen werden. Demokratische Politik erweckt immer mehr den Eindruck, nur noch atemlos hinterher hetzen zu können, bestenfalls Wundpflaster und Schmerzmittel verabreichen zu können. Das Sagen, so ist der Eindruck bei vielen Menschen, haben die ominösen Märkte (wer ist das eigentlich?), haben Ratingagenturen, Finanzmanager, Banken. All das reicht – soll ich es so scharf nennen? – fast bis zur Selbstabdankung demokratischer Politiker und Politik. Die 2007 ausgebrochene internationale Finanzkrise hat massiv Vertrauen zerstört. Das Vertrauen ging verloren, weil viele Menschen nicht glauben, die Politik könne wirklich etwas ausrichten und diese Krisenprozesse beherrschen. Das Vertrauen in die Gestaltungsfähigkeit von Politik ist aber Voraussetzung für die Stabilität und Funktionsfähigkeit einer gesellschaftlichen und wirtschaftlichen Ordnung, von der nicht zuletzt auch alle Unternehmen der Finanzwirtschaft wie der Realwirtschaft abhängig sind. Sie sitzen mit auf dem Ast, an dem ein entgrenzter, enthemmter Finanzkapitalismus und seine marktradikalen Anhänger sägen. Die Finanz- und Schuldenkrise bedroht längst ganze Gesellschaften, stürzt Hunderttausende in Armut und Verzweiflung und spült zugleich neue Vorurteile, Misstrauen und Politikverachtung an die Oberfläche. Die Demonstrationen in Griechenland, Portugal, Italien und Spanien gehen mit bestürzenden Wutausbrüchen einher, die den gesellschaftlichen Frieden gefährden. Bei uns dagegen fordern manche schon wieder „mehr Vertrauen" in die Märkte und Finanzmärkte, frei nach dem Motto: „Der Markt wird's schon richten – Hauptsache, die Politik hält sich raus". Das ist Marktvertrauen als quasi religiöser

Akt! Nein, das Gegenteil ist richtig. Demokratische Politik muss die Gestaltungshoheit auch über die Finanzwirtschaft und den ökonomischen Wettbewerb zurückgewinnen. Sie muss neue Leitplanken zur Regulierung der Finanzmärkte aufstellen, deren Erpressungspotential verringern, systemische Risiken frühzeitig bekämpfen und die grenzüberschreitend tätigen Banken effektiv kontrollieren. Wenn uns das nicht gelingt, dann wird nach der Bewältigung der jetzigen Schuldenkrise die nächste kommen. Banken müssen wieder als Dienstleister agieren und nicht als Zockerbuden, in denen das Geld der Anleger verspielt, Gewinne privatisiert, Verluste aber vergesellschaftet werden! Wir brauchen also eine neue Bankenkultur. Und zu dieser gehört dann auch die Umsetzung einer ganz selbstverständlichen Einsicht – der Einsicht nämlich, dass die Finanzmärkte an den Kosten der bisherigen Rettungsmaßnahmen zu beteiligen sind. Wie schwierig diese Einsicht durchzusetzen ist, das merken wir an den Schwierigkeiten, die wir haben, die berühmt-berüchtigte Finanztransaktionssteuer wenigstens in Europa einzuführen. Den Grundsatz sieht auch die Europäische Kommission so, aber jetzt müssen wir, und zwar unter Führung Deutschlands, das durchzusetzen versuchen. Es gehört Mut dazu, eingefahrene Denkschemata aufzulösen und neue Antworten auf die Herausforderungen einer globalisierten Wirtschaft, eines globalisierten Marktes zu finden. Wir brauchen kreative, sozial ausgewogene politische Antworten und Entscheidungen! Sie erst können wirklich dazu beitragen, das Vertrauen der Menschen, auch der Deutschen, in die Handlungsfähigkeit demokratischer Politik wiederherzustellen. Vertrauen in politisches Handeln entsteht dort, wo es klare Verantwortlichkeiten gibt, wo nachvollziehbare und vor allem gerechte Entscheidungen getroffen werden, wo den Ankündigungen Taten folgen. Der Zusammenhang von Vertrauen und Gerechtigkeit ist in demokratischen Gesellschaften evident. Die Gerechtigkeit verlangt die faire Berücksichtigung unterschiedlicher Interessen, die Bereitschaft, sie begründet und kontrollierbar abzuwägen und sich dem Votum der demokratischen Öffentlichkeit zu stellen.

Eine der großen europäischen Kulturleistungen, die unseren Kontinent mehr als alles andere von den anderen Kontinenten unterscheidet, ist der Sozialstaat. Die soziale Abfederung der

Marktwirtschaft hat wesentlich zum Erfolg der europäischen Demokratien beigetragen, und sie wäre ohne einen hinreichend starken Staat nicht möglich gewesen. Dieser Sozialstaat, so reformbedürftig er immer wieder ist, ist organisierte Solidarität zwischen Starken und Schwachen, Jungen und Alten, Kranken und Gesunden, Arbeitnehmern und Erwerbslosen. Der Kern dieses Sozialstaats und seine eigentliche Leistung besteht darin, dass er den Schwachen und den Bedürftigen von einem Objekt der gewiss notwendigen und löblichen Hilfsbereitschaft zu einem Subjekt von Rechtsansprüchen macht und damit seine Würde wahrt – soweit Politik und Staat das überhaupt tun können. Der Schwache, der Hilfsbedürftige ist Subjekt von Rechtsansprüchen, weil er Bürger ist, weil er Mensch mit gleichen Rechtsansprüchen ist. Sein Bürgerstatus begründet seine sozialstaatlichen Rechtsansprüche. Diese Erfahrung von politisch verbürgter Solidarität, die faire Lastenverteilung von Solidarität, also Gerechtigkeit, stiftet Vertrauen und ist also Grundlage von Demokratie. Wer Gerechtigkeit und Sicherheitsbedürfnisse massenhaft verletzt, der zerstört auch die Grundlagen von Demokratie. Das ist die furchtbare Erfahrung von Diktaturen des 20. Jahrhunderts. Deswegen müssen wir immer wieder darüber reden. Die sozialen Grundlagen unserer Demokratie – sie stiften Vertrauen. Dass gerade diese Grundlagen auf christlichen Werten aufbauen, ist offenkundig und lässt sich auch geschichtlich aufweisen. Und gerade darum wünsche ich mir in dieser Situation ein neues und energisches gemeinsames Sozialwort unserer Kirchen!

# Von der Gemeinschaft stiftenden Kraft des Wortes

## Weg einer lokalen Kirchenentwicklung

*Christian Hennecke*

Die Kirche wandelt sich. Das ist ihr Wesen, gerade dann, wenn wir sie eucharistisch erfahren – sie ist ja die Frucht der Hingabe Jesu, des Geheimnisses von Tod und Auferstehung, und trägt diese Wirklichkeit in ihrem Wesen. Dieses Geheimnis, das wir in der Eucharistie als ein Geheimnis von Tod und Auferstehung feiern und dass uns allererst zur Kirche, zum Leib Christi wandelt, ist uns unverlierbar eingeschrieben. Aber das hat auch Konsequenzen. Immer dann nämlich, wenn die gesellschaftliche Konfiguration sich fundamental ändert, gerät auch die kirchliche Wirklichkeit in einen tiefgreifenden Wandel, findet sich wieder in einem Prozess des Sterbens und Auferstehens, der allerdings für sie – obwohl österliches Drama – nicht katastrophal ist. Weil wir geprägt sind von Tod und Auferstehung, bedeutet uns dieses Drama den Aufbruch ins neue Leben – leben wir doch von diesem Geheimnis.

### 1. Umbruch zu einer neuen kirchlichen Konfiguration

Worin genau besteht dieser Umbruch? Man könnte ihn – abstrahierend von allen soziologischen Untersuchungen, die ja hinlänglich bekannt sind[1] – einen Wandel von einem Christentum als Erbe zu einem Christwerden aus Berufung benennen: in einer christentümlichen Gesellschaft war das Christwerden ein obligatorischer Bestandteil gesellschaftlichen Lebens, fast unabhängig von persönlichen Überzeugungen. Nach der langsa-

---

[1] Vgl. u. a. Michael Ebertz, Kirche im Gegenwind. Zum Umbruch der religiösen Landschaft, Freiburg i. Br. 2001.

men Schmelze der Milieus seit den 60er Jahren wird das Christentum immer mehr zu einem Objekt der Wahl – oder theologisch gesprochen: zu einer Frage der Berufung: Christwerden ist keine Frage der Vorgegebenheit, sondern Frucht einer Begegnung mit dem Geheimnis Gottes. Christsein ist nicht das Ergebnis eines regulierten Sozialisationsvorgangs, sondern eines Weges langsamer Annäherung und des Hineinwachsens in das christliche Leben und Gottesgeheimnis.

Diese Veränderung macht den Unterschied. Die französische Christentumssoziologin Danièle Hervieu-Léger hat in ihrer Arbeit zur derzeitigen Situation des Christentums in Frankreich das sprechende Bild von den „Pilgern und Konvertiten" geprägt.[2] Scharf formuliert: Während die klassischen „praktizierenden Katholiken" fast nur noch in homöopathischen Dosen vorkommen, ihre Zahl also soziologisch insignifikant zu werden beginnt, geraten neue soziologisch relevante und wachsende Gruppierungen in den Blick: auf der einen Seite gibt es immer mehr Menschen, die sich einlassen auf offene und unbekannte Wege ihres Lebens, um zu finden, was sie nicht eigentlich suchen konnten: „Finden, das ist das völlig Neue" (Pablo Picasso). Diese potentiellen Finder sind überall zu entdecken, vor allem aber auf Pilgerwegen, an Wallfahrtsorten, auf Weltjugendtagen, in Taizé, auf Kirchentagen. Sie sind nicht mehr oder waren noch nie kirchlich geprägt, sind aber durchaus neugierig auf öffnende Erfahrungen. Sie begegnen uns zeitweise und im Vorübergehen: bei der Beerdigung, bei der Erstkommunion, und bei Hochzeiten. Offene junge und alte Menschen, die auf die frohe Botschaft hören, wenn jemand in ihrer Sprache spricht und wenn diese Sprache des Glaubens Substanz hat. Dem Konvertiten entspricht die Bemühung um Zeugnis und Erstverkündigung, die gerade heute chancenreich ist.

Dennoch verlangt uns diese machtlose Erstverkündigung einiges ab: im Unterschied zur vermeintlichen Zuverlässigkeit volkskirchlicher Weitergabe des Glaubens und eines gewissermaßen sozialen Katechumenats geht es hier um ein gnadenbezogenes Zeugnis, um ein „Vorlegen des Glaubens", das sich

---

[2] Vgl. D. Hervieu-Léger, Pilger und Konvertiten, Würzburg 2005.

existenziell authentifiziert. Ein Glaubensweg ist von außen nicht mehr „einsehbar", nicht mehr kontrollierbar, sondern vielleicht zeitweise zu begleiten, im Vertrauen auf den Weg, den Gott selbst mit den Menschen geht.

Auf der anderen Seite begegnen uns die Konvertiten: Menschen, die eine überraschende und überwältigende Erfahrung mit dem Gott Jesu Christi gemacht haben – in welchem Alter auch immer – und nun diesen neugefundenen Glauben ausleben wollen. Das aber ist gar nicht so einfach, denn die Frage nach dem „Wo" stellt sich: immer deutlicher zeigt sich, dass gerade jene, die den Glauben im neuen existenziellen Modus kennen gelernt haben, die eine innere und äußere Umkehr in ihrem Leben vollzogen haben, nicht so leicht einen kirchlichen Ort finden. Die klassischen Gemeindekonfigurationen sind aus einem anderen Glaubensansatz gewachsen, haben gewissermaßen einen anderen ekklesiogenetischen Code – und so stellt sich leicht eine keineswegs gewollte, aber faktisch vorhandene Inkompatibilität dar. Hat die Unfruchtbarkeit unserer Katechese und Glaubenseinführung unter anderem auch damit zu tun, dass die Gestalt der Kirche, die aus einer vorkatechumenalen und katechumenalen Grundwirklichkeit erwächst, dass die Gestalt der Kirche, wie sie aus einer tiefen Glaubenserfahrung entspringt, ein anderes Gesicht haben wird als das, was wir aus einer routinierten Kirchenwirklichkeit kennen? Das ist jenseits einer eindrücklichen Schuldzuweisung eine Herausforderung[3] an alle pastoralen Akteure: wie kann die neue Situation angemessen wahrgenommen werden? Denn es zeigt sich deutlich,

---

[3] So formuliert etwa das *Instrumentum Laboris* der Synode zur Neuevangelisierung vom 19. Juni 2012: „Das Erfordernis der Weitergabe des Glaubens, die keine individualistische oder einsame Aktion darstellt, sondern ein gemeinschaftliches, kirchliches Ereignis ist [...], muss zu einer Frage werden, welche die Kirche sich selbst stellt. Das führt dazu, das Problem nicht in einer äußerlichen Weise anzugehen, sondern es betrifft die Kirche in ihrem Sein und in ihrem Leben. Mehr als eine Teilkirche bittet die Synode, zu überprüfen, ob die Unfruchtbarkeit der Evangelisierung heute, der Katechese in der jüngsten Zeit, vor allem ein ekklesiologisches und spirituelles Problem ist. Man denkt über die Fähigkeit der Kirche nach, sich als wahre Gemeinschaft, als wahre Bruderschaft, als Leib darzustellen, und nicht als Betrieb" (siehe: www. vatican.va).

dass ein Abschied naherückt, der einer echten *Metanoia* gleichkommt: Glaubenseinführung wird nicht mehr prioritär Kinder und Jugendliche betreffen, sondern Erwachsene. Die Konsequenzen wären ebenso umstürzend wie die eben gleichzeitig sich zeigende Herausforderung, Kirchesein neu zu denken: eben nicht als selbstverständlichen institutionellen Container, in dem kirchliches Leben von Pfarrern gestaltet wird, dem sich dann engagierte Ehrenamtliche zuordnen, sondern als existenzielle und geistlich gegründete Erfahrung der eigenen Kirchwerdung, dem das sakramentale Amt und die sakramentale Struktur der Kirche dient.

Damit wird der Blick frei auf die eigentliche „Wende" und „Rückkehr" zum Ursprung: es geht in unserer Kirche und ihren Veränderungen nicht zuerst um Restrukturierungen, die dann zu größeren pastoralen Räumen führen, in denen sich („Container") das kirchliche Leben abspielen soll, sondern um eine Umkehr der Kirche zu ihrer existenziellen sakramentalen Grundgestalt: dem Leben aus der gottgeschenkten Gnade der Taufe, die einfügt in den Leib Christi und so Menschen in eine Würde und die menschliche Gemeinschaft in eine neue Dynamik gelebter Spiritualität der *Communio* hineinführt.

Dass diese Entwicklung sich tatsächlich und geistgewirkt abspielt, kann an einigen Stichproben sichtbar gemacht werden. Zum einen wird immer deutlicher, dass Christsein de facto immer aus einer Entscheidung herauswächst, und nicht mehr gegeben ist. Damit erklärt sich auch, dass der Anspruch, den Christen von innen her haben, wächst. Doch angesichts des real existierenden Katholizismus bleiben diese Gläubigen unterernährt: weder die Feier der Liturgie noch die Vertiefung des Glaubens entspricht dem Hunger der Glaubenden, die – in logischer Konsequenz – sich häufig so orientieren, wie sie am meisten Nahrung bekommen.

Und zugleich gilt eben auch, dass wir neu lernen müssen zu buchstabieren und zu deklinieren, was es de facto bedeutet, dass der größte Teil der getauften Christen sich im Status des Katechumenats befinden: die Frage der Erstverkündigung, die Frage der Katechese wird zur zentralen Frage ebenso wie die Pädagogik einer Hinführung zur Eucharistie; denn es kann ja nicht einfach nur darum gehen, eucharistische Gottesdienste zu feiern und deren Mitfeier einzufordern, wenn andererseits die Mystagogik und die Logik der katechumenalen Wege an vielen Orten einfach ausfällt. Gerade die Logik einer Hinführung zum Glauben und einer Hinführung zur Mitfeier der Sakramente nimmt nun aber ernst, was den Prozess einer Ekklesiogenesis durch das verkündigende Wort betrifft.

## 2. Orientierungen durch das Konzil

In diesem Licht gewinnt das II. Vatikanische Konzil eine neue Bedeutung. Es zeigt sich nämlich, dass die konziliare Ekklesiologie prophetische Antwort auf Herausforderungen ist, die sich durch die heutigen gesellschaftlichen Veränderungen deutlich zeigen.

Das Konzil formuliert, im Ausgang der Liturgiekonstitution *Sacrosanctum Concilium*, eine ekklesiopraktische Trinitätstheologie unter dem Begriff der Partizipation: Die Teilhabe am göttlichen Leben, die im Sakrament der Taufe grundgelegt und in jeder sakramentalen Feier der Geheimnisse erneuert und vertieft wird, führt ein in ein Verständnis des Kircheseins, das Kirche verortet als „Ikone der Dreifaltigkeit", dies aber praktisch wendet in eine Theologie des eschatologisch ausgerichteten Volkes Gottes: Wir sind Kirche, wir sind Volk Gottes im Werden. Damit aber wird die Weggestalt des Glaubens und seines Wachsens. Die grundlegende Taufweihe, von der das Konzil spricht, die die Christen in eine fundamentale Gleichheit und gemeinsame Würde hineinführt, entfaltet sich in einem Wachstumsprozess zur Heiligkeit sowohl des einzelnen Christen, wie die Kirchenkonstitution *Lumen Gentium* in ihrem IV. Kapitel ausfaltet, als auch in einer „Spiritualität in Gemeinschaft", die im Jahr 2001 als existenzieller Rezeptionsertrag der konziliaren Ekklesiologie von Johannes Paul II. in seiner programmatischen Reflexion in *Novo Millenio Ineunte* gehoben wird.

Damit entdeckt die konziliare Ekklesiologie in neuer Weise das gemeinsame Priestertum aller Getauften: jene gemeinschaftliche Weise der Anteilhabe am priesterlichen, königlichen und prophetischen Amt Christi, die zu einer Rejustierung und Fokussierung des sakramentalen priesterlichen Dienstes führt: Das hierarchische oder besondere Priestertum, so das Konzil, steht im Dienst am gemeinsamen Priestertum aller Gläubigen. Damit aber ist eine intensive Reflexion über die genaue Gestalt dieses Dienstes nötig.

Gerade weil das Konzil in *Lumen gentium* 10 das gemeinsame Priestertum aller Gläubigen und das Priestertum des Dienstes insofern einander zuordnet, dass es von einer Unterscheidung *„non solum gradu, sed essentia"* spricht, verhindert es das, was in der Folgezeit geschah: Statt einer Kooperation und Komplementarität wurde häufig in Kategorien des *„Mehr"* oder *„Weniger"*, des *„Nicht-Dürfens"* und des *„Nicht-Könnens"* gedacht und so ein hierarchisches „Über" und „Unter" konstruiert, das eben gerade durch die Theologie des II. Vaticanums verunmöglicht wird. Umgekehrt profiliert diese Aussage noch einmal die intendierte Kirchengestalt: es geht um eine *Communio*, in der alle Getauften vor aller Unterscheidung in ihren spezifischen Diensten und sakramentalen Ämtern eine wahre Gleichheit genießen, gemeinsam auf dem Weg sind und gemeinsam Anteil haben an der Sendung der ganzen Kirche.

Hier kommt eine dritte Dimension dieser Kirchlichkeit in den Blick: Wenn die Konstitution *Gaudium et spes* formuliert, dass „Freude und Hoffnung, Trauer und Angst der Menschen, besonders der Armen und Bedrängten jedweder Art, auch Freude und Hoffnung, Trauer und Angst der Jünger Christi" sind (GS 1), dann wird im Rahmen konziliaren Denkens noch einmal deutlich, dass Kirche nicht um ihrer selbst willen, sondern um der Sendung Jesu willen da ist: Heil zu bezeugen, zu wirken (vgl. LG 1). In diesem Sein als „Kirche für andere" (Bonhoeffer) wird noch einmal deutlich, dass Kirche Werkzeug ist auf dem Weg der Menschheit hin zum Reich Gottes und deswegen auch sich selbst relativierend sich immer übersteigen muss, um sie selbst zu sein: so und nicht anders verwirklicht sie ihre eucharistische Gestalt der Hingabe.

## 3. Eine Theologie und Ekklesiopraxis des Wortes Gottes

Das Konzil beschreibt eine trinitarische Ekklesiopraxis und unterstreicht im Begriff der Partizipation die Würde aller Getauften und ihr gemeinsames Priestertum: da hier aber nicht einfach eine an den Kirchenvätern orientierte Dogmatik, sondern zugleich auch eine spirituelle und ekklesiale Praxis in den Blick rücken soll, wird die Frage von Belang, in welcher Weise das Leben der Teilhabe in Christus genährt werden kann. Das Konzil profiliert hier nicht nur eine eucharistische Ekklesiologie und Praxis, sondern unterstreicht in neuer Weise die Bedeutung des Wortes Gottes für Ekklesiogenesis und Ekklesiopraxis. Die Offenbarungskonstitution *Dei verbum* vertieft in der Tradition der Vätertheologie eine Theologie der Teilhabe: der Vater will durch das Wort seinen Kindern in Liebe begegnen (DV 1) und nicht nur Wahrheiten über Glaubensinhalte mitteilen: „In den Heiligen Büchern kommt ja der Vater, der im Himmel ist, seinen Kindern in Liebe entgegen und nimmt mit ihnen das Gespräch auf" (DV 21).

Dieser kommunikations- und beziehungsorientierte Ansatz der Offenbarungstheologie führt dazu, dass zum einen den Kindern, die in der Taufe das Leben Gottes empfangen haben, ermöglicht werden muss, aus dem Wort Gottes zu leben, sich von ihm zu nähren: „Der Zugang zur Heiligen Schrift muss für die an Christus Glaubenden weit offen stehen" (DV 22). Das Konzil wiederholt dabei eine altkirchliche Überzeugung, die dem Wort Gottes eine Quasisakramentalität zuspricht: „Die Kirche hat die Heiligen Schriften immer verehrt wie den Herrenleib selbst" (DV 21). Wenn nun der Tisch des Wortes den Gläubigen reich gedeckt werden soll, dann genau aus dem Grund, dass das Wort Gottes die tiefe Anteilhabe am Leben Gottes und damit eine tiefe Gottesverbundenheit eröffnet. Das ist zweifellos eine echte konziliare Wende, die durch die Bibelbewegung des 20. Jahrhunderts ausgelöst wurde. Für die katholische Glaubenspraxis ist aber die Schrift vor allem liturgisch von Bedeutung gewesen, nicht aber im Existenzvollzug der Christen und ihrer Gemeinschaften. Erst der theologische Ansatz des Konzils ermöglicht es, dass Christen aufgrund ihrer Taufwürde die Schrift lesen müssen – als alltägliche geistliche Nahrung ihres Lebens.

Bedeutsam ist dabei nun der enge Zusammenhang zwischen Ekklesiopraxis und Umgang mit dem Wort. Die Konzilskonstitution formuliert: Die Heilige Schrift soll „in dem Geist gelesen und ausgelegt werden, in dem sie geschrieben wurde" (DV 12): Der Lebensraum des Auferstandenen, die Kirche, in der die Heilige Schrift formuliert wurde, ist auch die Voraussetzung für das Verstehen der Schrift. Die lebendige und erfahrbare Wirklichkeit der Gemeinschaft des Auferstandenen ist also die Bedingung der Möglichkeit eines echten Verstehens der Worte der Schrift.[4]

Die eigentliche nachkonziliare Hausaufgabe bestand und besteht nun darin, diese nach vorne gedachten Orientierungen in eine geistliche Ekklesiopraxis einzubringen. Die Rezeption des Konzils, wie sie sich in Südafrika und Asien zeigt, kann hier Erfahrungen einer Kirchenentwicklung präzisieren, die auch für unseren Kontext einer Kirche im Wandel fruchtbar gemacht werden können.

## 4. Die Entdeckung der Einfachheit

Mehr und mehr ging Missionaren wie Oswald Hirmer und Fritz Lobinger in den späten 60er Jahren auf, dass auf dem afrikanischen Kontinent eine Kirche nach europäischem Muster nicht denkbar war. Die geringen finanziellen Ressourcen, die kleine Zahl der Priester – all dies konnte nur zu einer Notversorgung der Christen führen, übertrug man das europäische Gefüge in die großen Weiten pastoraler Räume Afrikas. Schon früh war deshalb in Ostafrika, aber auch im Kongo und später in Südafrika der Gedanke entstanden, dass alles getan werden müsse,

---

[4] Damit ist natürlich nur einer der Orte in der komplexen theologischen Topologie benannt, die eine Auslegung der Schrift ermöglicht. Die exegetische Theologie, und auch das Lehramt sind andere Orte. Erst in ihrem Zusammenklang kann die Schrift ganz verstanden werden. Die Wahrnehmung, Unterscheidung und Zuordnung der verschiedenen Orte und der jeweils spezifischen Weisen ihrer Auslegung ist wesentlich, wenn man nicht zu unangemessenen Verkürzungen gelangen will. Den Sensus fidelium in den Blick zu rücken und als theologische Instanz zu justieren, gelingt dem Konzil anfanghaft. Vgl. dazu R. Huning, Die Bedeutung der gemeinschaftlichen Bibellektüre der Gläubigen für die katholische Kirche – bibeltheologische und hermeneutische Überlegungen, in: C. Hennecke (Hg.), Kleine Christliche Gemeinschaften verstehen, Würzburg $^{3}$2011, 159-186.

um den Christen vor Ort ein Wachstum im Glauben und in ihrer Mündigkeit zu ermöglichen und so ein Selbstverständnis des Kircheseins aufzubauen. Katechisten konnten dafür nur eine Möglichkeit sein – mit dem Risiko, letztlich auch hier Laien zu klerikalisieren. Spätestens seit den 70er Jahren ging es deshalb darum, die Erkenntnisse des II. Vaticanums zu rezipieren: Was zeichnet das gemeinsame Priestertum der Gläubigen aus? Und wie kann in den großen pastoralen Räumen der afrikanischen Kirche dafür Sorge getragen werden, dass Kirche sich nicht nur dann ereignet, wenn der Priester vorbeikommt? Wie kann also ein Gemeindeaufbau jenseits einer klassischen Versorgungspastoral gelingen, der die Getauften würdigt, ihnen einen Zugang zum Evangelium erschließt und ihnen die Möglichkeit gibt, als Getaufte Gemeinde zu gestalten, an den Diensten zu partizipieren, ihre Gaben einzubringen und Verantwortung wahrzunehmen?

Schnell war es Oswald Hirmer deutlich, dass ein solcher Entwicklungsprozess seinen Ausgang nehmen muss von einem erneuerten Umgang mit der Schrift. Das klassische „Bibelapostolat" wich einer Überlegung: gibt es Wege, wie alle Getauften miteinander einen verantwortbaren Zugang zum Wort Gottes finden können? So entstand das *„Gospelsharing"* als ein Weg, wie die grundlegende Gleichheit aller Getauften und ihre gemeinsame Berufung zur Heiligkeit gefördert und geformt werden kann durch das Wort Gottes. Schon bald stellte sich heraus, dass dieser existenzielle Umgang mit dem Wort Gottes gemeindebildend war: die örtlichen Gemeinden entwickelten sich von Missionsstationen zu lebendigen Gemeinschaften, die sich auszeichneten durch eine Fülle gelebter Dienste und Charismen einerseits, die andererseits aber tief zurückgebunden waren in das Ganze der Pfarrei. Erstaunlich nämlich ist, dass dort, wo diese örtlichen und lokalen Gemeinden blühen, vorausgesetzt ist, dass der Pfarrer und seine Mitarbeiter die örtlichen Gemeinden und vor allem die vielen Verantwortlichen für die verschiedenen Dienste zu begleiten haben und ihnen ermöglichen, in ihrem Charisma und ihrem Dienst zu wachsen. Das bedeutet dann natürlich, dass die Rolle des Priesters sich verändert: er ist der, der den Getauften ermöglicht, ihre Dienste und Charismen zu entfalten (*„facilitator"*). Der sakramentale

Dienst der Verkündigung und der Feier der Sakramente gestaltet sich so konkret in der Verantwortung für die Früchte der Verkündigung und der sakramentlichen Feier. Und der sakramentale Dienst der Leitung zeigt sich als Dienst der Einheit und Ermöglichung gemeinsamer Unterscheidungsprozesse in der Gegenwart des Auferstandenen. Damit Partizipation ein geistliches Geschehen sein kann und sich als lebendiges trinitarisches Anteilnehmen und Anteilgeben zeigt, braucht es aber eben genau jene Hinführung zum Teilen der Schrift, die den Glaubenden ermöglicht, vor Ort Kirche zu sein.

## 5. Was meint Bibelteilen?

Weil Hirmer und Lobinger von der südafrikanischen Bischofskonferenz für eine solche Gemeindeentwicklung aus dem Wort freigestellt worden waren und ihren Dienst mit immer größerem Echo in verschiedenen Diözesen Afrikas taten, übernahmen immer mehr Ortskirchen dieses Modell. Den größten Einfluss aber hatte dieser Weg einer Kirchenentwicklung aus dem Wort bei der asiatischen Bischofskonferenz, die 1990 in Bandung folgende gemeinsame Vision und Zielvorstellung formulierte: „Die Kirche wird eine Gemeinschaft von Gemeinschaften sein, wo Klerus, Laien und Ordensleute einander als Brüder und Schwestern anerkennen. Sie sind gemeinsam versammelt und vereinigt um das Wort Gottes. Dabei teilen sie miteinander die frohe Botschaft und entdecken Gottes Wille für sich in ihrem unmittelbaren Lebensumfeld. Sie unterstützen sich gegenseitig in ihrem täglichen Leben. Es ist eine partizipierende Kirche, wo die Gaben und Charismen erkannt und aktiviert werden, um den Leib Christi aufzubauen, die Kirche in der Nachbarschaft." Eine solche Vision setzte sich um in die verschiedenen Wege des Umgangs mit der Schrift, die zum Teil das Bibelteilen aufnahmen, weil es ein Weg war, der es vielen Christen ermöglichte, eine „Gotteserfahrung aus erster Hand" im Wort machen zu können.

Das überrascht auf den ersten Blick. Denn die erste Rezeption des *Gospelsharings* im deutschen Sprachraum ließ diesen Weg als zu simplizistisch, wenn nicht gar fundamentalistisch erscheinen. Im Vergleich zu den sehr intellektuell ausgerichteten Bibelkreisen und der Bibelarbeit, im Vergleich aber auch zur monastisch geprägten *lectio divina* schien das Bibelteilen wohl ein Weg für Afrikaner und ihr insgesamt anderes Bildungsniveau, nicht aber für den europäischen Katholizismus mit seinem hohen intellektuellen Reflexionsniveau.

Damit aber hatte man seinerseits das Reflexionsniveau des Bibelteilens sehr unterschätzt. In der Tat geht es beim Bibelteilen nicht um eine wie auch immer geartete Ableitung exegetischer Arbeit – und auch nicht um einen Einstieg in eine vertiefte, durchaus auch kommunionale *lectio divina*, sondern um einen geistlichen Prozess, der der bei den Emmausjüngern geschilderten Erfahrung nahekommt. Es geht darum, dass der auferstandene Christus in der Mitte der Gläubigen der eigentliche „Exeget" ist: dass er spricht zu denen, die sein Wort hören und ihnen so – für sie persönlich und für die Gemeinschaft – den Sinn der Schrift erschließt.

Wenn es auch viele unterschiedliche Formen des Bibelteilens gibt, zeigt doch der Weg der sieben Schritte des Bibelteilens so etwas wie den Infinitiv, die Grundform jener gemeindebildenden Kraft des Wortes. Der mystagogische Weg des Bibelteilens soll hier in Kürze benannt werden:

- Zu Beginn jedes Bibelteilens steht die gemeinsame Vergewisserung der Gegenwart des auferstandenen Christus. In den verschiedenen Kulturen, in denen das Bibelteilen inkulturiert wurde, steht am Anfang eines jeden Treffens eine Verehrung des Wortes Gottes. Oft wird das Wort in den Raum hineingetragen, ihm wird in der Mitte – auf einer Art Ambo – ein hervorgehobener Platz gegeben. Und der eigentliche Beginn ist dann die Einladung, den schon anwesenden Herrn mit eigenen Worten zu begrüßen. Dass dies eine ungewöhnliche Schule des Betens ist, hat für viele Christen zum ersten Mal bedeutet, dass sie sich mit eigenen Worten an Christus wenden und ihn so als Gegenwärtigen erfahren. In der Tat macht dies einen echten Unterschied aus: es verändert bei denen, die sich auf das Bibelteilen einlassen, ihr Verhältnis zum Wort Gottes. Es ist – durch diese vergegenwärtigende Erinnerung und durch das persönliche

Gebet – nicht mehr ein Text, über den man nachdenken und den man dann verstehen kann, sondern es ist die Begegnung mit Christus, dem Lebendigen, der durch sein Wort neues Leben schaffen will

- Das gemeinsame Hören der Schrift, das Echo der Worte, die einen angesprochen haben, und das gemeinsame Schweigen führen die Menschen ein in einen ekklesialen Raum des Hörens und Anteilgebens von dem, was uns gesagt wurde. Es ist eine beeindruckende raumschaffende Erfahrung, die aus Hörern des Wortes eine Gemeinschaft des Wortes „zeugt". Hier liegt in der Tat ein zweites Übungsfeld für viele, die sich auf das Bibelteilen einlassen. Gewohnt sind wir ja, uns einem Text gegenüberzustellen, und in der Diskussion geht es um richtig oder falsch, verständlich oder nicht. Diese sehr wichtigen Elemente der Bibelarbeit treffen aber gerade nicht das Bibelteilen. Hier geht es schlicht darum, dass Menschen gemeinsam Hörende und aus dem Hören des Wortes, das sich an sie persönlich richtet, zu Teilenden werden und so Gemeinschaft im Wort bilden.
- In der deutschen Rede vom Bibelteilen geht die theologische Tiefe des englischen Begriffs *„sharing"* verloren. Denn dieser Begriff greift die trinitarisch geprägte Rede von der *„participatio"* auf und macht deutlich, worum es eigentlich beim Bibelteilen geht. Es geht eben nicht um eine Methode der Bibelexegese, und es geht auch nicht um eine spirituelle Praxis der Schriftmeditation, sondern es geht um ein Hören, dass einen Lebensraum des Kircheseins schafft und existenziell im wechselseitigen Teilen dessen, was Gott den Brüdern und Schwestern sagen will. Das Wort wird so Kirche, Ekklesiogenesis geschieht.
- Im Bibelteilen mündet aber diese Ekklesiogenesis ein in die Sendung: weil die Menschen, die sich miteinander und aneinander durch das Wort nähren und zum Leib des Wortes aufgebaut werden, in ihrem Lebensumfeld, in ihren Beziehungsfeldern, in ihrer „Nachbarschaft" Leib Christi geworden sind, entdecken sie die konkrete Sendung in ihrem Lebensumfeld: diese konkrete Sendung ist nicht additiv – als wäre das Teilen des Wortes und das einander Mitteilen als Mystagogie der Christusgegenwart das „Wesentliche", und

das konkrete Tun käme eventuell dazu. Es ist ganz anders: in der konkreten Sendung verwirklicht sich erst jene Wirklichkeit des Leibes Christi, der sich für andere hingibt: die Kompassion, die Sendung in die Lebenswelten der Menschen ist wesentlicher Bestandteil des *Gospelsharings*.

- Und so mündet dieser ekklesiogenetische Prozess der Kirchewerdung in der Nachbarschaft wieder ein in das Gebet. Oft wurde dieses Gebet als Abschlussgebet verstanden; in Wirklichkeit aber ist der siebte Schritt des Bibelteilens die Vollendung eines Prozesses: gewachsen ist ja im Hören des Wortes das königliche, prophetische und priesterliche Volk Gottes; das königliche Priestertum aller Gläubigen ist gewissermaßen verwirklicht und zeigt sich deshalb im fürbittenden Gebet für die Welt.

## 6. Erfahrungen, die berühren

Wo immer das Bibelteilen in dieser Tiefe eingeführt wird, wo immer Menschen sich darauf einlassen, dass durch das Wort Gottes, das sie hören, Christus mit ihnen spricht und sie zu einer Gemeinschaft zusammenfügt – dort wird dieser Umgang mit dem Wort der Schrift wirklich zu einer Quelle des Lebens, die nicht nur eine lebendige und aus ihren Gaben lebende Gemeinschaft hervorbringt, sondern auch die Getauften neu entdecken lässt, welche Berufung und welche Sendung, welche Würde, welche Gaben und Aufgaben sie haben. Was Papst Benedikt XVI. bei seinem Deutschlandaufenthalt vielfach ins Licht gerückt hat, wird hier erfahrbare Wirklichkeit. Dabei wird deutlich, dass wirklich auch eine Pädagogik und Mystagogie angewandt wird, die dem Menschen einen echten Zugang zum Geheimnis Gottes gewährt. In allen Workshops und Tagungen, in denen ich das Bibelteilen einführte zusammen mit einem Bewusstwerdungsprozess über die Situation und die Entwicklung der Kirche, wurde dieser Umgang mit dem Wort wirklich zur Seele, zur unvergesslichen geistlichen Grunderfahrung des gesamten Prozesses. Mir selbst ist so der ekklesiale Hintergrund des Johannesprologs handgreiflich aufgegangen. Wenn Johannes schreibt: „Das Wort ist Fleisch geworden und hat unter uns gewohnt" (Joh 1,14), dann ist hier diese Erfahrung lebendig, dass dort, wo Menschen sich unter das Wort stellen, diese Gegenwart des auferstandenen Herrn erfahrbar, ja fast berührbar wird.

Ich erinnere mich an eine Tagung im sibirischen Tscheljabinsk. Am Ende einiger Tage, die wir mit der Schrift und diesem Weg des Umgangs gestaltet hatten, sagte einer der Teilnehmer mit Tränen in den Augen: „Noch nie habe ich den Eindruck gehabt, dass ich wirklich Gott berühren kann – aber hier ist mir das geschenkt worden. Ich habe das erlebt". Ist das nicht genau das, was der 1. Johannesbrief formuliert? „Was von Anfang an war, was wir mit unseren Augen gesehen, was wir geschaut und was unsere Hände angefasst haben, das verkünden wir: das Wort des Lebens" (1 Joh 1,1-4). Und ist nicht im Geheimnis des Bibelteilens jene Perspektive erlebbar, die Paulus im Kolosserbrief formuliert: „Ich diene der Kirche durch das Amt, das Gott mir übertragen hat, damit ich euch das Wort in seiner Fülle verkündige, jenes Geheimnis, das seit ewigen Zeiten und Generationen verborgen war ... Christus ist unter euch, er ist die Hoffnung auf Herrlichkeit" (Kol 1,25).

Es entspricht genau der ekklesiologischen Perspektive des II. Vaticanums, die Kirchesein von den Existenzvollzügen des Gläubigen her profiliert, wenn diese Theologien des Wortes im ganz kleinen, einfachen Teilen der Schrift Wirklichkeit werden. Das Bibelteilen führt in der Tat ein in den Dank des Apostels: „Darum danken wir Gott unaufhörlich dafür, dass ihr das Wort Gottes, das ihr durch unsere Verkündigung empfangen habt, nicht als Menschenwort, sondern – was es in Wahrheit ist – als Gottes Wort angenommen habt; und jetzt ist es in euch, den Gläubigen wirksam" (1 Thess 2,13).

## 7. Die spirituelle Mitte von Prozessen der örtlichen Kirchenentwicklung

Wenn nach den Strukturreformen der Kirche in Deutschland nun immer häufiger nach einem geistlichen Aufbauprozess gefragt wird, dann entspricht das in der Tat der Sehnsucht vieler Christen. Im Bistum Hildesheim hat deswegen Bischof

Norbert Trelle in seinem Hirtenwort von 2011 eindringlich dazu aufgefordert, diese Dimension in den Mittelpunkt der Überlegungen zu stellen: ohne eine Spiritualität des Wortes, das gemeinsam gelebt wird, können nämlich Kirchenentwicklungsprozesse leicht zu technokratischen oder doch zu pragmatischen Aktivitäten werden. Es braucht die Seele des Wortes, damit die Taufwürde, die sakramentale Wurzel des Kircheseins, immer wieder aktualisiert werden kann und sich ausstreckt auf ihre eucharistische Erfüllung. Entsprechend formuliert der Bischof: „Wir leben aus der Beziehung zu Gott unserem Vater, wir leben aus dem Hören auf das Wort Gottes, wir leben aus der Kraft der Geistes-Gegenwart. Im Gebet und im Gottesdienst kommt dies in besonderer Weise zum Ausdruck. Von hier aus erhalten unsere Aktivitäten ihren letzten Sinn. Deshalb stellt sich die Frage: Wie können wir lernen, unser Christsein aus dem Hinhören auf Gottes Wort zu gestalten? Und die andere Frage: Trauen wir uns zu, unsere Glaubenserfahrungen miteinander zu teilen? In den Gemeinden unseres Bistums habe ich ganz unterschiedliche Beispiele für solche Formen des geistlichen Lebens kennengelernt. Die *Prozesse Lokaler Kirchenentwicklung* werden nicht darauf abzielen, immer neue Gruppen zu gründen. Vielmehr liegt ihnen die Idee zugrunde, miteinander eine Grundform der Spiritualität in unseren Gemeinden zu entwickeln."

Eine solche Grundform der Spiritualität verhindert genau jene Sackgassen, die am Anfang des Bibelteilens dazu führten, dass die ekklesiogenetische Kraft des Wortes Gottes unterboten wurde: Natürlich ist es sinnvoll, spirituelle Selbsthilfegruppen zu bilden – doch werden sie häufig zu Nischenerfahrungen, zu strukturellen Randsiedlern, die dann als elitäre Einzelgruppen und besonders Fromme erfahren werden. Natürlich ist es auch sinnvoll, wenn sich Bibelkreise exegetisch mit dem Wort befassen – allerdings droht hier langfristig eine Expertenzentrierung. Und natürlich ist auch der meditative Umgang der *lectio divina* ein wichtiges Instrument, Menschen in ihrem Alltag in die Kontemplation einzuführen. Aber auch hier bleibt das Risiko von Sammlung ohne Sendung und einer letztlich privaten Bibelfrömmigkeit.

Eine Grundform der Spiritualität, wie sie aus der ekklesial orientierten Weise des Bibelteilens entspringt, vermag hingegen eine neue Volksfrömmigkeit zu schaffen, die das gemeinsame Priestertum aller Gläubigen und die Taufwürde jedes Getauften ins Licht rückt und sie vereint zum Leib Christi inmitten der Welt.

Es bleibt eine große Herausforderung: die Priester und die Verantwortlichen der Pastoral an einem Ort brauchen eine klare Vision für eine solche Entwicklung. Sie sollten selbst erfahren haben und es sollte ihre alltägliche Lebens- und Arbeitspraxis sein, aus dem Hören des Wortes zu leben, zu entscheiden und zu wirken. Dort, wo dies geschieht, werden Priester und ihre Mitarbeiter fruchtbar: sie ermöglichen das Wachsen der Kirche. Dabei entdecken sie selbst, dass die Aufgabe des sakramentalen Dienstamtes genau in jener Ermöglichung, Begleitung und Nährung jener lokalen Entwicklungsprozesse des Kircheseins besteht, die heute so dringend sind. Die Erfahrungen zeigen, dass solche Prozesse nur möglich werden, wenn Bischöfe und Priester gemeinsam aus einer solchen Praxis des Wortes und des Kircheseins Perspektiven eröffnen und Entwicklungsprozesse wagen, die das gemeinsame Priestertum in dieser tiefen Weise fördern und somit eine Mystik des Volkes Gottes ermöglichen, die das Volk Gottes zum Zeugen der Gegenwart des Auferstandenen mitten in der Welt macht.

Ist es vielleicht das, was das Konzil intendierte? Und ist es nicht ein wunderbares Zeichen, dass eine weltweite Rezeptionsgeschichte des Konzils eingesetzt hat, die zu einer geistlich geprägten, in Christus verwurzelten Kirchenentwicklung führt?

# Von der heilenden Kraft des Wortes

## Ein Lebenszeugnis

*Frei Hans Stapel OFM*

Kirche lebt, entsteht und wächst, wenn in ihr das Wort Gottes lebendig ist, wenn es nicht nur gehört und verkündet, studiert und gefeiert, sondern gelebt wird: im konkreten Tun und im geistlichen Austausch. Das möchte ich im Folgenden mit meiner persönlichen Lebensgeschichte illustrieren.

### Das Wort Gottes ruft in die Entscheidung – Biographische Zugänge

Als Jugendlicher war ich auf der Suche nach etwas, was meinem Leben Sinn und Ziel geben könnte. So war ich nach einer Buchdruckerlehre in ein sog. Spätberufenenseminar eingetreten, um Priester zu werden. Aber auch dort wurden meine hohen Erwartungen immer wieder enttäuscht, was in mir eine tiefe Krise auslöste, so dass ich mit allem unzufrieden war und jedes und alles kritisierte – bis zu dem Punkt, dass der Rektor mir damals androhte: „Wenn das so weitergeht, schicke ich Dich nach Hause." Zum Glück hatten wir damals einen Spiritual, der wahrnahm, in welcher Situation ich mich befand. Er lud mich ein, ihn nach Berlin zu begleiten; er hatte ein Auto, aber keinen Führerschein, ich hatte einen Führerschein, aber kein Auto. Auf dieser Fahrt habe ich mir alle Probleme von der Seele geredet, und wenn ich schwieg, fragte er weiter nach. Und so konnte ich alles sagen, was in mir war. Dort brachte er mich zu einer Familie, während er selbst woanders untergebracht war. Am Abend kam die Familie zusammen, um sich über das Wort Gottes auszutauschen. Das war für mich etwas gänzlich Neues. Ich bin in einer katholischen Familie aufgewachsen; wir sind regelmäßig in die Kirche gegangen, wir waren ganz normale Christen ... Aber bewusst nach dem Wort Gottes zu leben und sich darüber auszutauschen, das war etwas völlig Neues und hat eine große Freude in mir hervorgerufen. So habe ich im Nachhinein verstanden, was es heißt, den „Schatz im Acker" zu finden – und dass es sich lohnt, dafür alles zu verkaufen. Auf der Rückfahrt habe ich dann meinen Spiritual mit Fragen „gelöchert" und darüber die damals noch junge Fokolar-Bewegung kennen gelernt, in der man regelmäßig das „Wort des Lebens" las und sich darüber austauschte. Mit dieser Entdeckung hatte sich in meinem Leben schlagartig alles geändert. Ich merkte, dass ich nicht die anderen kritisieren konnte, sondern mich selbst ändern musste. Das Leben aus dem „Wort", so entdeckte ich, war eine Schule, in der man lernt, wie man liebt. Es gibt kein Wort der Schrift, das dazu auffordert, sich selbst zu bedauern, selbst wenn man angegriffen wird. Das Evangelium lädt vielmehr dazu ein, weiter zu gehen und weiter zu lieben – bis hin zur Feindesliebe.

In diese Phase fiel auch die Entscheidung, zusammen mit meinem Bruder in die Mission zu gehen. Am Schluss der ärztlichen Untersuchung sagte der Arzt dann zu mir: *„Sie können gehen, aber für Ihren Bruder kommt ein Tropenland jetzt nicht in Frage"*, denn auf einer früheren Reise nach Biafra, wo wir im damaligen Kriegsgebiet Medikamente und Kleidung verteilt hatten, hatte er sich eine schwere Krankheit zugezogen. Das war für uns eine harte Probe, denn als Zwillinge waren wir noch nie getrennt. Zwischen uns war die unausgesprochene Frage, wie ich mich entscheiden würde. Ich wusste es nicht. Erst später konnte ich sagen, was mir die ganze Zeit durch den Kopf ging. Das Wort Jesu an seine Jünger: *„Keiner, der die Hand an den Pflug gelegt hat und nochmals zurückblickt, taugt für das Reich Gottes"* (Lk 9,64). Da haben wir gemeinsam entschieden, dass er blieb und ich nach Brasilien ging. Es war ein schwerer Schritt, aber im Laufe der Zeit habe ich gemerkt, wie das Wort jeden von uns geführt hat – *meinem Fuß eine Leuchte und Licht für meine Pfade* (vgl. Ps 119,5).

Brasilien war für mich bis dahin ein unbekanntes Land, und es ist nicht alles so romantisch, wie man sich das gemeinhin vorstellt: eine neue Kultur, eine fremde Sprache. Ich bin dann dort ins Noviziat der Franziskaner eingetreten. Es war die Zeit der Befreiungstheologie; Leonardo Boff war sechs Jahre lang mein

Professor. Gegen Ende des Studiums gab es dann wieder eine Schlüsselerfahrung, die sehr wichtig für mich war. Ich hatte den Wunsch geäußert, als Missionar in den Nordosten versetzt zu werden und nicht in den europäisch geprägten Süden Brasiliens. Mein Provinzial war damit sehr einverstanden, brach dann aber zum Generalkapitel nach Rom auf. Sein Stellvertreter jedoch teilte mir stattdessen, ohne mit mir Kontakt aufgenommen zu haben, kurzerhand in einen Brief meine Versetzung nach Guaratingueta mit. Darin hieß es kurz und bündig unter Verweis auf mein Gehorsamsversprechen: *„Wir brauchen Dich dort; ein Mitbruder ist krank"*. Ich las den Brief und war zutiefst verunsichert. In mir rebellierte alles, und ich stellte die Entscheidung grundsätzlich in Frage; schließlich hatte ich doch andere Pläne. Ich habe damals lange in der Kapelle gesessen und mit Gott gerungen. Was mir letztendlich Klarheit und Kraft gegeben hat, dazu mein JA zu sagen, war das Wort aus der Schrift: *„Wer Euch hört, der hört mich*!" (Lk 10,16), und in all dem die Ahnung, dass Gott in jenem Moment durch den Verantwortlichen sprach, auch wenn ich den Sinn dessen nicht verstand. Also bin ich gegangen.
Als ich nach Guaratinguetá, einer Stadt im Osten des Bundesstaates São Paulo, kam – wohin ich niemals gehen wollte –, stieß ich auf eine desolate Gemeindesituation. Der alte Pfarrer war krank und vollkommen verschlossen. Ich selbst hatte als Neupriester auch keine Ahnung, wie man eine Pfarrei leitete; ich war davon ausgegangen, dass man nach und nach als Kaplan in die Leitungsaufgabe eingeführt wird. Zugleich war mir bewusst, dass ich den Menschen in der Gemeinde nur das geben kann, was ich habe: meine geistliche Erfahrung mit dem gelebten Wort Gottes. So habe ich in der Predigt immer von meinem Bemühen erzählt, konkret nach dem Evangelium zu leben. Mit der Zeit haben die Leute in der Gemeinde angefangen, mit dem Wort Gottes ebenfalls konkrete Erfahrungen zu machen.

## Das Wort Gottes trägt in der Krise – Liebe bewegt

Dann passierte gleich am Anfang ein schweres Unglück. Ich hatte zusammen mit meinem alten Pfarrer einige Mitbrüder in

der Provinz besucht und war auf dem Rückweg. Auf der Autobahn war eine Fahrbahn erneuert worden und wurde gerade von der Polizei für den Verkehr frei gegeben, als ich die Stelle passierte. Ich war froh, auf dieser neuen Straße schnell vorwärts zu kommen, als mir auf meiner Spur unvermittelt ein Lastwagen entgegenkam und frontal mit meinem Wagen zusammenstieß. Dann fuhr auch noch ein zweiter Lkw auf. Wie durch ein Wunder, blieben mein Pfarrer und ich unverletzt. Die Polizei erklärte später, dass die Fahrspur für den Gegenverkehr gesperrt war, aber offensichtlich waren die beiden schwer beladenen Lastwagen so langsam, dass man nicht mehr damit gerechnet hatte, dass sie noch in der Gegenrichtung unterwegs waren. Beide Lkw's waren schwer beschädigt; mein Wagen hatte einen Totalschaden. Was also tun?
Beide Lkw-Fahrer standen unter Schock und weinten. Der eine hatte den Wagen gerade neu gekauft und die erste Rate bezahlt. Er war völlig verzweifelt und sagte: *„Mein Vater ist krank, ich muss meine Familie unterhalten. Mein Leben ist zerstört."* Auch der andere Fahrer war ganz am Boden. Während ich noch überlegte, was ich angesichts dieser verfahrenen Lage machen könnte, ging mir immer wieder ein Wort durch den Kopf, das wir in jenen Tagen lebten: *„Gebt, dann wird auch euch gegeben werden. In reichem, vollem, gehäuftem, überfließendem Maß wird man euch beschenken"* (Lk 6,38). Mir war, als wollte Jesus mir sagen: Übernimm du das! Komm du für den Schaden auf! Du weißt doch, dass ich dich nicht allein lasse! – Ich habe dann länger mit mir gerungen, am Ende aber dann erklärt, für den Schaden aufkommen zu wollen – zum großen Erstaunen der Polizei und der beiden Unfallgegner. Mein alter Mitbruder wurde in der Zwischenzeit nach Hause gebracht, während ich noch alle Formulare ausfüllen und unterschreiben musste. Die beiden Lkw's wurden in die nächste Werkstatt abgeschleppt, während mein Wagen gleich auf dem Schrottplatz landete.
Nach meiner Rückkehr habe ich dann noch die Messe gefeiert und bei der Wandlung lange Zwiesprache mit dem Herrn gehalten; denn auf einmal bekam ich es doch mit der Angst zu tun: War das nicht doch sehr leichtsinnig und naiv, generös einfach alle Kosten zu übernehmen? Denn ich hatte buchstäblich nichts. Aber andererseits habe ich immer wieder erfahren,

dass Gott einen nicht im Stich lässt. Wenn ich ihn beim Wort nehme, wird auch er mich nicht verlassen. Trotzdem hatte ich einen leisen Zweifel, der ja bekanntlich der Bruder des Glaubens ist.

Mein Unfall war in den Lokalnachrichten die Top-Meldung des Tages, und die Nachricht davon hatte sich wie ein Lauffeuer verbreitet. Am nächsten Morgen meldete sich jemand und sagte: *„Ich habe einen Zweitwagen; den kann ich Ihnen leihen, solange Sie keinen Wagen haben."* Am selben Tag kam ganz überraschend ein Brief von einer alten Frau aus Paderborn, die mir noch nie geschrieben hatte. *„Ich spüre, ich muss Ihnen schreiben ..."*, begann der Brief; beigefügt waren 1000 DM – ein Wunder, dass der Brief nicht vorher abgefangen worden war! Andere Leute schenkten mit ebenfalls Geld, binnen weniger Tage rd. 37.000 Real (1982 etwa 17.000 USD). Dann suchte mich ein Kfz-Händler mit seinen Mitarbeitern auf und bot mir einen Neuwagen an. Meinen Einwand, mein Geld würde bei weitem nicht reichen, ignorierten sie und stellten mir einen brandneuen Pick-up vor die Tür. Wert: 120.000 Real (umgerechnet rd. 55.000 USD). Als ich ablehnte, weil ich doch irgendwie auch noch die Reparatur der beiden Lkw's bezahlen musste, erwiderten sie kurz und bündig, sie hätten die Restsumme zusammengelegt: *„Das ist unser Geschenk für Sie, denn Ihre Haltung hat uns sehr beeindruckt."* Einige Wochen später traf ich die beiden Lkw-Fahrer, die überglücklich ihre Fahrzeuge aus der Reparatur holten. Dann hatte ich ein langes, tiefes Gespräch mit den Inhabern der Werkstatt, die immer mehr von mir wissen wollten, meinem Leben in der Gemeinde, meiner Lebensgeschichte, meinen Erfahrungen als Missionar in Afrika und in Brasilien. Als ich schließlich auf die Uhr schaute und mich verabschiedete, um noch rechtzeitig zur Abendmesse zu kommen, bat ich um etwas Aufschub, bis ich das Geld für die Rechnung beisammen hätte. Darauf erwiderte der Älteste von Ihnen: *„Hier bezahlen Sie nichts. Ihre Haltung hat uns sehr berührt."* Und dann sagte er etwas, das mich hat damals tief bewegt hat: *„Von heute an haben Sie Freunde in der Stadt. Sie können jederzeit mit uns rechnen."* Und so war es auch. Sie waren wirklich Freunde. Später, als die ersten Drogenabhängigen kamen, haben sie mir das Grundstück für die erste „Fazenda da Esperanza" geschenkt. Auch als sie hörten, dass wir dort noch ein weiteres Gebäude errichten wollten, waren sie zur Stelle und halfen mit, und so ist es bis heute. Ich habe dann in der Gemeinde von meinen Erlebnissen berichtet und merkte, wie ein Ruck durch die Gemeinde ging. Die Leute haben verstanden, dass der Glaube gelebt werden muss – und wenn er gelebt wird, dann bewegt sich etwas. Was mich daran auch heute noch innerlich bewegt, ist gar nicht einmal so sehr, dass so viel Geld zusammenkam, um den Wagen und die Reparatur zu bezahlen, sondern dass uns in der Gemeinde bewusst wurde, dass Gott lebt. Wie Jesus einst das Wunder der Brotvermehrung gewirkt hat, so wirkt er auch heute; und er will es tun, wenn wir ihm die Chance dazu geben.

Es gab noch ein anderes Erlebnis, das mich sehr geprägt hat. Wir hatten mehrere einfache Häuser für die Armen gebaut und hatten u.a. eine Familie aus dem Norden aufgenommen, die es auf der Suche nach Arbeit in unsere Gegend verschlagen hatte. Wenn der Vater getrunken hatte, verließen seine schwangere Frau und die neun Kinder immer fluchtartig das Haus. Als es wieder einmal so weit war, riss der Vater voller Verärgerung mit Gewalt die Tür zum Nachbarhaus auf und stieß die Nachbarin so unglücklich zu Boden, dass ihr das Blut aus Nase und Ohren kam. Am nächsten Morgen erfuhr ich während der Messe, dass sie gestorben war, und ich fragte mich, was die Leute in der Gemeinde denken. Der Pfarrer nimmt die Familie auf, und der Mann bringt die Nachbarin um. Aber mir war klar, dass ich an die Liebe glauben muss. Die Liebe überwindet alles. Sie würde auch diesen Schmerz überwinden. Darauf haben wir uns auch eingeschworen, als wir die Nachbarsfrau beerdigt haben. Es waren schwere Stunden. Der Mann kam ins Gefängnis, seine schwangere Frau musste sehen, wie sie mit ihren neun Kindern durchkam. Einige Tage später bat mich der Mann, dessen Frau getötet worden war, ob ich ihn ins Gefängnis begleiten könne; er wollte den anderen besuchen. Ich habe dann erlebt, wie zwei Menschen hinter Gittern einander unter Tränen verzeihen konnten. Der Witwer der getöteten Frau sagte zu dem Täter: *„Solange du im Gefängnis bist, sorge ich für deine Familie."* Diese Begebenheit machte allen in der Gemeinde bewusst, dass das Evangelium nicht nur etwas für Sonntagsreden ist. Lieben,

wie das Evangelium verlangt, ist keine Gefühlssache, sondern kostet innere Mühe und die Bereitschaft zur Hingabe.
Dies wird auch immer wieder neu eingefordert. Eines Abends brachte mir die Polizei drei Kinder, die von ihren Eltern verlassen worden waren. Im ersten Moment dachte ich: Das Pfarrhaus ist doch kein Waisenhaus, aber dann fiel mir das Wort Jesu ein: *„Wer ein solches Kind um meinetwillen aufnimmt, der nimmt mich auf"* (Mt 18,5) Also habe ich die Kinder aufgenommen. In der Sonntagspredigt habe ich der Gemeinde davon berichtet. Daraufhin hat eine Familie die Kinder adoptiert. Diese verschiedenen Vorfälle haben schließlich dazu geführt, dass wir mit Hilfe der Gemeinde ein Kinderhaus gebaut haben; seitdem konnten dort über 500 Kinder auf die Adoption vorbereitet und in intakte Familien vermittelt werden.
Ein anderes Mal stand eine schwangere junge Frau weinend vor meiner Tür. Ihre Eltern hatten sie aus dem Haus geworfen, und nun war sie auf der Suche nach einer Unterkunft, wenigstens für eine Nacht. Ich war allein im Pfarrhaus und wusste nicht, was ich tun sollte. Mir war klar, dass es in der Gemeinde Gerede geben würde, wenn ich eine junge Frau ins Pfarrhaus aufnähme. Andererseits ist der Maßstab des Evangelium auch hier ganz eindeutig. Also habe ich sie aufgenommen, so dass sie ihr Kind austragen konnte. Danach haben wir für das Kind eine Familie gesucht, die das Neugeborene adoptiert hat. Später sagte sie mir: *„Hätten Sie mich nicht aufgenommen, hätte ich das Kind abgetrieben."* Heute haben wir ein Frauenhaus, wo wir schwangeren jungen Frauen in ihren Notsituation helfen.
So gab es viele ähnliche Begebenheiten. Irgendwann tauchten dann auch junge Leute mit Drogenproblemen oder kriminellen Erfahrungen im Pfarrhaus auf. All diese Begegnungen standen für mich unter dem Wort Jesu: *„Was ihr dem geringsten meiner Brüder getan habt, das habt ihr mir getan"* (Mt 25, 40) – und das Wort verpflichtet. Denn man kann sich das Evangelium schließlich nicht zurechtbiegen. Entweder man stellt sich der Herausforderung oder nicht. Es gibt da keine Kompromisse, auch wenn es nicht immer leicht ist, dies in der Gemeinde zu vermitteln. Denn natürlich gab es mir gegenüber auch Vorbehalte: Was ist das für ein Pfarrer, der alle möglichen Leute ins Pfarrhaus aufnimmt? Doch gleichzeitig entstanden auch Bibelkreise,

in denen man lernte, Wort für Wort das Evangelium in die Tat umzusetzen und sich darüber auszutauschen. Dort lernte ich Nelson kennen, der sich nicht mehr mit seinem Vater verstand, der ein massives Alkoholproblem hatte. Deswegen kam es in der Familie immer wieder zum Streit. Aber ich war der Meinung, man dürfte auch hier nicht den einfachsten Weg gehen, auch wenn Nelson meine Bedenken als Zumutung empfinden musste: *„Das Problem ist nicht Dein Vater, das Problem liegt bei Dir: Du musst lernen, dass uns in jedem Menschen Jesus begegnet, auch in Deinem Vater. Er ist in deinem Fall der ‚geringste Bruder' des Evangeliums."* Daraufhin ist er direkt nach Hause gefahren, um einen Neuanfang in der Beziehung zu seinem Vater zu suchen. So hat er ihm einen Kaffee gebracht, wie er es gern hatte; doch der Vater schaute nur kurz von seiner Zeitung auf, trank den Kaffee und las weiter, ohne ein Wort zu sagen. Als Nelson enttäuscht davon berichtete, musste ich ihm sagen: *„Du kannst Gegenliebe nicht kaufen. Liebe ist immer etwas, was man schenkt, ohne etwas zu erwarten."* Also ist er wieder nach Hause gegangen und hat seinem Vater vorgeschlagen, ihn auf seinen Spaziergängen zu begleiten. Dabei sind sich die beiden zum ersten Mal nach Jahren näher gekommen und konnten sich aussprechen. Das hat das Leben der ganzen Familie verändert. Der Vater hat von heute auf morgen mit dem Trinken aufgehört und war für viele Jahre in unserem Sozialwerk der Verantwortliche für unsere Hospize für Aids-Kranke.

## Die Dynamik des gelebten Evangeliums – Die Anfänge

Nachdem das Leben aus dem Wort Gottes eine so positive Entwicklung genommen hatte, nahm Nelson Kontakt zu jugendlichen Drogenabhängigen auf, die er immer auf dem Weg zur Arbeit sah. Damals hatten wir das Motto: *„Den Schwachen ein Schwacher werden"* (vgl. 1 Kor 9,22). So baute er über Monate allmählich eine Freundschaft zu den Jugendlichen auf, ohne über Glaube oder Gott zu reden – absichtslos, einfach nur, um zu lieben. Als sich einer seiner neuen Freunde sein Fahrrad leihen wollte, dachte er natürlich sofort daran, dass er das Fahrrad nie wieder sehen würde. Trotzdem gab er es ihm.

Wie sich später herausstellte, waren die anderen aus der Clique dagegen, das Fahrrad zu verkaufen; statt dessen brachten sie es einige Tage später repariert und geputzt zurück. Nach ein paar Monaten wandte sich einer von ihnen, Antonio, an Nelson und sagte: *„Ich halte dieses Leben nicht mehr aus – ich möchte hier raus. Ich brauche aber jemanden, der 24 Stunden am Tag für mich da ist und auf mich aufpasst, dass ich nicht rückfällig werde. Kannst Du das machen*?" Also nahm Nelson ihn mit zu unserer Bibelgruppe, denn es war klar, dass er allein mit dieser Aufgabe überfordert war. So fing auch Antonio an, das Wort des Evangeliums konkret umzusetzen, und zwar viel engagierter und radikaler als wir alle. Ehe wir uns versahen, hatte er den Ausstieg aus der Droge geschafft. Die Droge war für ihn kein Problem mehr.

Seine Freude über das wiedergefundene Leben steckte auch andere an. So kamen nach und nach alle aus der Clique zu uns in die Gemeinde und mieteten sich bald eine gemeinsame Wohnung. Ich habe ihnen dann eingeschärft, dass sie für ihren eigenen Unterhalt sorgen und sich eine Arbeit besorgen müssten – frei nach Paulus: *„Wer nicht arbeiten will, soll auch nicht essen"* (2 Thess 3,10). So haben sie – vielleicht zum ersten Mal in ihrem Leben – angefangen, kleinere Arbeiten zu übernehmen und sich mit Gartenarbeit, Rasenmähen etc. ihren Unterhalt zu verdienen. Was an Geld hereinkam, wurde in eine gemeinsame Kasse gelegt. Es war unheimlich schön zu sehen, welche Begeisterung und welche Freude unter ihnen herrschten und wie sie es schafften, neue Menschen zu werden. Andere hörten davon und wollten sich ihnen ebenfalls anschließen. Bald waren die Räumlichkeiten zu klein, und so kam es, dass ich im Radio dazu aufgerufen habe, uns einen Bauernhof, eine Fazenda zu schenken. Ich bekam dann auch bald eine Einladung von einer reichen Dame; ich hatte die Erwartung, dass sie uns vielleicht helfen könnte. Doch beim Mittagessen, noch bevor ich überhaupt Platz genommen hatte, platzte es aus ihr heraus: *„Ich habe Sie eingeladen, um Ihnen zu sagen, dass Sie jetzt allmählich anfangen zu spinnen. Niemand wird Ihnen für Ihre Drogenabhängigen eine Fazenda schenken. Was bilden Sie sich ein! Sie haben ja keine Vorstellung, was so ein Bauernhof wert ist. Und wer einen hat, der gibt ihn nicht weg. Hören Sie* *auf, solche naiven Geschichten zu erzählen. Sie machen sich nur lächerlich."* – Ich war wie vor den Kopf gestoßen. Denn die Logik der Liebe sagte mir, dass man nichts mitnehmen kann in die Ewigkeit, auch keinen Bauernhof; einzig die Liebe. Man besitzt nur das, was man verschenkt. In meinem Innern war ich überzeugt, dass Gott uns schon alles Notwendige schenken würde, vielleicht auch eine Fazenda.

Es dauerte nicht lange, bis sich die Werkstatt meldete, die vormals die beiden Lkws repariert hatte. Meine Freunde waren begeistert über die positive Entwicklung und schenkten uns ein Grundstück: unsere erste Fazenda. Wir konnten dort mehr Leute aufnehmen, die von der Droge los kommen wollten. Das Lebensprinzip und Therapiekonzept (auch wenn wir das so nie ausdrückten) war immer das gleiche: das gemeinschaftlich gelebte Wort Gottes. Jeden Morgen beteten die Jugendlichen den Rosenkranz, meditierten miteinander einen Abschnitt aus dem Evangelium und lebten tagsüber nach einem Motto, das dem Abschnitt des Evangeliums entnommen war. Ein wichtiger Bestandteil dieses Konzepts besteht darin, dass sie von ihrer Arbeit leben und wie in einer Familie zusammen wohnen. Dieser Ansatz war damals völlig neu; denn für den Drogenentzug braucht man normalerweise Fachleute: Ärzte, Psychologen, Sozialarbeiter. In unserer Selbsthilfegruppe dagegen konnten wir auf all das nicht zurückgreifen. Aber unter uns war so eine große Begeisterung und eine tiefe Freude – und ja: die Erfahrung des auferstandenen Herrn in unserer Mitte, dass die Jugendlichen die Kraft und den Willen zum radikalen Neuanfang hatten.

Natürlich haben uns viele nicht verstanden. Immer wieder musste ich die Verantwortlichen in Politik und Kirche überzeugen, dass die Jugendlichen ihr Leben in dieser Phase nicht vergeudeten, sondern es im Gegenteil wieder gewönnen und Tritt fassten. Eltern kamen mit der bangen Frage, was aus den Jugendlichen wird, wenn sie nicht umgehend einen Job suchen oder ein Studium aufnehmen. Selbst mein Cousin machte mir Vorhaltungen. *„Wie wollen die jungen Leute denn eine Frau kennen lernen und eine Familie gründen, wenn sie abgeschieden in den Bergen leben? Was du machst, ist unverantwortlich!"* Ich konnte nur dagegen setzen, dass ich zutiefst davon überzeugt war, dass Gott hier am Werk ist. Für mich war es ein Akt des Vertrauens, denn so heißt es ja im Evangelium: „*Wer mich aber liebt, wird von meinem Vater geliebt werden und auch ich werde ihn lieben und mich ihm offenbaren.*" (Joh 14,21). Als mein Cousin das nächste Mal zu Besuch kam, konnte er sich davon überzeugen, dass alle Ex-Junkies immer noch freiwillig und gern auf der Fazenda und offensichtlich ganz zufrieden waren. Er selbst blieb dann sieben Jahre bei uns und hat später in Deutschland – in den Bergen – seine Frau kennen gelernt. Heute sind die beiden glücklich verheiratet, arbeiten beide in ihrem Beruf und haben drei wunderbare Kinder. Es stimmt: Wer sich auf Gott einlässt, verliert nicht dabei; er gewinnt.

## Das Leben des Evangeliums zieht Kreise – Dynamische Ausbreitung

Ohne es mir so recht erklären zu können, breitete sich diese Initiative immer mehr aus. Denn als Pfarrer war ich ja eigentlich nur für die Gemeinde zuständig. Aber es kamen immer mehr Menschen aus allen Landesteilen, die am Rand der Kirche und der Gesellschaft lebten: Drogenabhängige, Prostituierte, jugendliche Straftäter, Straßenkinder ... Nachdem ich zwölf Jahre „im Hauptberuf" Gemeindepfarrer war, haben mir meine Mitbrüder schließlich angeboten, mich von der Pfarrseelsorge freizustellen, um mich ganz diesem mittlerweile mächtig angewachsenen Sozialwerk zu widmen. Ich hatte dazu mein JA gesagt. Allerdings stellte mein Orden von vornherein klar, dass man mir für diese Arbeit weder Geld noch weitere Mitbrüder zur Verfügung stellen könne. Wieder war es für mich ein Akt des Vertrauens. Wenn Gott dieses Sozialwerk will, so sagte ich mir, wird er auch Wege finden, dass es sich weiter entwickeln kann.

Unterdessen kamen immer mehr Anfragen auch aus andere Bundesstaaten und Ländern; es wurden uns immer wieder neue Grundstücke und Häuser geschenkt. Heute gibt es weltweit 87 Fazendas in 14 Ländern, 44 weitere sind in Vorbereitung. Derzeit leben über 1300 Drogensüchtige auf unseren „Höfen der Hoffnung". Damit stellt sich vor allem die Frage, wie all die

jungen Leute, die mit Hoffnung auf ein neues Leben auf unsere Fazendas kommen, auch entsprechend begleitet werden können. Immer wieder höre ich die Sorge: Wird die Fazenda-Bewegung nicht zu groß? Wer wird das Sozialwerk nach dir weiterführen? Wachsen genügend Verantwortliche nach? Ich antworte darauf immer: *„Wenn Gott eine Fazenda schenkt, dann hat er auch Menschen innerlich berührt, so dass sie sich für dieses Anliegen engagieren."* Wie oft musste ich an jenes Gespräch mit der reichen Frau denken, die mir zu verstehen gegeben hatte, dass niemand einfach so einen Bauernhof verschenkt. Ich hatte genau die gegenteilige Erfahrung gemacht. Wenn mich weltweit so viele bedrängen, doch auch in ihrem Land und in ihrer Diözese eine Fazenda zu eröffnen und mir dafür Grundstücke und Häuser anbieten, dann hat Gott da offensichtlich seine Finger im Spiel. Und wenn Menschen sich von Gott angesprochen fühlen, etwas zu geben, dann wird Gott auch dafür sorgen, dass wir mit dieser Gabe angemessen umgehen können. Im Letzten ist der auferstandene Herr der Verantwortliche unsere Fazendas, das war mir von Anfang an klar; denn er war es, der unter uns lebendig war und unter uns sein Feuer und seine Begeisterung entfacht hat.
Ich erinnere mich an ein Schlüsselerlebnis in der Kapelle der ersten Fazenda. Wir hatten unter uns einen solchen Frieden und eine solche Freude, dass dieser Moment für uns wie ein zweites Pfingsten war. Das hat uns innerlich bewegt und ermutigt, dafür zu leben, dass alle Drogenabhängigen dieses Leben kennen lernen. Denn darin scheint mir die Lösung zu liegen für das Problem der zerstörerischen Macht der Droge, der unsere Welt nichts entgegenzusetzen weiß. Wenn mir die vielen Reisen, Vorträge, Gespräche etc. mitunter ein bisschen zu viel werden, dann sage ich immer zu Nelson: *„Wir dürfen uns nicht beschweren; wir haben ja schließlich dafür gebetet, und Gott hat uns erhört. Jetzt müssen wir auch überall hingehen und den Jugendlichen helfen, wo sie auch immer sind."*
Aber da die Fazenda-Bewegung, wie wir glauben, ein Werk Gottes ist, breitet sie sich auch heute noch immer weiter aus. Denn über die Drogenabhängigen kamen wir mit den Eltern in Kontakt, und damit eröffnete sich ein ganz neues Arbeitsfeld. Denn auch die Eltern und Familienangehörigen unserer Ju-

gendlichen wollten an diesem Lebensstil partizipieren, der sich aus dem „Wort des Lebens" speist. Schon bald nach den ersten Anfängen interessierten sich mehrere Schwesterngemeinschaften für unsere sozialen Projekte und die damit verbundene geistliche Erfahrung. Heute leben Schwestern aus mehr als zwanzig Ordensgemeinschaften mit uns auf den Fazendas, die sich aus der Kraft des gemeinsam gelebten und einander bezeugten „Wortes" erneuern. In vielen dieser Gemeinschaften gibt es auch wieder Berufungen. Eines Tages bekam ich auch die Anfrage von vier Klarissen, die kontemplativ in strenger Klausur auf einer Fazenda leben wollten. Heute ist das Kloster bis auf den letzten Platz belegt, so dass die Schwestern bereits eine Neugründung vornehmen mussten. Seitdem sind schon zwanzig junge Frauen in den Orden eingetreten: ein Indiz, dass eine Kommunität, die aktiv aus dem Wort Gottes lebt, auch Berufungen hervorbringt. Denn mit jedem Wort Gottes, das wir in uns aufnehmen und ins Leben übersetzen, wächst Gott in uns: die Gegenwart die auferstandenen Herrn in seinem Wort wie in der Eucharistie. Aus dem Wort können wir den ganzen Tag über schöpfen, aus der Eucharistie nur einmal am Tag oder in der Woche. Aber in seinem Wort ist uns der Auferstandene jederzeit nahe. Das schafft eine Intimität mit Gott, so wunderbar und stark; es verwandelt unser Leben.

## Die heilende Kraft des Wortes Gottes – Existenzielle Neuanfänge

Manchmal habe ich den Eindruck, Gott wirkt in uns durch sein Wort. Da kommt es allein darauf an, dass man seinem Wort treu ist und es umsetzt, eins nach dem anderen. Auch die Worte, mit denen man sich etwas schwerer tut, etwa wenn es um die Feindesliebe geht. Unsere Jugendlichen kommen aus verschiedenen Milieus, viele aus dem Gefängnis, nicht wenige von ihnen haben schon jemanden umgebracht. Es sind oft sehr harte Lebensgeschichten. Ich erinnere mich an einen, der mir vor wenigen Wochen seine ganze Geschichte erzählt hat. Absolut grausam! Schon als Baby wurde er für pornographische Filme missbraucht und gequält. Was für ein Leben! Allein all das aus seinem Mund zu hören, war schrecklich. Nach zwei Stunden sagte er: *„Frei Hans, verstehen Sie, dass ich so eine Wut und einen Hass auf meine Eltern habe?"* – *„Natürlich, bei all dem, was du durchgemacht hast – keine Frage. Trotzdem haben wir nicht das Recht, die Heilige Schrift nach unserem Gutdünken umzuschreiben und zurechtzubiegen. Das hat schon Jesus seinen Jüngern eingeschärft: ‚Wer auch nur eines von den kleinsten Geboten aufhebt und die Menschen entsprechend lehrt, der wird im Himmelreich der Kleinste sein. Wer sie aber hält und halten lehrt, der wird groß sein im Himmelreich' (Mk 5,19). Schauen wir doch mal, was für Ratschläge die Bibel in Deiner Situation geben könnte ..."* Dann haben wir alle Bibelstellen gelesen, die davon sprechen, dass man immer wieder verzeihen muss – sieben mal siebzig, sogar den Feinden, all denen, die uns Böses tun. Seine erste Reaktion: *„Das ist unmöglich, das schaffe ich nicht."* Ich darauf: *„Gott weiß, dass dies für Dich unmöglich ist. Aber deshalb ist er für uns zur Eucharistie geworden, zur Speise, gewissermaßen zum Medikament. Er ist ans Kreuz gegangen, damit Du in Deinem Kreuz ihm begegnen kannst. Er lebt in jedem Bruder, in jeder Schwester. In jedem Menschen, den Du liebst, begegnest Du dem Herrn. Er ist in seinem Wort gegenwärtig, und wenn Du nach seinen Worten lebst, angefangen vielleicht mit den einfacheren, wächst Gott in Dir. Er wird dann in Dir das Wunder vollbringen, dass Du Deinen Eltern verzeihen kannst. Bitte ihn darum. Er hat gesagt, wenn zwei oder drei in seinem Namen etwas bitten, wird er es geben. Wenn Du möchtest, können wir gemeinsam darum beten."* Dann hat er sich auf den Weg gemacht, und von dem, was ich zuletzt über ihn erfahren habe, macht er heute sehr gute Fortschritte.

Wer sich darauf einlässt, radikal aus dem Evangelium zu leben und sich danach zu richten, erfährt eine heilende Kraft, die das eigene Leben verändert. Ich möchte das noch an einem anderen Beispiel verdeutlichen. Wir hatten auf einer unserer Fazendas einen Priester aus Angola, einen berühmter Musiker, der im ganzen Land bekannt war. Durch verschiedene Umstände war er tief abgerutscht, dem Alkohol verfallen und in kriminelle Machenschaften verwickelt. Sein Onkel, Bischof und Vorsitzender der angolanischen Bischofskonferenz, hatte ihn in der Folge immer wieder in Italien in verschiedenen Entziehungskuren und

Sanatorien untergebracht. Das zog sich über 12 Jahre hin, doch jener Priester wurde immer depressiver und war so enttäuscht von sich selbst, dass er zweimal versucht hatte, sich das Leben zu nehmen. Er konnte sich selbst seinen tiefen Fall nicht verzeihen. Als er so ziemlich am Tiefpunkt war, lernte er eine Schwester der Missionaries of Charity kennen, die ihn ermunterte, Mutter Teresa einen Brief zu schreiben und ihr von seinem Leidensweg zu berichten. Er hat ihr dann keinen Brief, sondern gleich ein ganzes Buch geschrieben: seine ganze Lebens- und Leidensgeschichte, angefangen von seiner Kindheit. Mutter Teresa hat ihm dann tatsächlich auch geantwortet: ganze zwei Sätze, die mich sehr berührt haben: *„Lieber Priester, danken wir dem Herrn für den Weg, den er für Sie ausgesucht hat, damit Sie sich heiligen. Beten wir dafür, dass Sie diesen Weg treu gehen können."* Für Mutter Teresa war nicht entscheidend, was er alles erlitten hat oder in welcher Situation er ist. Entscheidend ist, dass er sich heiligt. – Viel später auf der Fazenda hat er dann zu mir gesagt: *„Heute verstehe ich, was sie mir sagen wollte. Wenn ich mit der Musik weiter gemacht hätte, wäre ich vielleicht ein Star geworden, aber auch eitel und auf mich selbstfixiert. Stattdessen bin ich einen Weg gegangen, der mich zu Gott geführt hat. Gott will nicht unsere Werke – er will uns. Er will jeden einzelnen. Und im Wort kommt er uns immer nah und geht auf jeden ein. Und im Wort dürfen wir ihm so nah begegnen."*
In all den Jahren, in denen ich auf den Fazendas mit tausenden junger Drogenabhängiger zusammen gekommen bin, ist mir aufgegangen, dass das Drogenproblem vor allem ein spirituelles Problem ist, auch wenn ich für diese Meinung in der Fachwelt so manche Prügel eingesteckt habe. Wer heute beim Thema Drogentherapie von Liebe spricht, so der Tenor, arbeitet nicht professionell. Wann immer ich in Fachgesprächen, in Kommissionen oder auf Konferenzen mit sog. Experten zusammen komme, werde ich immer zuerst nach unserem Fachpersonal, seiner Qualifikation und Professionalität gefragt. Es ist schwer, ihnen unseren Ansatz zu vermitteln, der so ganz anders ist: unkonventionell, aber überaus erfolgreich. Wir sind uns immer schnell darin einig, dass wir alle doch nur das Beste für die Drogenabhängigen wollen. Also habe ich die anderen Kollegen gefragt: *„Wie sind Ihre Ergebnisse? Wie sieht ihre medizi-*

*nische und psychologische Hilfe für die Jugendlichen aus? Wie kommen Sie weiter?"* Dann schildern sie in der Regel die Schwierigkeiten und geringen Erfolgsaussichten. Im Gegenzug kann ich dann berichten, dass Studien von drei verschiedenen Universitäten belegen, dass die Erfolgsquote bei uns über 80 % liegt. Da wäre es doch naheliegend, sich zumindest dafür zu interessieren, was denn das Erfolgsgeheimnis ist. Denn auf den Fazendas geht es um mehr als nur einen medizinisch-therapeutischen Ansatz. Bei uns lernen die jungen Leute, wie es geht, aus ganzem Herzen zu verzeihen. Ich bin zutiefst überzeugt davon: Wer nicht verzeihen kann, kommt nicht von der Droge los.

## Das Wort Gottes weckt Berufungen – Die Familie der Hoffnung

Mit unserem spezifisch spirituellen Ansatz sind wir heute weltweit anerkannt. Unsere eigentliche Stärke sind unsere Freiwilligen: junge Menschen, die sich von Gott angesprochen und zu diesem Lebenseinsatz herausgefordert fühlen. Sie entdecken darin ihre geistliche Berufung, ihr Leben in den Dienst suchtkranker Menschen auf den Fazendas zu stellen; sie leben nach den Evangelischen Räten und legen ein Gelübde des Dienstes an den Drogenabhängigen ab. Nachdem ihre Zahl immer größer wurde, kam Kardinal Lorscheider von Aparecida auf mich zu und sagte: *„Es sind bereits viele junge Menschen, die ihr Leben für Gott geben und Dir im Dienst an den Drogenabhängigen folgen. Du hast eine Verantwortung für sie."* Ich entgegnete, dass ich keine Gemeinschaft oder einen Orden gründen wolle. Aber der Kardinal beharrte darauf: *„Du bist Franziskaner. Dein Orden wird für Dich sorgen, wenn Du alt und krank bist. Aber was ist mit ihnen?"* Da habe ich verstanden, dass ich aus Liebe zu den jungen Menschen eine Struktur gründen muss. So entstand die „Familie der Hoffnung", eine der so genannten Neuen Geistlichen Gemeinschaften, die dann zunächst von der Diözese Aparecida approbiert wurde. Es bedurfte wieder des Anstoßes durch einige befreundete Bischöfe, aufgrund der weltweiten Ausbreitung die Päpstliche Anerkennung in Rom zu bean-

tragen. Heute gehören der Gemeinschaft bereits weit über 500 größtenteils junge Männer und Frauen an, die ihr ganzes Leben in den Dienst der suchtkranken Menschen stellen – zweifellos die Frucht des gelebten „Wortes". Von vielen Bischöfen und Ordensoberen höre ich, es gäbe keine Berufungen. Doch meine Erfahrung ist eine andere. Wenn man das Wort Jesu lebt, ist der Auferstandene in uns und unter uns, und Er ist es, der Menschen jedweden Alters und mit ganz unterschiedlichen Lebensprägungen in seinen Dienst ruft. Diese Mitglieder unserer „Familie der Hoffnung" sind auch bereit, sich weltweit auf immer neuen Fazendas zu engagieren. Viele von ihnen, etwa die Hälfte, kommen aus der Drogenszene; die anderen sind von diesem Lebensstil und dem Dienst an den Suchtkranken fasziniert und fühlen sich zu diesem Lebensengagement herausgefordert. Menschen, die vorher im Gefängnis waren, die auf der Straße gelebt, die so viel Schlechtes getan haben, sind heute als Verantwortliche auf den Fazendas in der ganzen Welt eingesetzt: in Lateinamerika, Europa, Afrika, auf den Philippinen. Es ist einfach unglaublich.
Das erinnert mich an das Evangelium vom reichen Fischfang (vgl. Lk 5,1-11). Da ist es Jesus, der fachfremde Zimmermann, der den erfolglosen Experten, die die ganze Nacht vergebens gefischt hatten, zuruft, sie sollen die Netze zur anderen Seite auswerfen. Das Ergebnis ist umwerfend: sie konnten die Boote kaum an Land ziehen, so voller Fische waren die Netze. Ist das nicht genau unsere Erfahrung? Wir werfen die Netze auf der anderen Seite aus: dort, wo Drogensüchtige sind, Alkoholabhängige ..., Menschen, denen man nichts zutraut. Und wie beim reichen Fischfang sind es auch bei uns so viele, die mitmachen, dass wir sie kaum fassen können. Dabei ist die Methode eigentlich bekannt: Bevor Jesus seine Jünger aussendet, bereitet er sie auf ihre Mission vor. Sie gehen in die Schule des Herrn, sie leben sein Wort, er ist mit ihnen unterwegs und sie lernen von ihm. So ist es auch bei uns. Wenn die Suchtkranken auf unseren Fazendas durch die Schule des Evangeliums gegangen sind, können sie auch studieren, eine Ausbildung beginnen ... Wir haben heute Psychologen, Ärzte, Sozialarbeiter und viele andere Berufe in unseren Reihen. Ich bin überhaupt nicht dagegen, dass unsere jungen Leute eine anständige Ausbildung, einen

ordentlichen Beruf, ein abgeschlossenes Studium machen. Im Gegenteil. Aber bevor sie ihren beruflichen Weg gehen, müssen sie lernen, dass nicht wir die „Macher" sind, sondern Gott in all unserem Tun wirkt. Es ist der vielleicht schwierigste Part im geistlichen Leben, Gott wirken zu lassen, d.h. jeden Tag darauf zu achten, sich nicht selbst an seine Stelle zu setzen, alles selbst in die Hand zu nehmen und ihn dann um Hilfe zu rufen. Denn es geht doch vielmehr darum, Gott wirken zu lassen und ihm zu vertrauen; und Gott wirkt auch heute Großes. Wenn wir dann sehen, dass dies tatsächlich geschieht, ist das schon sehr beglückend.

## Die identitätsstiftende Wirkung des Wortes Gottes – Rückkehr ins Leben

Als Papst Benedikt XVI. auf seiner Brasilienreise am 12. Mai 2007 die Fazenda in Guaratinguetá besuchte, war das natürlich ein Großereignis für uns alle. Aber auch der Papst war tief bewegt, in den Jugendlichen, deren abgründige Lebensgeschichten er hörte, neue Menschen zu sehen. Er hat sie umarmt wie ein Vater, der zu den verlorenen Söhnen kam. Zuvor hatte ich ihm kurz von unserem göttlichen Abenteuer erzählen können. Auf seine erstauntes Nachfragen „... *und es genügt das gelebte Wort, damit die Jugendlichen von der Droge loskommen*?" habe ich ihm bestätigt: „*Ich bin davon überzeugt, dass das Leben nach dem ‚Wort' das alles bewirkt.*" Das heißt natürlich nicht, dass wir nicht auch alle notwendigen Hilfen in Anspruch nehmen. Wenn einer krank ist, dann holen wir selbstverständlich den Arzt, und wenn tiefergehende Probleme vorliegen oder schwerwiegende Traumata zu bearbeiten sind, dann ziehen wir die entsprechenden Fachleute hinzu. Aber ich habe mich immer gegen staatliche Auflagen gewehrt, die Therapie als solche ausschließlich Medizinern, Psychologen und Sozialarbeitern zu überlassen. Unser Konzept ist völlig anders, denn wir leben auf der Fazenda wie in einer Familie, und ich wehre mich dagegen, die Bewohner unserer Fazendas von vornherein als Kranke zu behandeln. Für mich sind sie alle liebesbedürftige Menschen, die die oft keine oder nur wenig Liebe erfahren haben und dadurch im

Tiefsten noch gar nicht erfahren haben, wer sie wirklich sind und was in ihnen steckt. Das erinnert mich immer an ein Wort des früheren Bischofs von Aachen, Klaus Hemmerle: *„amor ergo sum" – „Ich werde geliebt, also bin ich"*, der jenes philosophische Axiom Descartes' dahingehend abgewandelt hat. Für mich ist klar, dass mir in jedem von ihnen Jesus begegnet, und diesen Jesus kann ich lieben. Und dieser Jesus gibt mir die Kraft, auch dann zu lieben, wenn sie unmögliche Dinge tun; denn das ist nicht immer so leicht. Die jungen Leute kommen nicht gleich als Heilige auf die Fazenda. Ich nenne sie gerne „heilige Banditen". Der Prozess der Selbstfindung und Selbstwerdung ist sehr lang und ziemlich mühsam.
Einmal hatte einer der Fazenda-Bewohner abends meinen Wagen gestohlen. Am nächsten Morgen erfuhr ich dann, dass er einen schweren Unfall hatte und der Wagen völlig ausgebrannt war. So etwas kommt ständig vor. Aber dieser Glaube, dass Jesus in ihnen ist, gibt mir die Kraft weiter zu lieben, und bewirkt, dass sich irgendwann beim anderen etwas ändert. Bei manchen war es zu spät; sie wurden dann umgebracht. Bei anderen habe ich das Wunder der Wandlung erleben dürfen. Andere sind weggegangen; ich weiß nicht, wie es bei ihnen weiter gegangen ist. Aber ich glaube, dass diese selbstlose, verschenkte Liebe provozierend wirkt, im wahrsten Sinn des Wortes, was man nicht unterschätzen darf. Wenn die jungen Leute zu uns kommen, ist eine der ersten Fragen an die Verantwortlichen immer: *„Was verdienst Du hier*?" Wenn sie dann sehen, dass sie nichts verdienen, dass sie umsonst arbeiten und 24 Stunden am Tag für die anderen da sind, dann sagen sie oft: *„Du bist ja verrückt, warum das denn*?" Wenn sie dann zur Antwort bekommen: *„Das mache ich für Dich"*, dann kommen die Neuankömmlinge schon ins Nachdenken. Dann fragen sie weiter: *„Hast Du eine Frau? Bist Du verheiratet*?" Die Antwort lautet *„Nein"*, was sie dann vollends irritiert: *„Das verstehe ich nicht. Wieso nicht*?", und wieder bekommen sie zur Antwort: *„Das mache ich für Dich"*. Dann ist die Reaktion oft völliges Unverständnis, aber auch Verunsicherung: *„Das gibt es doch nicht, dass einer rund um die Uhr für mich da ist und sogar nicht heiratet, nur um hier für mich da zu sein*!" Dann merken sie auf einmal, dass es noch andere Werte gibt, die in ihrem Leben

bislang nicht vorgekommen sind. Da fängt die „Rekuperation" bereits an, jener Prozess, das Leben „wieder zu erlangen".
Unsere Fazendas sind alle einfach, aber schön gestaltet. Die einzelnen Häuser strahlen eine Harmonie aus, die auf die Bewohner, die oft von der Straße und aus dem Elend kommen, eine heilsame Wirkung entfaltet. Wir sorgen auch dafür, dass das Ambiente gepflegt wird, Gärten angelegt, Blumen gepflanzt, wenn möglich auch Kunstobjekte aufgestellt werden. All dies steht im Dienst eines ganzheitlichen Heilungsprozesses, durchaus auch in einem spirituellen Sinn, denn in der Schönheit leuchtet ja etwas von Gottes Wirklichkeit durch. Für uns ist es eine Möglichkeit, den Bewohnern der Fazendas ihre Würde zurückzugeben. Am Anfang wurden wir dafür oft kritisiert: *„Die kommen von den Favelas in so ein schönes Haus, und wenn sie die Rekuperation beenden, landen sie wieder in der Favela."* Aber wir waren überzeugt, dass über die äußere Harmonie die innere Harmonie entsteht. Das habe ich besser verstanden, als ich in Vietnam mit dem leitenden Arzt eines großen Suchtkrankenhauses zusammentraf, der mit Akkupunktur arbeitet. Während unseres Gesprächs wurde er alle 10 bis 15 Minuten gerufen, weil jemand wieder einen Anfall hatte. Ich begleitete ihn dann auf die Station, wenn er den Patienten mithilfe von Akkupunktur wieder ruhig stellte. Nachdem dies mehrmals passierte, fragte ich ihn, ob diese Panikattacken auf eine spezielle Droge zurückzuführen sind. Er schmunzelte, nahm ein Blatt Papier und schrieb: *„Wenn Sie diese Probleme nicht haben, dann müssen Ihre Einrichtungen eine große Harmonie ausstrahlen; Ihr Therapiekonzept muss auf Mitverantwortung und Dialog angelegt sein ..."* Auf diesem Zettel beschrieb er haargenau, was unser Konzept auf den Fazendas ist. Ich bestätigte ihm: *„Genau das ist unser Programm."* Und er führte aus: *„Dann ist mir die Reaktion der Patienten völlig klar. Wenn die Drogenabhängigen zu Ihnen kommen, dann staunen sie nur, weil sie feststellen, dass sie jemand gern hat, dass sie ernst genommen werden. Dann schüttet ihr Körper Endorphine aus, die dem Körper den Schmerz entziehen."* Und er fuhr fort: *„Ich habe keine Zeit, mich um die Patienten in dieser Intensität zu kümmern. Ich kann ihnen nur ein Bett zur Verfügung stellen und sie mit Akkupunktur behandeln; aber es ist auf Dauer keine Lösung. In Europa gibt man ihnen dann*

*Methadon. Aber auch das ist keine Lösung. Was diese jungen Menschen brauchen, ist Zuwendung: die Erfahrung, dass jemand für sie da ist; dass sie merken, dass sie selbst wieder etwas tun können; dass sie ernst genommen werden ...*" Mir wurde in diesem Gespräch bewusst, dass das doch gerade die Grundbedingung unseres Menschseins ist; denn wir alle sind ja nach dem Ebenbild Gottes geschaffen, und wir werden in dem Maße wir selbst, als wir anfangen zu lieben. Dann werden wir neue Menschen. Ich kenne keinen anderen Weg. Die jungen Leute dürfen nicht bei sich selbst stehen bleiben; sie müssen anfangen zu lieben, und das Wort hilft ihnen dabei, aus sich selbst heraus und auf den anderen zuzugehen. Die verschiedenen Worte des Evangeliums entwickeln eine gewisse Pädagogik, um auf diesem Weg weiter zu gehen und einen neuen Lebensstil zu entwickeln. Außerdem gibt es natürlich regelmäßige Treffen in der Gruppe, um sich auszutauschen. Das ist ein ambitioniertes Programm, bei dem natürlich auch die Freizeit, der Sport und das gesellige Zusammensein nicht fehlen dürfen. Ebenso hat auch die manuelle Arbeit hat einen hohen Stellenwert und ist ein wichtiger Faktor für die Rekuperation. Die jungen Leute leben von ihrer Arbeit und bekommen so wieder Zutrauen zu sich selbst und ihren Fähigkeiten.

## Die missionarische und ökumenische Dimension des gelebten Wortes

Von Kritikern wurde uns oft vorgehalten, dass unsere Methode in Brasilien vielleicht funktioniere, aber doch nicht in Europa. Als wir auf Drängen der damaligen Bundesministerin für Jugend und Familie, Claudia Nolte, 1998 schließlich die erste Fazenda auf deutschem Boden errichtet haben, war dies für uns natürlich eine große Umstellung. Bei dem Objekt handelte es sich um einen heruntergewirtschafteten, halb verfallenen Gutshof 30 km westlich von Berlin, der kurz nach der Wende endgültig abgewirtschaftet war und als illegale Müllhalde benutzt wurde. Wir haben die Gebäude des Gutshofes mit 3,5 ha Land mit Hilfe von Spenden von der Treuhand (BVVG) erworben.
Natürlich war uns klar, dass man das in Brasilien entstandene

Konzept nicht eins zu eins in Deutschland umsetzen konnte, noch dazu im Bereich der ehemaligen DDR, wo 90 – 95 % der Suchtkranken, die zu uns kamen, nichtreligiös waren. Aber wir haben uns davon nicht irritieren lassen und wie auf den anderen Fazendas damit begonnen, das Evangelium zur Richtschnur unseres gemeinsamen Lebens mit den Drogenabhängigen zu machen. Dabei hat uns überrascht, dass die Bewohner der Fazenda mit der Zeit mehr über den Glauben wissen wollten, und nicht wenige wollten sich am Ende eines längeren Vorbereitungsjahres taufen lassen. Der jüngst verstorbene Berliner Kardinal Sterzinsky sagte mir einmal: *„In Deiner Fazenda werden mehr Erwachsene getauft als in der ganzen Diözese."* Das mag erstaunen, denn wir haben ihnen keinen Katechismusunterricht gegeben und sie auch keine Glaubensformeln auswendig lernen lassen, etwa dass Gott Liebe ist. Stattdessen haben wir sie herausgefordert, das Wort Gottes zu leben, eins nach dem anderen. Sie haben mit der Zeit von selber erfahren, dass Gott die Liebe ist. Da haben sie Feuer gefangen und wollten dieses Leben auch anderen weitergeben. Ich sehe darin eine andere Methodologie der Glaubensweitergabe, so dass die jungen Leute von alleine anfangen, Gott in ihrem Leben zu suchen. Die meisten von ihnen erleben oft zum ersten Mal gelebte Brüderlichkeit und echte Gemeinschaft. Man redet nicht über Gott, sondern man lebt miteinander.

Das Allererstaunlichste aber ist, dass diese Orte mit der Zeit zu modernen „Wallfahrtsorten" werden. Es kommen ständig Leute aus der Umgebung oder auch ganze Gruppen, die auf Stippvisite einfach einmal vorbeischauen oder auch mehrere Tage mit uns auf der Fazenda leben wollen: Firmgruppen aus den Gemeinden, Kandidaten aus den Priesterseminaren, Postulanten aus meinem Orden, die vor ihrem Eintritt ins Noviziat für einen Monat auf der Fazenda mitleben. Es sind immer wieder auch Priester dabei, manche von ihnen in persönlichen Lebenskrisen, die hier mit uns das Wort leben und allmählich wieder zu ihrer ursprünglichen Berufung zurückfinden. Vor allem erlebe ich, dass das Leben nach dem Wort einen zutiefst ökumenischen Charakter hat, denn viele Besucher und Bewohner unserer Fazenda sind evangelische Christen, die wie wir alle wieder neu entdecken, welche Kraft das gelebte Wort Gottes hat.

In den letzten Jahren haben über 120 Suchtkranke aus Russland, alle orthodoxen Glaubens, das Rekuperations-Programm auf unseren Fazendas in Brasilien durchlaufen und sind danach wieder in ihre Heimat zurückgekehrt. Über 90 % von ihnen sind seitdem clean. Als wir dann die erste Fazenda in Russland eröffnet haben, fragte mich eine Frau, ob dies nun eine katholische oder orthodoxe Fazenda sei. Ich habe ihr geantwortet: *„Man kann nur von einer ‚Fazenda der Hoffnung' sprechen, wenn Jesus unter uns ist. Er ist die Hoffnung, und wenn Er da ist, dann ist es eine ‚Fazenda der Hoffnung', und dann ist es nicht wichtig, ob sie orthodox oder katholisch ist. Aber damit Jesus unter uns da ist, müssen zwei oder drei in seinem Namen verbunden sein (vgl. Mt 18,20)."* Zwei oder drei, in seinem Namen beisammen: wenn die Bewohner der Fazenda bereit sind, in der gegenseitigen Liebe zu leben, wie es das Neue Gebot Jesu verlangt (vgl. Joh 13,34), dann ist der Auferstandene unter ihnen; dann handelt es sich um eine wirkliche „Fazenda da Esperanza", einen „Hof der Hoffnung". Ich habe jene Frau daran erinnert, was Jesus über das Jüngste Gericht gesagt hat. Wenn Gott uns am Ende unseres Lebens ruft, fragt er nicht: Waren Sie katholisch oder orthodox oder evangelisch? Er wird uns fragen, ob wir geliebt haben: *„Ich hatte Hunger, ich hatte Durst, ich war krank, ich war im Gefängnis ..."* (vgl. Mt 25, 31-46) In jener Perikope werden auch jene erwähnt, die sich beschwerten, dass sie nicht zu den Auserwählten gehörten: Wir haben doch in Deinem Namen gepredigt, haben Theologie studiert, wir wussten alles über Dich ... Aber seine lapidare Antwort wird lauten: *„Ich kenne Dich nicht."* Andere dagegen, die ihn nicht kannten, die nie von ihm gehört hatten, zu denen wird er sagen: *„Kommt her, die ihr von meinem Vater gesegnet seid, nehmt das Reich in Besitz"* (Mt 25,31). Das Wort Gottes ruft es uns unmissverständlich in Erinnerung: Das einzige, was wichtig ist, ist die konkret gelebte Liebe. Die öffnet Türen. Wenn man das einmal verinnerlicht hat, dann braucht man nicht mehr ängstlich sein. Dann können die anderen auch anders sein. Wir haben auf den Fazendas Muslime, Juden, Orthodoxe, Jugendliche, die vorher in Sekten gelebt haben ... All das ist kein Problem. In der Liebe begegnen wir uns. Alle können das Wort Gottes leben. Sein Wort ist für alle die Regel unseres Miteinanders.

Ich bin überzeugt: im Wort Gottes finden wir auch heute die Lösung für alle Probleme. Angesichts der Armut und des Hungers in der Welt müsste man doch das Wort beherzigen: *„dem, der dir den Mantel wegnimmt, lass auch das Hemd ...“* (Lk 6,29). Das Wort Gottes ist in seiner Maßgabe ganz eindeutig, und es wäre die Lösung für all die gravierenden Probleme. Oder man nehme schlicht das Gebot Jesu: *„Was ihr für einen meiner geringsten Brüder getan habt, das habt ihr mir getan“* (Mt 25,40). Wenn wir glauben könnten, dass Jesus in jedem Menschen gegenwärtig ist, dann könnten wir ihn nicht verhungern lassen. Es ist der Herr, der da leidet. Ich denke, wenn wir auch in den Gemeinden anfingen, in dieser Konkretion und mit allen Konsequenzen das Wort zu leben, passierte viel. Mit dem Wort Gottes ist wirklich alles möglich. Man mag einwenden, dass das doch stark vereinfacht ist, aber ich bin davon überzeugt: Gott ist einfach. Wenn etwas kompliziert wird, dann ist es menschlich. Es ist nicht schwer, das Wort Gottes zu verstehen und danach zu leben. *„Nein, das Wort ist ganz nah bei dir, es ist in deinem Mund und in deinem Herzen, du kannst es halten“* (Dtn 30,14). Die Armen und Leidenden haben darüber hinaus nochmal einen ganz anderen Zugang zu Gott, denn über den Schmerz begegnen sie ihm; und ich wundere mich immer wieder, dass gerade die, die so tief gesunken sind und so viel durchgemacht haben, auf einmal sensibel sind für Gott. Ich bin Gott unendlich dankbar, dass er mich in diese Arbeit gerufen hat, dass ich mit all den jugendlichen Drogenabhängigen und Straftätern leben darf. Es ist wirklich eine Erfahrung des Himmels, all den Kreuzen zum Trotz, die es auch immer wieder gibt. Aber das Kreuz ist ja auch nicht etwas Negatives. An jedem Kreuz ist der Herr, wir können ihm dort begegnen. Und wenn ich JA sage zum Kreuz, dann sage ich JA zum Herrn und zur Begegnung mit ihm. Dann mache ich auch immer wieder die Erfahrung der Auferstehung und erlebe tiefe, echte Freude, und das ist wunderschön.

# Statt eines Nachwortes

# Ökumene auf dem Weg zur Ikone der Trinität

## Meditation zur Dreifaltigkeitsikone von Andrej Rublew[5]

*Kurt Kardinal Koch*

Die gastronomische Mischung von Brot, Milch und Kalbfleisch, die Abraham den drei Männern bei den Eichen von Mamre anbietet, ist in sich bereits ein schönes Zeichen von menschlicher Gemeinschaft. In der menschlichen und menschheitlichen Erfahrung ist das Essen Zeichen von und Weg zu menschlicher Gemeinschaft. Angesichts der tiefen Bedeutung, die das gemeinsame Essen in sich trägt, kann man den Urwunsch der Menschen verstehen, auch Tischgemeinschaft mit Gott pflegen und Gott als Gast am gemeinsamen Tisch begrüssen zu dürfen. Dass dieser Wunsch erfüllt werden kann und in Erfüllung gegangen ist, ist eine der schönen Botschaften, die Rublews Ikone vermitteln will, indem sie uns vor Augen führt, dass in der Gestalt der drei Männer der dreifaltige Gott selbst gegenwärtig ist. Er pflegt die Tischgemeinschaft mit uns Menschen, weil er in sich selbst Gemeinschaft ist in der wunderschönen Einheit von Vater, Sohn und Geist. Das christliche Zentralgeheimnis der göttlichen Dreieinigkeit bringt zum Ausdruck, dass der in der Heiligen Schrift offenbare Gott nicht einsam ist, sondern in vollendeter Gemeinschaft lebt.

Dieses Gottesgeheimnis will in unserer Welt sichtbar werden in der Glaubensgemeinschaft der Kirche. Im Licht des trinitarischen Gottesgeheimnisses erscheint die Kirche als der vom dreifaltigen Gott her vorgegebene Raum des Heils oder, wie das Zweite Vatikanische Konzil betont hat, „das von der Einheit des Vaters, des Sohnes und des Heiligen Geistes her geeinte

---

[5] Meditation im Ökumenischen Schlussgottesdienst beim Kongress „Zwischen Reform und Reformation. Ökumenische Vergewisserung und ekklesiale Verpflichtung" in der Katholischen Akademie Schwerte am 3. Juni 2012.

Volk".[6] Die Kirche ist von daher berufen, als Spiegel der trinitarischen Liebe Gottes, gleichsam als Ikone der Trinität zu leben.

Das Glaubensgeheimnis der Dreifaltigkeit Gottes will auch als Leitstern für alles ökumenische Bemühen dienen. Jesus selbst erblickt in seinem hohepriesterlichen Gebet das tiefste Fundament der Einheit unter den Jüngern und der künftigen Kirche in der trinitarischen Liebeseinheit zwischen ihm und seinem Vater. Denn Jesus betet in einer sehr präzisen Weise um die Einheit seiner Jünger: „Alle sollen eins sein: Wie du, Vater, in mir bist und ich in dir bin, sollen auch sie in uns sein" (Joh 17,21). Wenn wir diese intimste Einheit im innergöttlichen Leben mit der konkreten Situation der Ökumene heute vergleichen, dann dürfte sich der Schluss von selbst aufdrängen: Ikone der Trinität kann die Ökumene nur werden, wenn in einem Prozess der Reinigung und Versöhnung die kirchentrennenden Differenzen überwunden werden und sie in einer wirklich versöhnten Verschiedenheit leben kann.

Auf diese Zielbestimmung hin muss Ökumene auch heute auf dem Weg sein und dabei am Glaubensgeheimnis der göttlichen Dreieinigkeit Mass nehmen, demgemäss im trinitarischen Leben zwei Dimensionen gleichursprünglich zum Tragen kommen: Auf der einen Seite besteht in Gott Lebensraum für den Anderen und deshalb für Vielheit. Denn der Vater ist anders als der Sohn, und der Sohn ist wiederum anders als der Heilige Geist. Es lebt in der göttlichen Dreieinigkeit eine wunderschöne *Verschiedenheit* der Personen. Es gibt in Gott auf der anderen Seite aber auch eine wunderbare *Einheit* des göttlichen Lebens. Wiewohl der Vater anders ist als der Sohn und der Sohn wiederum anders als der Heilige Geist, so leben die göttlichen Personen als himmlische Trialogpartner doch auf derselben Seinsebene: Der Vater ist Gott, der Sohn ist Gott, und der Heilige Geist ist Gott. Der dreifaltige Gott ist in sich lebendige Gemeinschaft in der ursprünglichen Beziehungseinheit der Liebe.

Wenn die wieder zu gewinnende ökumenische Einheit der Christen die Gemeinschaft des dreifaltigen Lebens Gottes wieder spiegeln soll, kann es sich nur um eine Einheit in Vielheit

---

[6] Lumen gentium 4.

und eine Vielheit in Einheit handeln. Damit ist eine Gratwanderung zugemutet, die bereits der große Philosoph Blaise Pascal von gefährlichen Extremismen abgehoben hat: „Einheit, die nicht von der Vielfalt abhängt, ist Tyrannei; Vielheit, die nicht von der Einheit abhängt, ist Wirrwarr." Zwischen Tyrannei und Wirrwarr muss auch heute die Ökumene ihren Weg suchen.
Dazu gehört vor allem, dass diese Einheit nicht einfach nur eine unsichtbare sein kann. Wie Rublew das Geheimnis des dreifaltigen Gottes nicht in sich selbst darstellt, sondern im Spiegel einer konkreten geschichtlichen Begebenheit, nämlich im Besuch von drei Männern bei Abraham, in denen er aber sensibel erkennt, dass Gott selbst bei ihm eingekehrt ist, und wie das von Rublew dargestellte Zelt Abrahams an das Johannesevangelium denken lässt, dass das Wort Fleisch geworden und bei uns sein Zelt aufgeschlagen hat, so muss auch die ökumenische Einheit eine sichtbare Gestalt gewinnen. Diese Sichtbarkeit wird auch zum Ausdruck gebracht in der weiteren Bitte Jesu in seinem hohepriesterlichen Gebet: „damit die Welt erkennt, dass du mich gesandt hast und die Meinen ebenso geliebt hast wie mich" (Joh 17, 23). Mit diesem Finalsatz zeigt der Evangelist Johannes, dass die Einheit unter den Jüngern Jesu kein Selbstzweck in sich ist, sondern der Glaubwürdigkeit der Sendung Jesu Christi und seiner Kirche in der Welt dient. Die Zielsetzung der Einheitsbitte Jesu besteht genau darin, dass durch die Einheit der Jünger die Wahrheit seiner Sendung für die Menschen sichtbar werden kann. Wenn die Einheit der Jünger von der Art sein muss, dass die Welt sie erkennen und dadurch zum Glauben kommen kann, dann wird Jesus selbst durch die sichtbare Einheit seiner Jünger legitimiert, und es wird erfahrbar, dass er wirklich der Sohn ist.
Wie aber kommen wir zu dieser ökumenischen Einheit? Vom hohepriesterlichen Gebet Jesu her kann es nur eine Antwort geben: Die Einheit kann nicht aus der Welt und von unseren eigenen Kräften her kommen; sie kann nur vom Vater durch den Sohn und damit von unserem Eintreten in das trinitarische Gottesgeheimnis kommen. Damit sind für unsere ökumenische Arbeit zwei wesentliche Wegweisungen gegeben:
Wenn die Einheit der Jünger erstens das zentrale Gebetsanliegen Jesu ist, kann Ökumene nur Einstimmen der Christen in das

trinitarische Gebet Jesu sein, indem sie sich sein Herzensanliegen zu eigen machen. Wenn christliche Ökumene nicht einfach zwischenmenschlich oder nur philantropisch, sondern wirklich christologisch fundiert und motiviert ist, kann sie nur Teilhabe am hohepriesterlichen Gebet Jesu sein. Bei einer so verstandenen Ökumene ist und bleibt das Gebet um die Einheit der Christen zweitens das entscheidende Vorzeichen allen ökumenischen Bemühens. Wie Jesus den Jüngern die Einheit nicht befiehlt und sie auch nicht von ihnen einfordert, sondern um sie betet, so bringen wir mit dem Gebet um die Einheit der Christen unsere Glaubensüberzeugung zum Ausdruck, dass wir die Einheit nicht selbst machen und auch nicht über ihre Gestalt und ihren Zeitpunkt befinden, sondern dass wir sie vielmehr nur als Geschenk empfangen können.

Die Einheit der Christen ist das Geschenk Gottes – wie in der Ikone Rublews die Gebärden des Gebens und des Aufeinanderzu der drei göttlichen Personen reines gegenseitiges Sich-Geben und Geschenk seiner selbst sind. Wenn wir Rublews Ikone gleichsam als Magna Charta des ökumenischen Bemühens verstehen und uns mit ihr in das Glaubensgeheimnis der göttlichen Dreifaltigkeit vertiefen und uns in sie hineinziehen lassen, dann sind wir in der Ökumene auf gutem Weg, genauerhin auf dem Weg, glaubwürdige und überzeugende Ikone der Trinität zu werden.

# Autorenverzeichnis

*Hans-Josef Becker*
Erzbischof des Erzbistums Paderborn

Vorsitzender der Kommission für Erziehung und Schule und stellvertretender Vorsitzender der Publizistischen Kommission der Deutschen Bischofskonferenz; Co-Präsident der Internationalen Römisch-Katholisch-Altkatholischen Dialogkommission.

*Prof. Dr. Hans-Peter Großhans*
Professor für Systematische Theologie und Ökumenische Theologie an der Westfälischen Wilhelms-Universität Münster

Mitglied im Ausschuss für den bilateralen ökumenischen Dialog der Evangelischen Kirche in Deutschland (EKD) mit dem Ökumenischen Patriarchat in Konstantinopel; Mitglied im Fachkreis Ökumene der Gemeinschaft der Evangelischen Kirchen in Europa (GEKE); Mitglied im Ökumenischen Arbeitskreis evangelischer und katholischer Theologen (ÖAK); Mitglied im Ständigen Ausschuss für Weltmission, Ökumene und kirchliche Weltverantwortung der Evangelischen Kirche von Westfalen; Präsident der European Society for Philosophy of Religion.

*Dr. Christian Hennecke*
Regens im Priesterseminar von Hildesheim

Vielbeachteter Autor und geschätzter Gesprächspartner in Fragen der Zukunft von Christentum und Kirche; verschiedene Veröffentlichungen zu den Themen pastoraler Strukturwandel, Sakramentenpastoral und Katechumenat.

*Albert Henz*
Theologischer Vizepräsident der Lutherischen Landeskirche von Westfalen

Ehemaliger Superintendent für den Kirchenkreis Iserlohn; Mitglied im Kollegium des Landeskirchenamtes, in der Kirchenleitung der Lutherischen Landeskirche von Westfalen und Vertreter des Präses der Landeskirche.

*Prof. Dr. Thomas Kaufmann*
Professor für Kirchengeschichte an der
Georg-August-Universität Göttingen

Ehemaliger Dekan der Theologischen Fakultät an der Georg-August-Universität Göttingen; erster Vizepräsident und Vorsitzender der Philologisch-Historischen Klasse der Akademie der Wissenschaften zu Göttingen; Vorsitz des Vereins für Reformationsgeschichte; Mitglied im Zentrum für Mittelalter- und Frühneuzeitforschung der Georg-August-Universität Göttingen; Mitglied in der Kommission für die Erforschung des Spätmittelalters an der Göttinger Akademie der Wissenschaft.

*Kurt Kardinal Koch*
Präsident des Päpstlichen Rates zur Förderung
der Einheit der Christen

Ehemaliger Honorarprofessor für Dogmatik, Ethik, Liturgiewissenschaft und Ökumenische Theologie an der Theologischen Fakultät der Universität Luzern; ehemaliger Bischof von Basel; ehemaliger Präsident der Schweizer Bischofskonferenz.

*Erzbischof Jean-Claude Périsset*
Ehemaliger Apostolischer Nuntius in Berlin

Ehemaliger Mitarbeiter in der Kleruskongregation, im Päpstlichen Rat für die Migranten und in der Bischofskongregation; von 1973 bis 1976 in der diplomatischen Vertretung in Südafrika, 1976 bis 1980 in Peru, 1980 bis 1983 in Frankreich, 1983 bis 1984 in Pakistan, 1984 bis 1986 in Japan; von 1986 bis 1991 Offizial des Diözesangerichts in seiner Heimatdiözese Lausanne-Genf-Freiburg; 1996 von Johannes Paul II. zum Sekretärsadjunkten des Päpstlichen Rats zur Förderung der Einheit der Christen bestellt; ehemaliger Apostolischer Nuntius in Rumänien, Moldawien und Deutschland.

*P. Dr. Johannes Schlageter OFM*
Kirchenhistoriker

Verschiedene Veröffentlichungen für die Werkstatt Franziskanische Forschung (WFF) und die Fachstelle Franziskanische Forschung (FFF) zu kirchenhistorischen Themen, u. a. „Die Sächsischen Franziskaner und die frühe deutsche Reformation".

*P. Hans Stapel OFM*
Gründer des Sozialwerkes Nossa Senhora da Gloria
Guaratinguetá

Gründer der geistlichen Gemeinschaft „Familie der Hoffnung", die als „private internationale Gemeinschaft von Gläubigen" entsprechend dem kirchlichen Gesetzbuch CIC (Kanon 298-311 und 321-326) der katholischen Kirche anerkannt ist und der weit über 600 Frauen und Männer angehören, die als Eheleute oder Ehelose – gottgeweiht – ihre Berufung im Dienst unter den Suchtkranken sehen.

*Dr. h. c. Wolfgang Thierse MdB*
Präsident des Deutschen Bundestages a. D.

Von 1990 bis 2013 Mitglied des Deutschen Bundestages; von 1998 bis 2005 Präsident des Deutschen Bundestages; ehemaliger Stellvertretender SPD-Parteivorsitzender; von 2005 bis 2013 Vizepräsident des Deutschen Bundestags; Mitglied des Zentralkomitees der deutschen Katholiken (ZdK), Ehrenpräsident der Europäischen Bewegung Deutschland; Vorsitzender des Vorstands des Kulturforums der Sozialdemokratie.

*Prof. Dr. Wolfgang Thönissen*
Direktor des Johann-Adam-Möhler-Instituts für Ökumenik

Konsultor des Päpstlichen Rates zur Förderung der Einheit der Christen; Berater der Kommission II der Deutschen Bischofskonferenz (Ökumenekommission); Berater der Lutherisch/Römisch-katholischen Kommission für die Einheit; Mitglied im Ökumenischen Arbeitskreis evangelischer und katholischer Theologen; Mitglied der Dialogkommission der VELKD und der Deutschen Bischofskonferenz (2008-2013); Professor für ökumenische Theologie an der Theologischen Fakultät Paderborn, Leitender Direktor des Johann-Adam-Möhler-Instituts für Ökumenik.

*Bischof Munib A. Younan*
Präsident des Lutherischen Weltbundes

Bischof der Evangelisch-Lutherischen Kirche in Jordanien und im Heiligen Land; ehemaliger Präsident der ELCJHL-Synode; war führend an verschiedenen Dialog-Initiativen der drei monotheistischen Religionen in Palästina beteiligt; engagiert sich im Friedensdialog zwischen Juden und Arabern; gehört zu den Unterzeichnern des sogenannten Kairos-Palästina-Dokuments.